Çocuğunuzla Birlikte Büyümek

ÇOCUĞUNUZLA BİRLİKTE BÜYÜMEK

Orijinal adı: Raising Our Children, Raising Ourselves

Yazan: Naomi Aldort
İngilizce aslından çeviren: Arzu Birkan

1. baskı / Ekim 2010
5. baskı / Şubat 2018 / ISBN 978-605-111-804-8
Her 2000 adet bir baskı olarak kabul edilmektedir.
Sertifika no: 11940

Kapak tasarımı: Yavuz Korkut
Baskı: Ana Basın Yayın Gıda İnş. San. Tic. A.Ş.
B.O.S.B. Mermerciler Sanayi Sitesi 10. Cad. No. 15 Beylikdüzü - İSTANBUL
Tel. (212) 422 79 29
Sertifika No: 20699

Doğan Egmont Yayıncılık ve Yapımcılık Tic. A.Ş.
19 Mayıs Cad. Golden Plaza No. 3 Kat 10, 34360 Şişli - İSTANBUL
Tel. (212) 373 77 00 / Faks (212) 355 83 16
www.dogankitap.com.tr / editor@dogankitap.com.tr / satis@dogankitap.com.tr

Çocuğunuzla Birlikte Büyümek

Naomi Aldort

Çeviren: Arzu Birkan

DK DOĞAN KİTAP

Ne olursan ol beni hayal kırıklığına uğratamazsın; senin kim olabileceğin veya nasıl davranabileceğine dair hiçbir önyargım yok. Seni öngörmeyi istemiyorum, seni sadece keşfetmek istiyorum. Sen beni hayal kırıklığına uğratamazsın.

Mary Haskell

İçindekiler

Teşekkür

Bu kitabı, yaklaşık 8 yıl önce en küçük oğlum henüz emeklerken yazmaya başladım. Yazabileceğim her şeyi kısa bir süre içinde kâğıda dökmüştüm, ama annelik görevlerim yüzünden düzeltmeleri yapıp kitabı yayına hazırlayamayacak kadar meşguldüm. Kitabın beş yıl önce, yani en küçük oğlum Oliver 6 yaşına geldiğinde basılması gerekiyordu, ama Oliver ve ağabeyi Lennon müzik dersleri (çello, keman, piyano ve daha sonra da icra ve beste) almaya karar verdiler. Her iki oğlum da son derece yetenekli olduklarını ispatladıkları için kitabı birkaç yıl daha rafa kaldırdım. Bugün artık oğlum Lennon Aldort (15) kendi senfonilerini besteliyor ve icra ediyor, diğer oğlum Oliver Aldort (11) ise pek çok orkestrada solist olarak çaldı, televizyon ve radyo programlarına çıktı; onun etkinliklerini www.OliverAldort.com adresinde izleyebilirsiniz.

Bugün elinizde tuttuğunuz kitap pek çok kez yeniden yazıldı ve değiştirildi. Bir anlamda benimle ve üç çocuğumla birlikte büyüdü.

Bu teşekkür yazıma, bana koçluk ve öğretmenlik yapan çocuklarımla başlamak istiyorum. Jonathan Aldort, diğer pek çok şeyle birlikte bana, ne kadar sevgi dolu ve iyi bir anne olsam da çocukların çocukluklarını kendilerinin şekillendirdiğini ve bunun da aslında tek çocukluk olduğunu öğretti. Lennon Aldort, bana çocukla birlikte çocuğun dünyasına girilmesi gerektiğini öğretti ve var olduğunu bilmediğim yeni gerçekliklerin farkına varmamı sağladı. En küçük oğlum Oliver Aldort ise, kendi kendimin farkına varma yolunda halen elimi tutuyor, bana Buda'nın doğasını öğretiyor. İşler istediği gibi gitmediğinde "Boş ver" deyip mutlu bir şekilde hayatına devam ediyor. Anne olmanın getirdiği endişelerle kendime işkence ettiğimde, "Anne, neden kendine bunu yapıyorsun?" diye soruyor.

Bu kitaba malzeme olan binlerce çocuğa da teşekkürlerimi sunmak istiyorum. Rehberliğimden faydalanma cesareti gösteren ve ailelerinin öykülerini benimle paylaşan tüm ebeveynlere minnettarım. Bu öyküleri, isimler ve senaryolar değiştirilmiş olarak bu kitapta bulacaksınız; ayrıca kendi aileme ait öyküleri de gerçek isimlerle (izinli olarak) okuyacaksınız.

Sevgili eşim Harvey bana her zaman destek oldu; zaman zaman karşı çıkarak beni zorladı, ama her zaman becerilerime ve aklıma güvendi. Harvey, çocuklarımız konusunda bana danışma cesaretini gösteren bir adamdır. Beni çağırıp, "Bu durumda çocuklarla sakin bir şekilde baş edemeyeceğim. Lütfen sihrini göster" derdi. Söz konusu durumu hallettikten sonra da, "Şu kitabı yayınla artık. Dünyanın ona ihtiyacı var" derdi.

Bu kitap, annemin bir yandan çocuklarını büyütürken bir yandan da kendini geliştirme becerisi ve sonra anneanne olduğunda da her zaman soru sorarak yeni bir şeyler öğrenmeye hazır olması sayesinde ortaya çıktı. Duyguları onaylama kavramını bana ilk öğreten kişi sevgili annemdir. O her zaman gelişme gösterebilen ender annelerden biridir ve hâlâ da öğrenmeye devam ediyor.

"Growing Without Schooling" bülteninin eski editörü ve okul dışı eğitim hareketinin de liderlerinden biri olan editörüm Patrick Farenga'ya, bu kitapta yaptığı düzeltmeler ve düzenlemeler için müteşekkirim. Pat, kitabımın taslağını ele alıp hevesle ve insanın içini rahatlatan bir tavırla son haline getirdi. Kitabımı Patrick'e vermeden önce, edebiyat profesörü olan arkadaşım Richard Fadem ile üzerinde çalışma şansına sahip oldum. Yazdıklarımı düzeltmedi, ama bana yazma ve düzeltme konusunda hızlı bir eğitim verdi.

Ellen Steiner ve Deborah Burke, orijinal taslak üzerinde benimle birlikte çalıştığınız için sizlere de çok teşekkür ederim. Lisa Biskup, Michael Biskup ve Chrys Buckley, kitabımın metin düzeltmelerini yaptığınız için sizlere de çok teşekkür ederim. Yaptığı son düzeltmelerden dolayı ve bana gramer öğrettiği için Victoria McCrown'a da müteşekkirim. Book Publishers Network'ten Sheryn Hara, kitabımı yayına hazırlama yükünü omuzlarımdan almasaydı bu kitabı bitiremezdim. Ve, Justin Smith ve Bang Publishing çalışanlarına da sonsuz teşekkürler.

Kitabın bazı parçalarını okuyup faydalı yorumlarda bulunan arkadaşlarım, Marjon Riekerk, Kathy Gainor, erkek kardeşim Kobe Hass ve eşi Michele Hass ile faydalı yorumlarda bulunan diğer herkese çok teşekkür ediyorum.

Herkesin ismini tek tek vermem mümkün değil, ama aldığım her bir yorum için müteşekkirim.

Saygılı ve doğal ebeveynlik hareketi, pek çok kişi ve kurum tarafından destekleniyor. Makalelerimi dağıtarak küçük çocuğu olan ebeveynler için bir fark yaratmak amacıyla kullanan Attachment Parenting International ve La Leche League kurumlarının liderlerine ve bu kurumlara gönülden bağlı pek çok anneye özellikle müteşekkirim. Northwest Attachment Parenting annelerine ve Northwest ve New England'daki diğer ebeveyn gruplarına özellikle teşekkür etmek istiyorum.

Yazılarıyla düşüncelerimi etkileyen birçok kişiye minnettarım. Bazıları hâlâ hayatta, bazılarıysa aramızdan ayrıldı. Byron Katie, Joseph Chilton Pearce, Daniel Greenberg, A. S. Neill, Dr. Robert S. Mendelsohn, Tine Thevenin ve sözlerini duyduğum veya okuduğum ama isimlerini kaydedemediğim diğer pek çok kişiye, fikirlerini ve sevgilerini paylaştıkları için çok teşekkürler. Beni destekleyen ve kapak için övgü dolu yazılar yazan dostlara da çok teşekkürler; Brad Blanton, John Breeding, John Taylor Gatto, Jan Hunt, Wendy Priesnitz (Kanada) ve Veronika Robinson (İngiltere), bu kitabın bir fark yaratıp yaratmadığı konusunda lütfen beni haberdar edin.

Mothering dergisinin editörü ve yayımcısı Peggy O'Mara'ya özel teşekkürlerimi sunmak istiyorum. Peggy, doğal yöntemlerle ebeveynlik hareketinin arkasındaki önemli güçlerden biri olagelmiştir. Onun liderliği, benim ve diğerlerinin, tüm dünyadaki çocukların ve ebeveynlerin hayatlarında bir fark yaratma çabalarımızın önünü açmıştır.

En önemlisi, ebeveynlikteki bu yeni paradigmayı keşfetme cesaretini gösteren siz sevgili okurlar, size teşekkür ederim. Sizler olmadan bu kitap var olamazdı. Ben, çocuklarınızla birlikte büyüme kararlılığınızın bir yansımasıyım.

Sevgi ve minnetle...

Naomi

Bir anne ve çocuklarla çalışan terapist olarak yeni çıkan ebeveynlik kitaplarını incelemeyi seviyorum. Çoğu kitap hâlâ anne babalara çocuklarının davranışlarını nasıl kontrol altına alacakları konusunda formül vermeye devam ediyor. Buna hep çok şaşırıyorum. Çünkü bırakın bunun çocuk yetiştirmek adına sağlıklı olup olmadığı tartışmasını, hiçbir işe yaramadığını da artık biliyoruz. Naomi Aldort bu kontrol arayışını şöyle açıklıyor: "Sadece korktuğumuz ya da kendimizi tehdit altında zannettiğimiz anlarda karşımızdakinin davranışını değiştirmek isteriz."

Danışanlarımdan biri, evde saygılı ve kibar konuşmaya ne kadar önem verdiğini anlatıyordu geçenlerde. Ancak küçük kızı okula başladığından beri evde küfür içeren sözler kullanmaya başlamış, danışanım da bu konuda hiçbir kontrol kuramamış. Kızı her küfürlü söz kullandığında kendini izlemesini istedim ondan. Bu annenin fark ettiği aslında ne kadar korktuğu idi. Bu korkunun altına baktığımızda kendi çocukluğuna dek uzanan bir yolculuğa çıktık beraberce. Naomi, elinizde tuttuğunuz kitapta içsel farkındalığa kapılar açan birçok gerçek hayat hikâyesine konuk ediyor bizleri. Bunları okudukça çocuğumuzla ilgili olaylara yüklediğimiz anlamlara yepyeni bakış açıları getiriyoruz. Kendi iç dünyamıza bakmanın önemini anlıyoruz. Tabii kolay değil tüm bunları hayata geçirmek. Çünkü bunlar tek kullanımlık reçeteler değil. Ama şunu söyleyebilirim: İşe yarıyorlar!

Naomi'nin söyledikleri ebeveyn olarak sağlıklı bir birey yetiştirmekle sınırlı değil sadece; kendi içimizdeki çocuğu da büyütmemize yardımcı oluyor. İçimdeki çocuk cezalarla, ödüllerle büyümüşse kendi çocuğum beni kızdıran bir davranışta bulunduğunda, altında yatan sebebi anlamak adına nasıl sakin kalabilirim! Önce içimdeki çocuğu sakinleştirmeli, önce onu anlamalıyım. Bunu da sevgiyle yapmalıyım; ama tüm bunlar sabır istiyor, zaman istiyor, ilgi istiyor.

Çocukluk dönemlerinin her birinin orda olmasının bir sebebi var. Naomi şöyle söylüyor: "Eğer her dönemin ihtiyacına saygı ve sevgiyle cevap verebilirsek, çocuk o dönemi sağlıklı olarak atlatıp bir sonraki döneme geçiş yapabilir." Bu söylem, ağlayan çocuğunu yan odada bırak ağlasın söyleminden ne kadar farklı! Bebek kucak döneminde tamamen anneye bağımlı, çünkü bu dönemin ihtiyacı bebeğin tamamen anneye yakın kalması. Eğer ebeveyn bu dönemin bağımlılığına izin verirse, bebek bir sonraki döneminde bağımsızlığa doğru adım atabiliyor. Böylece ebeveyn olarak işim, her dönemin ihtiyacına olduğu gibi değiştirmeden cevap vermeyi öğrenmem. Ve bunu yaparken içimdeki kontrol etme duygusu, öfke, acelecilik gibi birçok duygu ve davranışı izlemek için derin bir nefes almam. Derken ne mi olacak! Çocuğum büyürken, ben de büyüyüp olgunlaşacağım...

Bu müthiş içsel yolculuğa hazırsanız, bana da artık tek şey söylemek kalıyor: İyi okumalar!

Psikolog Nilüfer Devecigil
ndevecigil@hotmail.com

Paradigma kayması

İyi davranışları korkudan değil, mutluluk ve sevgiden kaynaklanan bir çocukla hayatınızı paylaşın

Bu kitap, yıllarca annelik yapmanın ve tüm dünyadan pek çok aileye verdiğim danışmanlığın bir ürünüdür. Ebeveynlerin şaşırtıcı öykülerinden öğrendiğim şey, nasıl ebeveyn olunacağını zaten bildiğiniz, ancak her zaman kendi aklınıza uymadığınızdır. İstemediğiniz bir şey söyleyebilir veya istemediğiniz bir şekilde davranabilirsiniz, ama pişmanlık duymanızın asıl nedeni bunu derinlerde bir yerde bilmenizdir. Sevgiyle hareket eden aklınızın önüne geçen tek şey, sadece zihninizdeki düşünceler ve geçmişte olanlardır. Sonuç yaratmayan düşünceleri, çocuğunuza duyduğunuz sevgiden ayırt etmeyi bu kitapta öğreneceksiniz. Böylece, dürüst bir şekilde davranabilecek ve kendinize, olmak istediğiniz sevgi dolu ebeveyne karşı dürüst olacaksınız. Zor durumlar karşısında sevginizi gösterebilmenizi sağlayacak teknikleri öğreneceksiniz.

Çocuğunuzun nazik, sorumluluk sahibi ve başarılı bir insan olmasını nasıl sağlayabileceğinizi bir bilseniz, azarlama, cezalandırma veya tehdit etme gibi yöntemlerden seve seve vazgeçeceğinizi biliyorum. *Çocuklarımızla Birlikte Büyümek* bu isteğinize cevap verecektir.

Son yıllarda ortaya çıkan ve daha sakin bir ebeveyn olma yönündeki istek, çocukların söz dinlemesini sağlamak için daha ılımlı yollar bulunmasını da sağladı. Bununla birlikte, o eski moda kontrol etme kavramı değişmedi ve "işbirliğine teşvik" kavramı, derinlerde yatan kontrol isteğine karşı gözlerimizi kör eden yeni bir terminoloji olarak kullanılmaya başlandı. Kontrol etmenin hiç faydası yoktur, çünkü insanların doğasında kontrole direnmek vardır. İster nazik bir şekilde baskı uygulayın, ister kapalı bir şekilde yönlendirmeye çalışın, uyguladığınız kontrol yöntemleri sadece çözmeye çalıştığınız sorunlara yol açar.

Çoğu ebeveyn, çocuklarını şefkatli bir şekilde kontrol etmeyi zaten bilir; asıl bilmediğimiz, onları kontrol ETMEDEN birlikte nasıl huzurlu ve mutlu bir şekilde yaşayabileceğimizdir. Bu tür ılımlı kontrol yöntemleri; çocuğun davranışlarının doğal bir sonucu, üzerinde hemfikir olunmuş "ceza kabilinden olmayan" uygulamalar, işbirliğine teşvik, rüşvet ve övgüler olarak tanımlanır. Oysa çocuk her ne kadar bunlara razı gözükse de (çünkü sevginize ihtiyaç duyar ve sevgi gördüğü zaman rahatlar), söz dinleme, itaat ve hatta işbirliğine teşvikin anlamı, çocuğun yetişkinlerin isteklerine boyun eğmesidir. Günümüzde ebeveynler, kontrol etmeden ama terbiye ederek ve yön göstererek çocuklarını büyütmenin yollarını arıyorlar.

Bu kitabın amacı, çocuğunuza işbirliği yapmayı öğretmek değil, hem size hem de çocuğunuza kendinizin farkına varabilme becerisi kazandırmaktır. *Hayatını kendisi çizen bağımsız bir çocuk, yapıcı bir şekilde davranır çünkü böyle davranmayı ister. Davranışları, korku veya takdir ihtiyacından değil, mutluluk ve sevgiden kaynaklanır.*

İlerleyen bölümlerde, kendi duygusal tepkilerinizi ve koşullandırılmış davranışlarınızı bertaraf etmeyi öğreneceksiniz; böylece çocuğunuz da, sizin geçmişinizin engellerine, gelecekle ilgili kaygılarınıza veya başkalarının sizin ebeveynlik tarzınızla ilgili söyleyebileceklerinden çekinmenize maruz kalmadan kendisi olabilecektir. Tıpkı çiçekleri sulayan ama açmalarına veya şekillerini ve renklerini seçmelerine yardım etmeyen bir bahçıvan gibi, çocuğunuzu şekillendirmeden yetiştirmeyi öğreneceksiniz.

Daha huzurlu, iletişim kurabilen ve kendinin farkında bir insan olabilme yolundaki bu gelişiminiz, eski halinize olan bağımlılığınızdan ve kontrol etme ihtiyacınızdan kurtulabilmenize bağlıdır. İşlerini yapmasını, sessiz olmasını, ağlamaya son vermesini, yemeğini yemesini vb nasıl "sağlayabilirim?" şeklindeki tipik sorular, çocuğu kontrol etme isteğimizi gösterir. Çocuğun, ebeveyninin isteğini "yerine getirmesini" sağlamakla ilgilidir. Çocuk, *kendi isteğinden vazgeçmelidir, yani kendinden vazgeçmelidir.* Fakat çocuklarla ilgili sorunların çoğu, çocuğun kendi isteğinden vazgeçmesinden kaynaklanır. Ancak hayatını kendisi yönetebilen bir çocuk yapıcı şekilde davranır çünkü davranışları öfke, korku ve stresten değil, mutluluk ve sevgiden kaynaklanır.

Çocuğunuza hayatını yönetebilecek kadar güvenme cesaretini gösterebilirseniz, çocuğunuzun özgün isteklerine ve tercihlerine hayran kalacağınız son derece tatmin edici bir ebeveynlik deneyimi yaşarsınız. Bu koşulsuz bir sevgidir; çocuğunuzun nasıl olması gerektiği yönündeki düşüncenizi değil, çocuğunuzu sevmektir. Sevgi ancak koşulsuz olduğunda sevgidir. Sevgi, herhangi bir davranış veya başarı karşısında sunulan bir ödül olarak kullanıldığında, artık sevgi olmaz; "ver ve karşılığını al" şeklinde bir ders haline gelir. Bu kitapta, zırhlarınızdan kurtulup, sevginin sizi koşulsuz olarak sarmasını öğreneceksiniz. Koşulsuz sevmek başlı başına bir ödüldür aslında.

Çocuğunuzla yaşadığınız zor durumlar karşısında iki tercihiniz vardır: Ya çocuğunuzun kendisi gibi olmasına izin vermeyip eski yöntemlerinize sadık kalmak ya da çocuğunuzla birlikte ilerleyerek harika bir insan olmaya başlamak. Çocuğunuz sizin öğretmeninizdir. Kendi kendini yönetebilen ve kendi kendinin farkında olan insanlar, çocuklarıyla birlikte büyüyen ebeveynlerin bulunduğu ailelerden yetişir.

Daha fazla öğrenmeye ve daha az öğretmeye cesaretiniz varsa, ebeveynlik olgunlaşmanızı ve büyümenizi sağlar

Kontrol etme isteğimiz, bir kusur veya hata değildir. Masum bir şekilde, ebeveynlerimizin korkuyla şekillenen yolunda ilerleriz. Onlar, ebeveynlerin yönlendirmesi olmadan çocukların yetişkin olamayacaklarına inanıyorlardı. Bebekleri ve çocukları yetişkin haline getirme şeklindeki tanrısal rolü benimsemişlerdi. Çocukların kendi eşsiz halleriyle gelişecek şekilde dünyaya geldiklerini fark ettiğimizde ebeveynlik çok daha kolaylaşır.

Bu kitap sayesinde, insanları şekillendirmenin imkânsız olduğunu anlayıp çok rahatlayacaksınız. Doğa/Tanrı yanılmaz; bir bebeği yirmi yıl içinde yetişkin bir insan haline getirmek sizin işiniz değildir. Sizin sorumluluğunuz ve ayrıcalığınız, çocuğunuz büyürken ona bakmak ve onu yetiştirmektir.

Gelecek bölümler, düşüncelerin aklımıza kontrolümüz dışında gelip gittiğini anlamakla ilgilidir; onları oraya biz koymayız. Bu düşünceler hiç de faydalı değildir, hatta doğru bile değildir ve onlara uymak zorunda değiliz. İnsanlığın gelecekte bugün olduğundan daha farklı olmasını istiyorsak, çocuklarımızın, geleceği bizim istediğimiz şekilde değil, kendilerine uygun bir şekilde oluşturmalarına izin vermeliyiz. Çocuklarımızla ilgili hayallerimiz, geçmişten miras aldığımız düşüncelerden kaynaklanır. Geçmişi tekrar ederek ve içimizdeki korku kaynaklı inançlara itaat ederek değişim yaratılamaz.

Bu kitapta pek çok ebeveyn-çocuk hikâyesi bulacaksınız. Bu hikâyeler, birlikte çalışma ayrıcalığına sahip olduğum ailelerin gerçek hikâyeleridir. Gizlilik amacıyla isimler ve mekânlar değiştirildi. Sevgi ilkelerinin yaşla bir ilgisi yoktur. Bu anekdotlar, bebeklerden ergenlere kadar her yaştan çocuğun hayatlarından alınmıştır.

Daha fazla öğrenmeye ve daha az öğretmeye cesaretiniz varsa, ebeveynlik olgunlaşmanızı ve büyümenizi sağlar. Kendi yöntemlerinizi veya ebeveynlerinizin sizi yetiştirme yöntemlerini savunmaya bir son verecek kadar cesursanız, sandığınızdan daha harika, daha mükemmel ve daha yetkin bir insan haline gelme şansına sahip olabilirsiniz.

1. bölüm

Konuşmanın bağlantı kurucu ve iyileştirici gücü

Çocuklarla iletişim kurarken seçtiğimiz sözcüklerin, onların kendilerini iyi hissetmelerini veya incinmelerini, uzaklaşmalarını veya yakınlaşmalarını, içlerine kapanmalarını veya kalplerine nüfuz edip açılmalarını, bağımlı hale gelmelerini veya kendilerini yetkin hissetmelerini sağlama gücü vardır. Örneğin:

Markette alışveriş yaparken, bir çocuğun ağladığını duydum. Sesi takip ettim ve yaklaşık 4 yaşlarında bir kız çocuğunun yerde yatarak ağladığını gördüm. Yanında kimse yoktu. Etrafıma bakındım ve kasa görevlisi dillendirmediğim soruma cevap verdi: "Annesi nerede bilmiyorum. Bu oğlan da ağabeyi galiba."

Ağlayan kızın ağabeyi 9 yaşlarındaydı. Koridordaki alışveriş arabasının yanında duruyordu. Ağlayan kızın yanına yere oturdum ve niçin ağladığını tahmin etmeye çalıştım.

"Bu marketten çıkmak için çok uzun zamandır mı bekliyorsun?" diye sordum.

"Evet" dedi.

"Eve mi gitmek istiyorsun?"

"Evet" dedi ve daha da fazla hıçkırmaya başladı.

"Alışveriş uzun sürüyor, anne de çok yavaş" diye ekledim.

"Evet" diye cevap verdi. Bu sefer küçük kız kocaman, yaşlı gözleriyle bana baktı.

"Bu sıkıcı markette olmak ve bu kadar çok beklemek çok zor" dedim.

"Hı hı."

Ağabeyi yanımıza doğru gelip sabırsız bir tavırla, "Haydi Lizzie, kalk artık" dedi.

Oğlana dönüp, "Sen de mi anneni beklemekten sıkıldın?" dedim.

"Evet" dedi ve ekledi: "Özellikle de en sevdiğim TV programı başlamışken."

"Ah" dedim. "En sevdiğin TV programını kaçırıyor musun şimdi?"

Lizzie "Evet" dedi ve bana programı anlatmaya başladı.

"Hay Allah" diye durumu onayladım. "Bu program tekrar ne zaman yayınlanacak?"

İkisi birden "Yarın" dediler. "Her gün var" diye ekledi oğlan.

"Kaçırdığınız bölümü anlayamayacağınızdan mı korkuyorsunuz?" diye sordum, sonraki bölüm konusunda endişeli olabileceklerini düşünerek.

"Evet" dedi Lizzie ve ağabeyi de başını salladı. Sonra Lizzie ayağa kalktı. Ben kendimi tanıttım. Lizzie bana sarıldı. "Seni tanıdığıma çok memnun oldum" dedim. Kendisini kollarıma bıraktı ve onu tutarak ayağa kalktım. Sakinleşmişti. Sonra ağabeyi de yaklaştı ve "Lizzie, kaçırdığımız bölümü anlayabileceğimize eminim" dedi.

O sırada çocukların annesi geldi ve yardımlarım için bana teşekkür etti.

İçinde bulunduğunuz durumu konuşmak bir şeyleri değiştirmez aslında. Lizzie istediği anda eve gidemedi ve TV programını da kaçırdı. Değişen tek şey, onun o durumdaki hisleri ve kalan zamanı markette nasıl geçirdiğiydi. Bu gibi durumlarda çoğunlukla çocuğun her söylediğini çürütme şeklindeki konuşmalara rastlanır. Eğer "sevgi ve şefkatle" Lizzie'nin söylediklerini çürütmeye çalışsaydım, aramızdaki konuşma nasıl olurdu, bir bakalım.

Diyelim ki; yerde yatıp ağlayan Lizzie'ye "Neden ağlıyorsun?" diye sorsaydım; "Neden" sorusu, çocuğu savunma durumuna geçirir ve ağlaması için bir sebep göremediğimi ima ederdi. Ayrıca, genel bir kural olarak çocuklar gözyaşlarının nedeninin çok bariz olduğuna inanırlar. "Neden" sorusu ağlayan bir çocuğu yaralayacak bir suçlamadır: "Buna bu kadar üzüldüğüne göre hata sende olmalı." Bu örneğe istinaden, diyelim ki Lizzie, "Neden ağlıyorsun?" soruma "Eve gitmek istiyorum" diye cevap vermiş olsun.

"Eminim annenin işi birazdan bitecek, gel sana bir şey göstereyim" diyebilirdim. İlk bakışta bu konuşma zararsız gibi görünebilir, fakat Lizzie'nin duygularını sadece bir değil iki kez inkâr etmiş olurdum. Öncelikle Lizzie'ye göre annesinin alışverişi çok uzun sürmüştür. Aksini söyleyerek Lizzie'nin sabırsızlığını yadsımış olurdum. İkincisi, Lizzie'yi sıkıntısından uzaklaştırmaya çalışarak, "Aslında üzgün değilmişsin ve eğleniyormuşsun gibi davranalım" imasında bulunmuş olurdum. Bu davranış, onun duygularını yaşama, sıkıntısı ve istekleri hakkında konuşma ihtiyacını inkâr etmek anlamına gelirdi.

Lizzie'nin ilgisini başka bir yöne çekmek mümkün olsaydı, ağlamayı kesebilirdi. Ancak, derdinden hâlâ kurtulmamış ve duyguları inkâr edilmiş olacağı için, başka bir şey ne kadar ilgisini çekse de, duygusal ihtiyaçları karşılanmamış olacaktı.

Diyelim ki, Lizzie'nin ilgisini başka bir yöne çekme çabalarım boşa çıktı ve Lizzie "TV programımı seyretmek istiyorum. Hemen şimdi eve gitmek istiyorum!" diye bağırmaya başladı.

"Programı başka bir gün seyredebilirsin" diyerek onun hislerini daha da fazla inkâr edebilirdim. "Zaten çok fazla TV seyretmek senin için iyi değil."

O noktada Lizzie'yi o derece yabancılaştırmış olurdum ki benden kaçmak isteyebilirdi. Sabırsızlanmasını küçümsemiş, kızgınlığını savuşturmuş, onu gerçek duygularından uzaklaştırmaya çalışmış ve öfkelenmesi için bir neden olmadığını ima etmiş olurdum. Böylece, Lizzie duygularını ve isteklerini ifade etme konusunda daha fazla ısrar edemezdi çünkü onun yanında olmadığımı hissederdi.

Lizzie'yle sonsuza kadar konuşmaya devam edebilirdim çünkü inkâr etmek hiçbir şeyi çözmez; bilakis, acı veren duyguları artırır çünkü çocuk kendi hikâyesini savunmak zorunda bırakılmış olur. Bir noktada kendini benden kurtarmak isteyebilir ve öncekinden daha da üzgün bir hale gelebilirdi.

Çocuklar içlerinden geldiği gibi davranmakta, hissettiklerini hissetmekte bir sorun olmadığını ve onların bakış açılarını önemsediğimizi algıladıkları zaman, sorunlarının çözümlerini de kendileri bulurlar ve gerçeklerle uzlaşırlar. Diğer yandan, duyguları inkâr edildiğinde, sorunlarını genellikle çözemezler. Öfke duyarlar çünkü kendilerini kurban olarak görürler.

Bu hayali senaryoda, Lizzie'yi o derece yabancılaştırmış olurdum ki, haklı öfkesini annesine yönelterek hem kendisinin hem de annesinin sıkıntısını daha artırabilirdi. Oysa benim davranışım karşısında Lizzie onaylandığını hissettiği için rahatladı. Ancak o zaman en sevdiği TV programını izleyemeyeceği gerçeğini kabullenebildi.

Onaylamak işe yarar mı?

"Onayladım ve işe yaramadı" dedi Annie çaresizce iç çekerek.

"Kızının öfke nöbetine son vermek için onu onayladın ama işe yaramadı, öyle mi?" diye sordum.

"Evet" dedi Annie, "ve aramızdaki duvarı da kaldırmadı."

Onaylamak kendi kendisinin bir sonucudur. Bir çocuğun üzüntüsünü yok etmek, davranışını değiştirmek veya onu kontrol altına almak için kullandığımız bir yöntem değildir, Onaylamak ve dikkatle dinlemek, çocuğun kendini ifade edebilmesi için kendini güvende hissetmesini sağlamak üzere kullandığımız bir yöntemdir; sevgimizi ve içtenliğimizi göstermenin bir yoludur. Onu onayladığımız zaman çocuk, hissettiklerini hissetme ve kendini tam olarak ifade edebilme konusunda kendini güvende hisseder.

Onaylamak ilk etapta çocuğun daha fazla ağlamasına, öfke nöbeti geçirmesine veya kendini başka şekillerde ifade etmesine yol açar. Lizzie'yle yaşanan gerçek hikâyede, onun duygularını onayladığımda, daha fazla hıçkırmaya, üzüntüsünü daha fazla göstermeye başladı. Ancak ağlaması bitip ihtiyaçları hakkında konuşmaya başladıktan sonra sakinleşti ve gerçeklerle yüzleşebildi. Bu tür bir onaylayıcı yaklaşım bir yabancıdan değil de çocuğun ebeveyninden geldiğinde, çocuk muhtemelen daha uzun bir süre ağlamaya devam edecektir; o anki derdiyle birlikte geçmişteki dertlerinden de kurtulmaya çalışacaktır. Hissettikleri ve yaşadıkları onaylanan çocuklar, daha fazla ağlayabilir veya daha fazla öfkelenebilirler çünkü sizin onaylayıcı tutumunuz, onlara en derinlerdeki duygularını ifade etme izni vermiş olur. Ama bu geçtikten sonra içlerinde hiçbir kötü duygu kalmadan yollarına devam ederler.

Onaylamak bazen çocuğun sıkıntısına hemen son verir çünkü mesele geçici bir şeydir ve çocuk hemen rahatlar. Bununla birlikte, çocuğunuz daha fazla ağlamaya başlarsa, onun yanında olun. Istırabına neden olmadığınızdan, kendini rahatlatabilmesi için sevginizi ve onu onayladığınızı gösterdiğinizden emin olun. Duygularının şiddetinden rahatsız olsanız bile, kendi rahatınız için değil, çocuğunuzun size ve kendisine duyduğu güveni pekiştirmek için kararlılığınızı sürdürdüğünüzü unutmayın. Bu şekilde kendilerinin farkına varabilen çocuklar, kendilerini tanımaya ve kendilerine güvenmeye başlarlar; duyguları ve bunları ifade etme şekilleri ne kadar güçlü de olsa, bu onları daha az korkutur.

Çocuğunuzun duygularını onayladığınızda, o sadece kendi duygularının ve ihtiyaçlarının farkına varmakla kalmaz, siz de onu anladığınızı ve aranızda derin bir bağ oluştuğunu fark edersiniz. Onun yolculuğuna saygı duymaya ve ebeveynlik rolünüze daha net bir şekilde sahip çıkmaya başlarsınız. Çocuğunuzla aranızda derin bir güven bağı oluşur ve bu, onun hayatı boyunca diğer ilişkilerine de yansır. Kendine güvendiği ve duygularından korkmadığı için, hayatın getirdiği iyi ve kötü şeylere karşı daha dayanıklı ve sevecen olabilir.

Duygularını onaylarken, durumu daha da dramatikleştirmekten veya duygusal tepkilerinizi ortaya koymaktan kaçının. Olayı daha dramatik bir hale getirdiğimizde, çocuk kendi hikâyesine daha fazla gömülür; bizim sevecen tavrımızı algıladığında ise, şiddetle ağlayıp öfkelenebilir, ama sonra kendi "dramatik" halini fark edip buna gülebilir veya en azından hayatına daha olumlu bir tutumla devam edebilir. Lizzie ve ağabeyi gerçekler karşısında sakinleşebildiler, çünkü yanlarında onları dinleyen biri vardı ve hikâyeleri de fazla ivme kazanmamıştı. Olayı dramatik hale getirmekten kaçındım. Durumu değerlendirmedim veya onlara kaçış yolları sunmadım, aksi halde durumun kötü olduğunu hissedebilirlerdi. Çocuklar sevecen bir tavırla onaylandıklarında ve kendilerini tamamen ifade edebildiklerinde üzüntülü hallerinden hemen sıyrılırlar.

S.İ.D.O.T. formülüyle iletişim

Ebeveynlerin çoğu, yadsıyıcı tavırdan onaylayıcı tavra geçiş yaparken kendilerine yardımcı olabilecek bir formül ararlar. S.İ.D.O.T. formülü, çocuklarınızın duygularını olduğu gibi yaşayabilmeleri, samimi ve güçlü bir şekilde davranabilmeleri amacıyla onların yaşadıklarını anlama yoluna giderken size yardımcı olabilir.

S – Sessizce kendi kendinize konuşarak, kendinizi çocuğunuzun davranışından ve duygularından ayrı tutun. Bu en zor adımdır; bunu bir kez başardığınızda, gerisi kolay gelir. Çocuğunuzun yaptığı bir hareketin sizde tepkiye yol açtığının ve zihninizin dilinize hükmettiğinin farkına varın. Bu, bilgisayarın kendi kendini çalıştırmasına benzer: Çocuğunuz bir şey yapar ve zihninizde o anda otomatik olarak bir pencere açılır. Bunu sesli bir şekilde dillendirmediğiniz sürece zararı yoktur. Kızdıysanız, bunu söylemek veya göstermek yanlıştır ve durumu daha da zorlaştırır. Söylemek istediğiniz bu değildir. Gerçek niyetinizi yansıtmaz ve dolayısıyla içten değildir. Bunun içten olmamasının en büyük kanıtı, söylediklerinizden ve yaptıklarınızdan daha sonra pişmanlık duymanızdır; ayrıca bu tavır çocuğunuzla aranızda bir duvar örer.

Çocuğunuzu incitmemek için, zihninizde açılan pencerede yazanları içinizden sessizce okuyun. Ağzınızdan çıkmak üzere olan sözlerin farkına varın ve atacağınız adımları veya geçmiş anılarınızı da dahil ederek tepkinizin öncelikle zihninizde oluşmasına izin verin. Bu bir dakikadan daha kısa sürecektir ve kimseye bir zararı yoktur. Hissettikleriniz sadece size aittir; harekete geçmek veya bunları dile getirmek için bir neden yoktur. Bu siz değil, kafanızda çalan eski bir plaktır.

İlk başlarda düşüncelerinizi gözden geçirmek bir dakikadan daha uzun sürebilir. Öncelikle, sadece düşüncelerinizin farkına varmakla ve bunları olduğu gibi kabullenmekle başlayın. Düşündüklerinizi bir yere yazın ki, sonradan bunların üzerinde daha fazla çalışabilesiniz. Zamanla aklınızı daha fazla kontrol edebilir ve bütün bu süreci o anda işletebilirsiniz.

Düşünceleri gözden geçirmek:

- Üzüntünüzü, kızgınlığınızı, endişelerinizi veya eleştirilerinizi ifade eden sözlerinizin ne kadar geçerli olduklarını kontrol edin. Bunlar gerçekten *sizin* sözleriniz mi? Bunlara gerçekten inanıyor musunuz? "Asla öğrenemeyecek", "Böyle davranmaması gerekirdi" veya "Sorumluluk almayı öğrenmeli" gibi düşünceler, belki de hemfikir bile olmadığınız eski kayıtlardır. Bunlar belki başka insanların söylediği sözler, sizin korkularınız, anılarınız veya kendiniz için arzuladığınız şeyler olabilir. O veya bu şekilde, çocuğunuzu olduğu gibi sevebilmenizin ve anlayabilmenizin önünde duran engellerdir.

- Bu düşünceleri ciddiye aldığınızda size neler yapabileceklerinin farkına varın. *Bu düşüncelere riayet ettiğinizde çocuğunuza nasıl davrandığınızı* zihninizden geçirin.
- Bu düşünceler aklınıza gelmese nasıl bir insan olacağınızı düşünün. Bu düşünceler olmadan, kendi zihninizdeki konuşmalara değil, doğrudan çocuğunuza tepki vermekte özgür olabilirsiniz. Çocuğunuzu yadsımanıza ve kontrol etmenize yol açan düşünceler olmadan, aynı durumla karşılaştığınızı hayal etmeye çalışın. Bu düşünceler yok olmayacaktır. Onlar size aittir. Sadece bunlar olmadan nasıl bir insan olabileceğinizi hayal edin. Sizi sınırlayan düşünceler olmadığında, koşulsuz olarak sevgi gösteren gerçek benliğiniz ortaya çıkabilir.
- Zihninizin size çocuğunuzla ilgili söylediklerinin, kendiniz için de geçerli olup olmadığını kontrol edin. Duymak istediklerimizi genellikle kendi iyiliğimiz için başka şeylerde görürüz. "Bu şekilde davranmamalı", "Çocuğuma bu şekilde davranmamalıyım" haline gelir. "Asla öğrenemeyecek" şeklindeki bir düşünce, bir ebeveyn olarak sizin öğrenme hızınıza dönüp bakmanızı işaret ediyor olabilir. "Sorumluluk almayı öğrenmeli" şeklindeki düşünceniz, zihninizin verdiği tepkilerin ve hayatınızdaki diğer şeylerin sorumluluğunu alma beceriniz için harika bir rehber olabilir.

Sizi yanlış yönlendiren düşüncelerin farkına vardığınızda, koşulsuz seven gerçek benliğinizi keşfedeceksiniz; çocuğunuzla ilgili kendi yarattığınız endişelere kapılmak yerine, her zaman olduğu gibi sadece sevginizle onun yanında olacaksınız. Tüm bu düşünce kalabalığından kurtulduğunuzda, gerçek ışığınız ortaya çıkacak ve çocuğunuzu bu sevgi dolu ışık içinde görebileceksiniz.

İ – İlginizi çocuğunuza yönlendirin. Kafanızın içindeki konuşmaları sessizce gözden geçirdikten sonra (bunların çocuğunuzla bir ilgisi yoktur), ilginizi kendinizden ve içinizdeki monologdan çocuğunuza çevirin.

D – Çocuğunuzun söylediklerini dinleyin veya davranışlarıyla ne anlatmak istediğini anlamaya çalışın ve sonra onu biraz daha dinleyin. Çocuğunuzla göz teması kurun ve daha fazla anlatabilmesi için veya eğer çocuğunuz kendini sözsüz olarak ifade ediyorsa, onu anladığınızı gösterebilmek için ona sorular sorun.

O – Çocuğunuzun duygularını ve ifade ettiği ihtiyaçlarını, dramatik hale getirmeden ve kendi algılarınızı eklemeden onaylayın. Dinlemek ve onaylamak sevginin bileşenleridir. Bunu başardığınızda, çocuğunuzla aranızda bağ kurarsınız ve kendinize karşı dürüst ve doğru olduğunuzu hissedersiniz.

T – Çocuğunuzun yolundan çekilip ona güvenerek üzüntüsünü çözümleyebilmesi için onu teşvik edin. Sinirlerinize hâkim olun ve her şeyi düzeltmek konusunda aceleci davranmadan, onun becerilerine inandığınızı gösterin. Çocuklar kendilerine güvenildiğini, ebeveynlerinin beklentilerinden ve duygularından serbest kaldıklarını hissettiklerinde ve kendilerini yetkin gördüklerinde, isteklerini, çözümlerini ve fikirlerini ortaya koyabilirler. Duygular, güçlü durabilme becerisini engeller. Bu duygular bir kez ifade edildikten sonra, çocuk yeniden özgürlüğüne kavuşur, odaklanabilir, ihtiyacından vazgeçer ya da buna çözümler geliştirir. Hızlı ve doğal bir şekilde o da, sizin kendinizi keşfederken yaptıklarınızı yapar.

9 yaşındaki Clint ağlıyordu, çünkü kız kardeşi Joy birlikte oynadıkları Monopol® oyununu yarıda bırakmak istiyordu. "Oyunu bitirmek istiyorum. Kazanmak üzereyim!" diye bağırıyordu.

Çocukların annesi Ella, "adalet" kavramını zorla kabul ettirmeye hazırdı, ama kendi tepkisini çocuklarının arasındaki anlaşmazlıktan ayrı tutabilmek için kendine biraz zaman tanıdı ve zihninde kendi kendine sessizce konuştu (S.İ.D.O.T.'un S'si). Kendini Joy'a bağırırken, onu düşüncesiz ve acımasız olmakla suçlarken ve oyunu bitirmesini buyururken hayal etti. Sonra bu düşünceleri kafasında gözden geçirdi ve bunların gerçek olmadığına emin oldu; kızı hiç de acımasız bir çocuk değildi ve kendini savunabilmesi iyi bir şeydi. Böylece bu düşünceyi bir kenara bıraktı ve İ adımına geçerek Clint'e ilgi göstermeye ve onu dinlemeye (D) başladı.

"Kazanma şansın olduğu için çok heyecanlandın değil mi? Oyunu bitirmediğiniz için hayal kırıklığına mı uğradın?"

"Çok kızgınım. Oyunu bitirmek istiyorum" diye ısrar etti Clint.

Ella, gerçekleri Clint için değiştirmeye çalışmadan onu onaylamaya (O) ve dinlemeye devam etti. Durumu düzeltme çabasına girmeden, sanki "Seni duyuyorum, ben bir sorun görmüyorum ve bu durumla baş edebileceğini biliyorum" dercesine onu teşvik etti (T).

Bir süre sonra Clint için her şey geçip gitmişti ve farklı bir konuda konuşmaya başlamıştı.

Clint'i dinleyen biri vardı. Duygularını onaylayan ve onun algıları doğrultusunda gerçekleri tekrar dile getiren annesiyle arasında bağ kurulduğunu hissediyordu. Annesi olayı dramatik bir hale getirmemişti; kendi duygularını ve düşüncelerini olaya karıştırmamıştı. Annesinin güveni ve sağlam bir şekilde yanında durması, Clint'in bu olayı atlatmasını sağlamıştı.

Küçük çocuklar ve duygusal sözcükler

Küçük bir çocuk, üzüntü, mutsuzluk veya hayal kırıklığı gibi duyguları hakkında konuşmayı becerebilir veya beceremeyebilir. Küçük çocuklar genellikle, mevcut durumun gerçekliği kabul edildiğinde onaylandıklarını hissederler. Bir telefon seansında, bir anne bana küçük kızının havuz hikâyesini anlatmıştı.

Orna (5) havuzdan çıktığında ağlıyordu çünkü havuzda biraz daha kalmak istiyordu, ama havuz artık kapanıyordu. Annesi Donna binadan çıkmadan önce onu giydirdi. Giydirirken de şunları söyleyerek çocuğunun yaşadıklarını onayladı:

"Suda oynamayı çok seviyorsun. Daha çok oynamak istiyordun değil mi?"

Orna "Evet, biraz daha atlamak istiyorum" diye cevap verdi.

Donna, "Biliyorum, havuzdan çıkmak istemiyordun ve gitmemiz gerektiğini söylediler" diye devam etti.

Orna ağlamayı kesti ve "Havuzu çok seviyorum" dedi.

"Evet" dedi annesi, "ve havuzdan çıkarılmak istemiyorsun."

"Anne" dedi sakinleşmiş olan Orna, "artık önemli değil. Eve gitmek istiyorum."

Donna sadece gerçekleri dile getirmişti; Orna da annesiyle kolayca iletişim kurabilmiş ve içi rahatlamıştı. Çocuklar, onlara acı veren duygulara takılıp kalmazlar. Güçlü bir şekilde hayatlarına devam ederler çünkü bu duygularla ilgili geçmişten gelen yükler taşımazlar. Onlara, yetişkinlere has "kendi ıstırabı içinde yuvarlanma" sanatını öğretmekten kaçının. Yetişkinler bazen suçu karşılarındaki kişiye yüklemeye çalışırlar, hatta bazen suçu kültüre veya hükümete bile atarlar. Bu tür tavırları çocuğunuza öğretmek istemeyeceğinizden eminim. Onu onaylayın, ama aynı zamanda yoluna devam etmesini, duygularını çok fazla ciddiye almamasını ve kendi kendine öğrenmesini de umut edin. Duygular bir çeşit boşalım yoludur, tıpkı ter ve idrar kesesinin hareketleri gibi. Duyguların tasdik edilmesi gerekir ki bize engel olmasınlar, tıpkı terleyince yıkanmak gerektiği gibi. Çocuk, anlaşılma ihtiyacı bir kez karşılandıktan sonra yoluna devam edebilecektir. Yoluna devam edebilme becerisi, onun belirli bir olaya takılıp kalmasını ve bu olayı, hayatının geri kalan kısmını olumsuz etkileyebilecek bir hikâyeye dönüştürmesini de engeller.

Onaylamak onur kırıcı olursa

Onaylamak, bazen çocuğun mahremiyet ve özerklik duygusunu yadsımak haline gelebilir. Çocuk sizin yapmış veya söylemiş olduğunuz bir şeyden dolayı mutsuzsa, ilgi dolu sözleriniz onu incitebilir; mutsuzluğunun nedeninden bağımsız olarak sizin onaylayıcı tavrınızdan dolayı gücenebilir. Duygularını ifade edip etmeme konusundaki seçimi, özgürce yapmak ister. Mutsuzluğunun dile getirilmesini istemeyebilir. Aslında çocuk, "Mutsuz olduğum zaman beni kendi halime bırakın ve bunu fark ettiğinizi bana söylemeyin" demektedir. Böyle sessiz bir dinleyiciye ihtiyaç duyan bir çocuğa söyleyebileceğimiz her şey onu utandıracaktır.

5 yaşındaki Amber bir kule yapmıştı. Kulesi yıkıldı ve çok üzüldü. Anneannesi odaya gelip, "Kızdın mı? Yıkılmasını istemezdin değil mi?" diyerek onaylayıcı bir tavırla yaklaştı.

Amber kalan parçaları da itip "Bir şey söyleme!" diye bağırdı.

Anneanne orada sessizce oturarak hatasının farkına vardı.

Amber kendini yere atıp kule parçalarını öfkeli bir şekilde etrafa fırlatmaya başladı. "Aptal parçalar, aptal yer, aptal ben!" diye bağırdı. Parçaları odanın her tarafına dağıttı. Anneannesi sessiz duruyordu ama yanındaydı ve Amber da onun ilgisine, kendini tümüyle ifade ederek cevap veriyordu. Sakinleşince ayağa kalktı, parçaları yerden topladı ve sakin bir şekilde yeni bir kule yapmaya başladı.

Sessizlik kayıtsızlık anlamına gelmez. Çocuğunuza tüm ilginizi verin, ama bunu dile getirmeyin. Bir çocuk utanmışsa veya korkmuşsa, duygularının dile getirilmesinden rahatsız olur. Bu gibi durumlarda ya hiçbir şey söylemeden ilgili davranın ya da insani tarafınızı ona gösterebileceğiniz, hayatınızdan benzer bir utandırıcı olayı anlatarak onu rahatlatın; tıpkı danışanlarımdan Adi'nin yaptığı gibi:

Adi bahçede çalışırken 4 yaşındaki kızı Ruthi içeri girdi ve kendine bir bardak süt doldurdu. Sütün bir kısmı masaya ve yere döküldü. Adi eve girip dökülen sütü görünce, "Neden benden istemedin? Bunu kendi başına yapamayacağını biliyordun" diye bağırmaya hazırdı. Ama bunun yerine, derin bir nefes aldı; bu sözlerin kafasından sessizce geçtiğini fark etti (S.İ.D.O.T.'un S'si) ve bunların bir fayda sağlamayacağını anladı. Sonra ilgisini (S.İ.D.O.T.'un İ'si) Ruthi'ye yöneltti. Ruthi'nin, babasının işini bölmek istemediği için sütünü yardım almadan kendisi doldurmaya çalıştığını fark etti. Yaklaştı ve neşeli bir sesle, "Bakıyorum sütünü kendin almışsın" dedi.

Ruthi cevap verdi: "Evet, ama birazı döküldü." Soru soran gözlerle babasına baktı.

"Önceki gün dedenin evinde ben de aynısını yaptım" dedi. "Meyve suyunu döktüm ve kendimi çok sakar hissettim, ama deden bana gülümsedi ve bir havlu verdi. Temizlemesi çok kolay."

Ruthi mutfaktan koşarak çıktı ve bir havlu getirip babasına verdi. Bu, Adi'nin temizlikte kullanacağı bir havlu değildi, ama yine de gülümseyerek aldı ve dökülen sütü sildi.

Adi, Ruthi'nin kendine süt doldurmasını bir başarı olarak kabul ederek ona, yanlışlıkla süt döken bir misafire davranacağı gibi davranmış oldu. Ruthi'nin duygularını ortaya çıkarıp onu merkeze koymadan, sadece kendi sakarlığını anlatarak onaylayıcı bir tavır sergilemiş oldu. Babasının bile bazen sakarlık yaptığını öğrenen Ruthi kendini rahatlamış hissetti. "Yanlış" havluyu getirdiğinde de Adi onu uyarmadı veya gidip başka bir havlu almadı. Bu örnek, dökülen süt sayesinde baba ile çocuk arasında derin bir bağ kurulduğunu, çocuğun özgüveninin ve onurunun sarsılmadığını gösteriyor.

Öfkeli duygular, sevgi dolu sözcükler

Bazen, her ne kadar sevgi dolu ve sevecen davranmaya niyetlensek de, çocuğa karşı öfke ve hatta hınç hissedebiliriz. Bu duyguları büyük bir şeyin tetiklemesi de gerekmez. Hepimizin acı ya da utançla hatırladığımız anılar vardır ve bunlar ortada bir neden yokken bile yüzeye çıkabilir.

Belirli bir olayı hatırlamıyor olsak da, o deneyimlerle ilişkilendirdiğimiz duygular zihnimizi doldurabilir. S.İ.D.O.T. formülü (Sessiz konuşmak, İlgi göstermek, Dinlemek, Onaylamak, Teşvik etmek), ilk adımına daha fazla yoğunlaşarak kullanılabilir.

Öfkeli ve şiddetli tepkiler, diğer acı veren duyguların üzerini kapatır. Kökleri geçmişteki deneyimlerimizde yatan korku ve huzursuzluktan dolayı bu duyguların genellikle farkında olmayız. Eğer çocukken üzülmek, ağlamak, ilgi istemek ve kendinizi ifade edebilmek konusunda kendinizi güvende hissetmediyseniz, bu duyguları muhtemelen çok önceden bastırmışsınızdır. Bugün olanlar ise otomatiktir; acı veren duygular anında "geriye itilir" ve yerini öfke alır çünkü bu daha kabul edilebilir bir duygudur ve üzüntünüzü veya gözyaşlarınızı göstermeye kıyasla kendinizi daha az savunmasız hissedersiniz.

Ancak, öfke ihtiyaç duyduğumuz rahatlamayı sağlamaz çünkü suçlamaya odaklı bir duygudur. İlgiyi kendimiz dışında bir yere yöneltmek (suçlamak) kendimizi savunmasız hissetmemizi engeller. Öfkelenmemize neden olan düşünceleri gözden geçirmezsek, kendimizi eksik hissederiz, daha da öfkeleniriz ve bu acı içindeki kurban (suçlayan) rolüne daha da bağlanırız.

Çocuğunuzun beklenmedik bir davranışı karşısında yapacaklarınızı ve söyleyeceklerinizi önce bir düşünün (Sessiz konuşma). Aklınıza ilk gelen sözleri sarf etmeyin. Bu sözler büyük ihtimalle çocuğunuzu incitecek ve aranızdaki mücadeleyi artıracaktır; bu sözler yok olmasa bile onları gerçekler olarak değil sadece düşünceler olarak görmeyi öğreneceksiniz. Bu süreçte çocuğunuzun yardımını bile alabilirsiniz. Ondan, "Kendine biraz zaman ver anne" veya "Bir dakika düşün baba" şeklinde hatırlatmalarda bulunmasını isteyebilirsiniz. Size hatırlatmak üzere sallayabileceği bir "bayrağı" yeni yürümeye başlayan çocuğunuza verebilirsiniz. Önceden kararlaştırılmış bu tür önlemler kendinize "mola" vermenizi sağlayabilir; böylece zihninizdeki konuşmayı çocuğunuzun meselesinden ve kendi içten duygularınızdan ayrı tutabilirsiniz. Öncelikle kendi duygularınızla ilgilenin ki, çocuğunuza odaklanabilmek için özgürleşebilesiniz.

Çocuk, öfkenizin nedeni değil tetikleyicisidir; sizin duygularınızdan o sorumlu değildir. O bir şey yapar, zihninizdeki bilgisayarda bir pencere açılır ve yazılanları yapmanızı emreder. Bu otomatik tepki karşısında seçeneğiniz yoktur; bununla birlikte, buna itaat edip etmemek sizin seçiminizdir. İçsesinizi dinleyerek içinizi boşaltabilirsiniz; böylece bu geçmişten gelen tepkilerden kurtularak çocuğunuza ilgi gösterebilirsiniz. Eğer Sessiz konuşma yapmak için kendinize biraz zaman tanıyıp öfkenizi besleyen düşüncelerin aslında sizi yansıtmadığını ve o anla ilgisinin olmadığını fark ederseniz, bunları bir kenara bırakabilir ve tüm ilginizi çocuğunuza yöneltebilirsiniz. Daha sonra sizi dinleyecek biriyle, bir dostunuzla veya bir danışmanla birlikte düşüncelerinizi gözden geçirme sürecini tamamlayabilirsiniz. Bunu kendiniz de yapabilirsiniz. Öfkelenmenize neden olan her bir düşünceyi not edin; bunların sizin için ne kadar geçerli olduğunu, neler hissetmenize, nasıl davranmanıza yol açtığını ve bu düşünceler olmasa nasıl tepki verebileceğinizi gözden geçirin. Sonra da çocuğunuzla ilgili beklentilerinizin ve yargılarınızın sizin gelişiminiz için de faydalı olup olmayacağını anlamaya çalışın.

Kendinize karşı sevecen olun. Buradaki kilit, düşüncelerinizi ve kuruntularınızı yargılamamaktır; bunlar gerçekte kim olduğunuzun veya olmak istediğiniz ebeveynin gerçek yansımaları değildir. Kendinize yaklaşık bir dakika verip kendinizi iyice ifade edin, ama bunu sadece sessizce yapın. Kendinizi bağırırken, vururken, suçlarken, tehdit ederken, cezalandırırken veya aklınıza her ne geliyorsa onu yaparken hayal edin. İçinizdeki "filmin" sizi tatmin edecek noktaya kadar akıp gitmesini bekleyin ve o anla herhangi bir ilgisinin olup olmadığını veya gerçekten sizi yansıtıp yansıtmadığını sorgulayın. Bu filmin gösterdiği gibi hareket etmediğiniz için çok mutlu olacaksınız.

Bu düşüncelerin aklınızdan serbestçe geçip gidebilmesi için kendinizi özgür bırakmak ve kendinize sevgi göstermek, çok az zamanınızı alır, ama diğer yandan da gücünüzü ve sevginizi yeniden kazanmanızı sağlar. Düşüncelerinizi ve öfkenize neden olan unsurları gözden geçirmiş olursunuz. Sadece bir dakika daha harcayıp bu düşünceleri kâğıda dökün ve o anda geçerli olup olmadıklarını kontrol edin. Bu "içtenlik sürecini" tamamladıktan sonra kendinizi mevcut duruma ve çocuğunuzun masum amacına odaklanmaya hazır hissedersiniz. Tavsiyelerimi dinleyen bir anne bana aşağıdaki hikâyeyi göndermişti:

> Wendy uyurken, 9 yaşındaki oğlu Emory, o akşamki partiye götürecekleri lazanyayı pişirip annesine sürpriz yapmaya karar verdi.
>
> Wendy, uyandıktan sonra lazanyayı pişirmek üzere mutfağa geldiğinde, Emory'yi üstü başı domates sosuna bulanmış halde, domates sosundan bir gölcüğün ortasında dikilirken buldu; tezgâhın üzerine tofu ve peynir saçılmıştı. Fırın tepsisi, lazanyaya pek de benzemeyen ve domates sosunun içindeki patates püresi gibi görünen malzemelerle doldurulmuştu.
>
> Wendy patlamaya hazırdı. Partiden önce hem temizlik yapıp hem de yeni bir lazanya pişirmeye vakti yoktu. Derin bir nefes alıp S.İ.D.O.T. formülünü uygulamaya hazırlandı. Kendini bağırıp çağırırken, Emory'yi mutfaktan dışarı itelerken ve partiye gitmesini yasaklarken hayal etti. Bu öfkeli sözleri ve fantezileri zihninden sessizce geçirdikten sonra ilgisini Emory'ye yönlendirdi. Daha bir

şey söylemesine vakit kalmadan Emory, "Anne lazanyayı yaptım. Sadece pişirmek ve temizlik yapmak kaldı. Gidip biraz daha uyuyabilirsin" dedi.

Çocuğunun sevgi dolu niyetinin farkına varan Wendy, gülümsedi ve "Teşekkür ederim. Ne büyük bir sürpriz. Kendimi dinlenmiş hissediyorum. Temizlikte sana yardım edeyim mi?" dedi.

Emory annesinin yardım teklifini kabul etti. Wendy, lazanyanın, artık kendisine o öfkeli anında olduğu kadar kötü görünmediğini fark etti. Emory kendisiyle gurur duymuştu ve Wendy de çok değerli bir ders almıştı. Anne oğul birlikte çok güzel bir akşam geçirdiler.

Wendy sadece ilgisini başka yöne çevirip oğlunun davranışını mutlulukla karşılamakla kalmayıp sessiz kalarak oğlunun her şeyi çözümleyen o ilk sözleri dile getirmesine de fırsat vermiş oldu. Kızgın olduğumuzda genellikle gerçekleri anlamadan ve çocuğun davranışlarının ardındaki niyeti görmeden hemen sonuca atlarız. Çocuğun ilk sözleri söylemesini beklemek, öfkemizi dindirebilir ve duruma açıklık getirebilir.

Eğer çocuğun kirlettiği yerleri temizlemenin, ona öfkeli olsak da olmasak da aynı süreyi aldığını hatırlarsak, öfke anlarında ustalıkla ve sevgiyle hareket edebilmemiz daha kolaylaşır. Suçluluk, pişmanlık ve utanç duyguları yaratacak sözleri sarf etmediğimiz zaman çocuğumuz kendisini değerli, sevilen ve takdir edilen bir insan olarak hissedecektir. İşte bu tür bağ kuran duygular, çocuklarımızla geçirdiğimiz zamanı hem bizler hem de onlar için değerli kılar.

Çocuğunuzdan istekte bulunmak

Çocuğumuzdan bazı şeyleri yapmasını istediğimiz anlar vardır; duştan sonra havlusunu asmak, telefonu kapatmak, gürültü yapacaksa başka bir odaya gitmek veya eve girmeden önce çamurlu botlarını dışarıda çıkarmak gibi. Bu gibi durumlarda seçtiğimiz sözcükler çocuğun suçluluk ve utanç duymasına neden olabildiği gibi ilgi ve karşılıklı sevgi de yaratabilir. Suçlamak ve utandırmak yakın zamanlara kadar, itaat ve korku aşılayan kontrol araçlarıydı. "Sana kaç kez söylemem gerekiyor?", "Senin neyin var?", "Her şeyi mahvettin", "Bunu yapmazsan sana gününü gösteririm" gibi tipik ifadeler, hâlâ pek çok insanın çocukluklarından kafalarına kazınmış sözlerdir.

Kontrol bazen de gizliden gizliye yapılırdı ve ebeveynlerimiz "Jamie çok iyi bir kızdır, size yardım edeceğinden eminim" şeklinde konuştuklarında bizler de nedenini bilmeden kendimizi buna zorunlu hissederdik. Ebeveynlerimizin isteklerini yaptığımızda övgü alırdık, yapmadığımızda ise hiçe sayılırdık. Bizlere, ebeveynlerimizi sevmenin onların dediklerini yapmak anlamına geldiği söylenmişti. Rüşvetlerimiz yiyecekler, övgüler, ayrıcalıklar veya hediyelerdi; baskıcı tavırlarla yönlendiriliyorduk. Bu tür itaat yöntemleri kontrolü azaltmak amaçlı değildi, sadece daha örtük bir hale getiriyordu. Bu kadar nazik ve sevecen gözüken, ama aynı zamanda da çocukları küçülten, utandıran ve içtenlik taşımayan bu tavırlar, bu yöntemlerle kontrol edilen çocukların kafalarını karıştırıyordu.

Nesiller boyunca ebeveynlerinin dediklerini korkudan yapan çocuklar yetiştirdikten sonra, artık nihayet çocuklarımıza da kendimize yapılmasını istediğimiz gibi onurlu bir şekilde davranmaya başlayabildik. Çocuklardan ebeveynlerinin dediklerini yapmalarını beklemek yönündeki bu eski tavrı bir kenara atmak çok kolay değildir. Kararlı ve tutarlı olmayı ve kendimizi kontrol etmeyi gerektirir. Çocuğunuzdan bir şey istemeden önce bir dakika durup böyle bir şeyi bir arkadaşınızdan ne şekilde isteyebileceğinizi (isteyip isteyemeyeceğinizi) düşünmek faydalı olabilir.

Bu yeni paradigmaya göre, çocuklar isteklerimizi yerine getirmek zorunda değildir. Seçim yapma ve isteklerimize istedikleri gibi cevap verme özgürlüğüne sahiptirler. Biz de onların tercihlerini kabullenip, onların sınırlarına ve isteklerine karşı hassas davranırsak en doğrusunu yapmış oluruz. Bizim görevimiz çocuklarımızla iletişim kurmaktır, tıpkı yetişkin arkadaşlarımızla kurduğumuz ilişkilerde olduğu gibi kendi isteklerimizi yerine getirmelerini ima etmeden. İsteğimiz karşılanmazsa, ya saygı gösterip bu durumu kabullenmeliyiz ya da çocuğun tercihini anlayışla karşılayıp herkesin ihtiyaçlarını tatmin edecek olasılıkları tartışmalı ve hem çocuğumuzu hem de bizi mutlu edecek bir çözüm bulmalıyız.

İstekleriniz içten olmalıdır; aslında sizin işinize yarayacak bir şeyi sanki çocuğunuzun işine yarayacakmış gibi göstermeyin. Mesela, çocuğun odasının temizlenmesini isteyen kişi çocuğunuz değil siz-sinizdir. Siz öğretmek istersiniz ama çocuğunuz öğrenmek istemez. Zamansız yapılan öğretme işi, zamansız doğum gibidir; bir bedeli vardır, öğrenme sürecini yavaşlatır ve çocuğunuzla aranızda güven-sizlik duvarı örer. Çocuğunuzun gelişim aşamalarına güvenin ve isteklerinizde dürüst olun: "Odanın temiz olması benim için *gerekli.*" Çocuğunuz temizlikte size yardımcı olabilir veya olmayabilir, ama isteğinizin ardında yatan nedeni anlayacak ve zamanla kendisi de bunu isteyecektir (veya bunu isteyecek biriyle yaşayacaktır ki bu da iyi bir şeydir).

Çocuğunuzun masumiyetine inanın ve ondan bir şey isterken iki kez düşünün. Yeni yürümeye başlayan çocuğunuz eve çamurlu ayakkabılarla girip halının üzerinde yürüdüğünde, o bunda her-hangi bir sorun görmez. Gerçekleri basit bir dille anlatabilirsiniz: "Ayakkabıların çamurlu. Gel bunları çıkaralım." Sonra da halıyı temizleyebilirsiniz.

Halıyı temizlemeye başladığınızda, çocuğunuz yardım etmek isteyebilir veya istemeyebilir. Temizlikte size yardımcı olup olma-ması önemli değildir. Yardım etmesi için ısrar etmek veya onu buna zorlamak, sadece başarısızlık, incinme ve suçluluk duyguları yaratır. Bu acı veren duygular çocuğun samimi olarak yardım etme isteğinin gelişmesini engeller. Diğer yandan, kendini iyi hissettiği bir anda temizlik yapmanızı seyretmek veya mutlu bir şekilde oradan ayrılıp sonra da yerleri temiz bulmak, çocuğun sizin şeklinizi kav-ramasını ve zamanla kendi özgür iradesiyle size yardım etmesini sağlar. Yeni yürümeye başlayan çocuğunuz yardım teklif ederse, onu eleştirmeden veya müdahale etmeden size yardımcı olması-na izin verin ve o hâlâ odadayken ardından yeniden temizlemeyin. Ona süpürgeyi getirmesini veya size yardım etmesini teklif edebi-lirsiniz, ama onu yönetmekten kaçının; yardımcı olma, sizi izleme veya oradan ayrılma kararını ona bırakın.

Küçük çocuklar azarlandıkları zaman genellikle ebeveynleri-nin yoğun duygularından ve yargılarından korkarlar ve kendilerine anlatılmak istenen şeyi kavrayamazlar. Geçerli sözlerin sert bir dille ifade edilmesi veya gizli bir suçlamanın tatlı bir sesle dillen-dirilmesi bile, küçük bir çocuğun duyguları için çok yoğundur ve ilgisi durumun farkına varamayacak kadar dağılır. Çok korkmuş veya incinmiştir. Bir çocuk, ancak hayatın akışının değişmediğini, gördüğü sevginin sekteye uğramadığını ve onurunun incinmediğini hissettiğinde, evdeki büyüklerin alışkanlıklarının ve isteklerinin farkına varabilir. Bizimle birlikte yaşamayı öğrenmek için yardıma ihtiyacı yoktur; sadece ona güvenmemize ve onun öğrenme sürecine müdahale etmememize ihtiyacı vardır.

S.İ.D.O.T. formülünün sadece S adımını uyguladığınızda gerisi doğal olarak gelir. Zihninizdeki konuşmaları gözden geçirdiğinizde ve bunları umursamadan geçip gitmelerine izin verdiğinizde, çocuğunuza tepki göstermeden onun yanında kendiniz olarak durursunuz. İster çocuğunuzdan bir istekte bulunacak olun, ister mutsuzluğuna cevap verecek olun, onun yanında olup ilginizi özgürce sunabilecek hale geldiğinizde, çocuğunuzla bağ kurabilirsiniz ve ne yapacağınızı bilirsiniz.

Başa almak

"S.İ.D.O.T. formülü, uygulamayı hatırladığımda işe yarıyor?" demişti tereddüt içindeki bir baba. "Peki kendime zaman vermeyi unutursam? Ya öfkeyle patlarsam?"

Alışkanlıkları değiştirmek kolay değildir ve eski davranış şekillerine geri dönebilirsiniz. Alışkanlıktan kaynaklanan "yadsıyıcı" tavırdan "onaylayıcı" tavra doğru geçiş yapabilmeniz için, zamana ve alıştırma yapmaya ihtiyacınız vardır. Yadsıyıcı yorumlarınızı değiştirmeye çalışmadan önce bunların farkına varmakla işe başlayın. Çocuğunuza veya eşinize karşı olumsuz tavır sergilediğiniz zaman kendinize işkence etmeyin. Başkalarına karşı şefkatli davranabilmek öncelikle kendinize karşı sabırlı ve şefkatli olmakla başlar. Olup bitenleri sonradan gözden geçirin. Bu sadece kafanızın içindeki bir sestir. Susmasını bekleyerek zaman kazanın. İçinde bulunduğunuz durumla bir ilgisi olup olmadığını değerlendirin ki kafanız netleşsin. Bu ses olmasa nasıl bir insan olabileceğinizi hayal etmeye çalışın, sonra da çocuğunuzdan beklediklerinizin sizinle nasıl bir ilgisi olduğunu düşünün; bu şekilde kendinizi ve çocuğunuzu sevdiğinizi fark edeceksiniz.

Düzenli olarak alıştırma yaparsanız, zamanla zihninizden geçenleri tam ortasında durdurmayı ve yön değiştirmeyi öğreneceksiniz. Bu gerçekleştiğinde, çocuğunuza karşı hatalı davranışınızın farkına varacak, "başa alıp" yeniden başlayabileceksiniz.

Tiyatro provalarında olduğu gibi, bizleri mutsuz eden sahneleri kafamızda yeniden canlandırarak bundan fayda sağlamayı öğrenebiliriz. Hatta çocuğunuza bile, "Başa alıyorum! Bu son sahneyi yeniden canlandıracağım" diyebilirsiniz. Alıştırma yaptıkça olumsuz sözleri sarf etmeden kendinizi zamanında durdurmayı ve çocuğunuza yönelip onu candan ve açık bir kalple dinlemeyi başaracaksınız. Örneğin; çalışma gruplarıma katılan babalardan biri, eve geldiği bir günü nasıl başa sardığını anlattı:

> Norm eve girdiğinde yerde bir yığın parçalanmış karton kutu ve ezilmiş pastel boyalar buldu. Bu pisliğe sinirlendi ve çocuklardan bunu hemen temizlemelerini istedi. Küçük çocuk Miranda ağlamaya başladı, ağabeyi Leon ise, "Ama baba, tam oyunun ortasındayız" dedi.
>
> "Kutuları ve pastel boyaları parçalamak bir oyun değil" diye bağırdı Norm... sonra bir anda sustu ve "Başa alıyorum! Bu sahneyi bir daha yapacağım" dedi.
>
> Temsili bir şekilde Norm geri geri yürüdü ve evden çıktı. Sonra gülümseyerek eve girdi: "Merhaba çocuklar, gününüz nasıl geçiyor?" diye sorup çocuklarını ve karısını öptü. "Şuna bakın burada ne yapıyorsunuz?" diye devam etti. Çocuklar oynadıkları oyunu anlatmak için yanına geldiklerinde aralarındaki sevgi ve ilgi bağı güçlenmişti.

Bu tür bir farkındalıkta uzmanlaşmak için zaman ve alıştırma yapmak gerekir. Sonuçta hepimiz yadsıyıcı tavırların otomatik olarak sergilendiği bir kültür içinde büyüdük; zihnimize otomatik tepkiler vermeyi öğreten bir kültürdü bu. Hiç düşünmeden olumsuz tepki veriyoruz ve bu tepkiler aslında gerçek duygularımızı ve düşüncelerimizi bile yansıtmıyor; içten davranmıyoruz. Ancak, bu tür insana özgü düşünceleriniz yüzünden kendinizi yargılamanın size bir faydası olmaz. *Kendinizi* de yetiştiriyorsunuz; bu yüzden kendinize karşı da şefkatli olun. Size yol gösterebilecek basit bir karar alın: Sinirlenince aklınıza gelen ilk sözleri söylemeyin; bu sözler incitici olabilir. Kendinizi aklınıza gelen her şeyi söyledikten sonra yakalasanız bile, hemen "başa alın". Kâbustan ne kadar erken uyanırsanız o kadar iyidir.

Zihninizden geçen olumsuz konuşmaların farkına varmak, onaylayıcı ve şefkatli bir insan olma yolundaki ilk adımdır. Olumsuz sözlerinizin farkına varmayı başarmanız birkaç ay alabilir, ama zamanla, kontrolünüzü kaybettiğiniz ve zihninizdeki eski filmlerin hayatınızı yönlendirdiği o eski alışkanlıklarınızdan kurtulacaksınız.

Eğer daha önce, yeni bir lisan öğrenmek, enstrüman çalmak gibi zor bir beceri kazanmaya çalıştıysanız, ustalaşmak için zaman ve alıştırma yapmak gerektiğini bilirsiniz. Alıştırma yapmak mükemmelleştirmez, kalıcı hale getirir. Eski alışkanlıklarınızı yıllarca tekrarladınız. İzin verin, çocuğunuz da "bu işte yeni olduğunuzu ve halen öğrenmekte olduğunuzu" bilsin.

Sessiz iletişimi onaylamak

Duygularını kelimelerle ifade etmekten kaçınan huysuz, asık suratlı ve saldırgan bir çocuğu anlayabilmek için gün içinde pek çok fırsat doğar. Bir danışma seansında, Rebecca isimli bir anne, çocuğuyla nasıl bağ kurduğunu anlatmıştı:

> Rebecca, oğlu Josh'ın okuldan sonra huysuzluk yaptığını fark etti ve "Senin için nasıl bilmiyorum ama ben beşinci sınıftaki halimi hatırlıyorum. Öğretmenimden nefret ediyordum ve hiç arkadaşım yoktu. Benim için çok zor bir yıl olmuştu" dedi. Josh bir anda başını kaldırıp bazı sorular sordu ve "Öğretmen bugün beni azarladı, Rob ile Dan benimle alay ettiler ve teneffüste benimle oynamadılar" dedi.
>
> Rebecca çocuğun neden azarlandığını sormaktan ve onun duygularını adlandırmaktan kaçındı. Bunun yerine, "Hay Allah" diyerek doğal bir şekilde çocuğun yaşadıklarını anladığını gösterdi. Josh bunu fark ederek devam etti: "O öğretmenden nefret ediyorum. Ne yaparsam yapayım beğenmiyor."
>
> "Elinden geleni yaptığın halde seni eleştirdi ve azarladı, öyle mi?" diye sordu Rebecca.

Josh "Evet" dedi, "ve o böyle davrandığında da arkadaşlarım bana gülüyorlar. Okuldan nefret ediyorum."

Rebecca oğlunun yanına oturdu ve elini sevgiyle omzuna koydu. Bu dokunuşu Josh'ın duygularını yoğunlaştırdı. Annesine okulda yaşadıklarını, acı çekmesine neden olan başka hikâyeleri daha detaylı bir şekilde anlatırken ve kız kardeşiyle arasındaki ilişkiden bahsederken gözlerinden yaşlar boşanmaya başladı. Bundan sonra kendini daha iyi hissediyordu; anne ile oğul birbirlerine daha da yakınlaştılar, artık yapıcı çözümler bulmaya hazırdılar.

Sonraki aylarda aile, Josh için evde eğitim olanaklarını araştırdı. Josh o yıl okula devam etmek istiyordu, ama sonraki yıl eğitimini evde almaya karar verdi.

Ebeveynlerinin de reddedilme, yalnızlık, korku ve başarısızlık deneyimleri yaşadıklarını bilmek çocuklara yardımcı olur. Bir baba çocukluk anılarını oğluyla paylaşmaya başladıktan yaklaşık bir hafta sonra, çocuk da babasına açılmaya başlamıştı.

Çocuklar, kelimelerle olmasa bile her zaman iletişim halindedirler. Bazı çocuklar korkularını hayali oyunlarda canlandırırlar. Veya korkuları, kardeşleriyle çekişme, yatak ıslatma, konsantrasyon güçlüğü, huysuzluk veya saldırganlık şeklinde de ortaya çıkabilir. Bazı çocukların tepkisi ise, duygularını hiç göstermeden odalarına çekilip kendilerine acı veren çıkarımlarda bulunmak şeklinde olabilir. Mızmızlanarak, vurarak, ağlayarak kendini ifade eden huysuz kardeşleri gibi bu çocukların da yoğun duygular içinde olduklarını anlamak çok kolay değildir.

İster duygularını açığa çıkarabilen, ister içine kapanık olsun, bir çocuğun duygularına takılıp kalmaması için bunları ifade etmeye ihtiyacı vardır. İfade edilmeyen duygular yüzünden zihin, olayı dramatik bir hale getirir ve çocuğun duygusal özgürlüğünü hayatı boyunca kısıtlar. (Korktuğunuz veya kendinizi yetersiz hissettiğiniz bir alan varsa, mutlaka geçmişinizde bununla ilgili bir hikâye vardır.) Çaresizlik hissini ve diğer sıkıntılarını ortaya çıkarabilmesi için çocuğunuza nasıl fırsatlar tanıyabileceğinizi ilerleyen bölümlerde öğreneceksiniz. Bu bölüm, çocuğunuzla aranızda bağ kurmak ve onun kendisine acı veren duygular hakkında konuşmasını kolaylaştırmakla ilgilidir.

Kaybedilenlerle ilgili iletişim kurmak

Kaçınılmaz olaylar meydana geldiğinde (ölüm, boşanma veya hastalık), çocuğun kendini toparlayabilmesi için en önemli şey, onunla açık bir şekilde iletişim kurmaktır. Çocuk iç dünyasında yalnız kalırsa, bunun etkisi uzun sürer ve acı verir çünkü kendini bu acıyla özdeşleştirir ve hayat hikâyesini bunun üzerine kurar. Hissettiklerini hissetmekte ve fantezilerini yaşamakta haklı olduğunu bilmesi gerekir; bu duygularını ifade ettiğinde bunların aslında kendi kişiliği olmadığını anlayacaktır. Kendisine acı veren şeyleri düşünme sürecinden geçtikten sonra kendisini bulacaktır.

Kaçınılmaz acılardan çocuğu korumaya gerek yoktur, ama yaşadıkları hakkında onunla iletişim kurmanız gerekir. Bir keresinde bir anne bana, 3 yaşındaki kızına kedisinin öldüğünü ancak ona yeni bir kedi aldıktan sonra söyleyeceğinden bahsetmişti. Benimle bir seans geçirdikten sonra, bu fikrinden vazgeçti ve hemen o gün kedisinin öldüğünü kızına söyledi. Çocuğun duygularına kulak verdi ve kızının yeni bir kedi istememesine şaşırdı.

Gerçekler hakkında konuşmak için zaman ayırın. Anıları paylaşın ve acılarla baş edebilmek için ağlamanın, hatırlamanın ve duygular hakkında konuşmanın normal ve sağlıklı bir yol olduğunu çocuğunuzun anlamasını sağlayın. Bir çocuk veya yeni yürümeye başlayan bir bebek, hissettiği acıyı oyunlarla, sanatla ifade ediyor ve fiziksel olarak sergiliyorsa, kurduğu bu iletişimi anlamaya ve onaylamaya çalışın. Bununla birlikte, kendini hazır hissettiğinde hayatına kolayca devam edebilmesi için çocuğun ifade ettiği şeyleri dramatik bir hale getirmemek de önemlidir.

Çocuğun kendini iyi hissetmesi için pişmanlık nasıl dile getirilmelidir?

Çocuklar, yetişkinler gibi "Üzgünüm" sözüyle tatmin olmazlar. Kendini tam hissedebilmesi için, onun neler yaşadığını bildiğinizi görmek isterler; "Suda oynuyordun ama havuzu kapatacaklardı. Gitmek istemedin ve ben de seni sudan çıkardım" gibi. Size yaşadıklarını kendi açısından anlattıktan sonra, bir daha böyle bir durum olduğunda ne yapmanızı istediğini ona sorun.

Ebeveynler bazen özür dilenecek bir şey yokken de özür dilerler. "Üzgünüm, ama şeker yiyemezsin" diyebilirler mesela. Oysa çocuğa göre, eğer babası gerçekten "üzgünse", şekeri yasaklamaması gerekir. Aslında çocuk şeker yiyerek sizi "üzüntünüzden" kurtarmaktan mutluluk duyacaktır. Bu tür dürüst olmayan mesajlar karışıklığa yol açar; içten olmak çocuğun kafasını netleştirir. Ona neyi alıp neyi alamayacağını söylemek yerine, ki bu kontrol edici ve olumsuz bir tavrı yansıtır, sizin tercihinizi belirten size özgü bir dilde konuşun: "Şeker yemeni istemiyorum çünkü zararlı." Söylediklerimiz net olduğunda çocuğun bunu anlaması veya net bir istekte bulunması kolaylaşır: "Zararsız bir şeker alabilir miyim?"

Pişmanlık duyduğumuz davranışları ve sözleri kabullenmek isteriz, ama "Seni kırdığım için üzgünüm" dediğimizde, çocuğun duygularının sorumluluğunu da üstleniriz. Yaptığımız şeyden pişmanlık duysak ve incitici olduğunu fark etsek bile, çocuğa kendi duygularını hissetme hakkını vermeliyiz. Ayrıca, hissettiklerine bizim neden olduğumuzu söylediğimizde, onun tepkilerini kontrol edemeyen zayıf biri olduğunu ima etmiş oluruz. Böylece kendisini kurban olarak görmeyi ve duygularından dolayı başkalarını suçlamayı öğrenir.

Doğal olarak çocuğunuz tepkilerini çok az kontrol edebilir, ancak hissettiklerinin ve davranışlarının kaynağı kendisidir. Kendi duygularının sahibi olduğunu kabul ettiğinizi ona gösterirseniz, duygusal açıdan daha kolay iyileşebilir, tepkileriyle ilgili daha fazla tercih imkânı olur ve tepkilerini daha fazla kontrol edebilir.

Çocuğunuzun duygularını şekillendirmekten kaçının; bırakın tepkilerini kendisi oluştursun.

Bir anne bana, sarsıcı bir felaket karşısında oğlunun verdiği tepkiden dolayı ne kadar dehşete düştüğünü anlatmıştı. Babası kendi bilgisayarında çocuğa ait bir dosyayı "isimsiz" olduğu için silmiş. Bu dosyanın oğluna ait olduğunu ve çocuğun yazmakta olduğu bir hikâye olduğunu biliyormuş. Bilgisayarında isimsiz bir dosya bulduğu için sinirlenmiş, oğluna bir ders vermek istediği için de dosyayı silmiş.

Hikâyesinin silindiğini öğrenen çocuk, babasına hayal kırıklığını ifade etmiş ama ona kızmamış. Anne bu duruma öfkelenmiş ve sormuş: "Babanın en azından özür dilemesini bile istemiyor musun?"

Oğlan sakinmiş. "Hayır, fark etmez. Tekrar yazarım ve bu sefer daha iyi olur" demiş.

"Ama hiç mi kızmadın?" diye ısrar etmiş annesi.

"Bir saniyeliğine kızdım" demiş oğlan, "ama hiçbir şeyi değiştirmeyeceği için bunun bir faydası olmadığını fark ettim, bu yüzden aslında bence iyi oldu."

Ertesi gün babası, "Dosyanı silmekle hata yaptım. Bundan sonra sana sormadan hiçbir şeyi silmeyeceğim" demiş.

Bu, oğlanı tatmin etmiş.

Sözlerinizin veya davranışlarınızın çocuğunuzda yoğun duygulara yol açtığını fark ettiğinizde ve bu durumu tersine çevirmek istediğinizde, olup bitenleri kabul edin ve onun ne hissettiğini anlamaya çalışın. Basit ve dolambaçsız konuşun: "Sana bağırdım. Keşke yapmasaydım." Abartılı duygusal konuşmalardan kaçının ki, çocuğunuz da içten davranabilsin. İlgi gösterin ve onun için neyin gerçek olduğunu kendisinin bulmasına izin verin. Konuşursa dinleyin ve onaylayın, ama olayı dramatikleştirmeyin. Eğer çocuğunuz henüz konuşamıyorsa, neler hissettiğini size bebeğiyle oynayarak, rol yaparak, resim çizerek veya sadece kucağınızda sessiz bir şekilde oturarak gösterebilir. O bunu atlattıktan sonra duygularınızı basit bir dille ifade edebilirsiniz: "Üzgünüm, çünkü aramızdaki ilişkinin takdir ve saygı dolu olmasını istiyorum." Sonra da gelecek için daha iyi planlar yapın ve ona bundan bahsedin.

Çocuğunuzun duygularının sorumluluğunu almaktan kaçındığınız zaman, "Bu seni üzdüğü için ben de üzgünüm" diyerek herkesin yaptığı hatayı siz de tekrarlayabilirsiniz. Bu cümle, sizin hiç hata yapmadığınız ve "yanlış" duygulara sahip olanın sadece çocuğunuz olduğu anlamına gelebilir. Bunun sonucu da genellikle öfkedir. Sadece neler olduğunu anlatın ki, çocuğunuz size güvenebilsin ve sizin için önemli olduğunu anlasın; sadece pişmanlık yaratan davranışınızı silmeye çalışmadığınızı anlasın.

Bazen gerçekten ve kesinlikle haklı olduğunuzu ve kabulleneceğiniz hiçbir şey olmadığını düşünebilirsiniz. Bununla birlikte, çocuğunuzun mutsuzluğu onunla iletişim kurmanızı gerektirir. Mesela, onu tutup eve soktuğunuz için pişmanlık duymayabilirsiniz, ama eğer o şaşkın bir haldeyse, bu ani hareketinizi kabullenip onun yaşadıklarını kendisinden dinleyerek aranızdaki güven bağını yeniden kurabilirsiniz.

Hatalarımızı temizlemek bir sınav değildir; haklı veya haksız olmakla ilgili değildir. Çocuğunuz incinmişse, duyguları gerçektir. Sözlerinizden veya davranışlarınızdan dolayı pişmanlık duyuyorsanız, sizin duygularınız da gerçektir. Amacınız, çocuğunuzla bağ kurmak, her şeyi açıklığa kavuşturmak ve aranızdaki güven köprüsünü yeniden oluşturmaktır.

5 yaşındaki Jessie, ağlayarak annesinin yanına geldi. 12 yaşındaki ağabeyi David'in, Lego® arabasını dağıttığını söyledi. Jessie arabayı yeniden yapamamıştı ve David de yapmayı reddediyordu. Linda çocukların odasına geldi ve David'i azarladı, David de küstü.

Linda beni aradığında kendisinin haklı olduğunu ve özür dilemesi gereken bir şey olmadığını söyledi. Bununla birlikte, David'in incindiğini de anladığı için duygularını ifade etmenin daha iyi yolları olduğunu fark etti. David'le iletişim kurabilmek ve onun neler hissettiğini anlamak istiyordu.

Bir sonraki seansta bana, David'le aralarında geçen konuşmaları nakletti.

Linda: David, dün olanlar hakkında Naomi'yle bir seans yaptım ve senin ne istediğini anlamak istiyorum. Seni azarladığımda neler hissettiğini bana anlatabilir misin?

David: Hiçbir şey.

Linda: Seni düşüncesiz olmakla suçladığım için kızdın mı?

David: Belki, ama artık fark etmez.

Linda: Sana katılıyorum. Çok fazla bekledim. Ama bilmeni istiyorum ki söylediklerimden dolayı pişmanım ve keşke senin neler yaşadığını anlayabilseydim.

David: Tabii tabii.

Linda: Seni gerçekten önemsediğime inanmadığını hissediyorum.

David: Öyle mi?

Linda: (Bir dakika düşündü ve devam etti) Üzülüyorum çünkü seni dinlemek benim için çok önemli.

David: ...

Linda: Neler hissettiğini anlamama yardımcı olmak ister misin?

David: Tamam.

Linda: Jessie ağlayarak yanıma geldiğinde öfkeli miydin?

David: Evet, hem de çok. O tam bir bebek ve kendi yaptıklarını asla anlatmıyor. Sen de hep onun mızmızlanmalarına kanıyorsun.

Linda: O zaman çok kızdın ve gerçekte neler olduğunu anlamamı istedin, değil mi?

David: Evet veya karışmamanı. Jessie, oynadığı kamyonu yapabilmek için benim uzay gemimin parçalarını aldı. Geri vermesini istedim ve başka Lego® parçalarıyla ona yeni bir kamyon yapacağımı söyledim.

Linda: David, Jessie'nin tarafını tuttuğum ve neler olup bittiğini bilmeden seni yargıladığım için ne kadar kızdığını şimdi anlıyorum. Bunları bana anlatman içimi çok rahatlattı. Bir dahaki sefere sadece Jessie'nin duygularına anlayış göstermekle yetineceğim ve aranızdaki sorunu sizin çözmenize izin vereceğim.

David: Bu iyi olur anne.

Linda: Ve eğer aranızdaki anlaşmazlığı çözmekte yardıma ihtiyaç duyarsanız, her ikinizi de dinleyeceğim ve bir çözüme ulaşmanıza yardımcı olacağım. Bunu unutursam bana hatırlatmak ister misin?

David: İstemem, ama olur.

Linda: Peki o zaman bunu kendim hatırlamak için elimden geleni yapacağım.

Linda sadece, "Dün seni Lego® parçaları konusunda azarladığım için üzgünüm" demiş olsaydı, David haklı olarak ona inanmayacaktı. Hatta daha da sinirlenecekti. "Üzgünüm deyince yaptıkları silindi zannediyor. Ama öyle değil... her zaman onu koruyor" diye düşünecek ve kardeşi kadar sevilmediğine dair ömür boyu sürecek bir hikâye yaratacaktı. Linda'nın özür dilemek yerine bir anlaşma zemini yaratması, anne ile oğlu arasında karşılıklı bir anlayış ve sevgi bağı oluşturdu; böylece David'in dramı çözüme ulaşmış oldu.

Bazı ebeveynler, çocuğun "özür" dilemesini beklerler ve bunu yapmadığında veya "doğru bir şekilde" ifade etmediğinde onu yargılarlar. *Sadece kendinizin patronu olun,* daha şefkatli davranın ve çocuğunuza ne kadarını yapabilirse, ne kadar hazırsa ve hangi gelişim döneminde olursa olsun sevgi gösterin. Çocuğunuzun suçluluk duyguları beslediğini ve bunun hakkında sizinle iletişim kuramadığını biliyorsanız, konuyu gündeme getirip çözerek onu bu yükten kurtarabilirsiniz. "Kaybolan anahtar seni rahatsız mı ediyor?" Onu dinleyin ve "Başka anahtar yaptırırım ve eminim kaybolan anahtar da bir yerden çıkacaktır. Ben de sürekli bir şeyleri kaybediyorum. Herkesin başına gelebilir" diyerek bunu bilmesini sağlayın. Çocuğa sarılmak veya sevginizi başka şekilde göstermek, onun stresini azaltır ve sorunun çözümüne yardımcı olur.

İletişim yöntemleri geri teperse

Bazen ne kadar onaylayıcı ve ilgili bir tavır takınsanız da çocuğunuz sözlerinizden rahatsız olabilir. Onaylayıcı ve ilgili davranmanıza rağmen, çocuğunuzun küskünlük ve yalnızlık hissetmesine yol açan bazı hatalar yapabilirsiniz. Çocuğun doğasına karşı hassas olmayı, ona bir insan olarak devamlı saygı göstermeyi ve bundan mutluluk duymayı öğrenmeliyiz.

Herhangi bir düşünceyi bir kontrol aracına dönüştürme eğilimi insanın doğasında vardır, ama kendimizi daima bundan korumalıyız. Her tür iletişim yaklaşımı kontrol amaçlı kullanılabilir. Onaylayıcı tavrı da kontrolü ele almak ve yönetmek amacıyla kullanmamız mümkündür. Hatta bu iletişim yöntemini kullanırken saygısız bile davranmış olabiliriz ve bu da çocuğu öfkelendirir. Çocuklar, niçin rahatsız olduklarını tam olarak açıklayamasalar bile, onları yönettiğimiz zaman bunu hissederler.

Sözlerinizin, sizi çocuğunuzdan nasıl uzaklaştırdığını anlamayabilirsiniz ama unutmayın ki, insanlar duygularını ve davranışlarını bir başkasının kontrol ettiğini hissettiklerinde onurları kırılır. Bağımsızlıklarını savunmak isterler. Çocuğunuzu belirli bir şekilde davranmaya zorlamayın ve onun onurunu korumasını sağlayın. Sadece kendi adınıza, nazik bir şekilde iletişim kurun ve karşılığında da bir şey beklemeyin ki, çocuğunuz kendisi gibi olabilsin ve istediği gibi hissedebilsin. Öfkesini ifade edebilir veya kahkahalara boğulabilir. Sakin kalabilir veya öfkeden çıldırabilir. Kendini ifade edebilir veya etmeyebilir. Çocuğunuzla aranızda bağ kurmak dışında bir amacınız olmadığı zaman ve onun kendini ifade etme şeklini yargılamadığınız zaman, patronluk taslayıp onu kontrol etmek yerine, ona karşı içten ve nazik olabilirsiniz.

En sık tekrarlanan hata, çocuğun duygularını dile getirmektir (kendisine sormak yerine): Evin içinde sıkıntıyla dolandığında, eğer, "En yakın arkadaşın tatile gittiği için üzülüyor olmalısın" derseniz, haklı olabilirsiniz, ama çocuğun duygularını tahmin etmeye çalışmak, çocuğunuz tarafından patronluk taslamak olarak algılanabilir.

Onun yerine, bunu ona sorabilirsiniz: "Sana seninle ilgili bir şey sorabilir miyim?"; çocuk olumlu cevap verirse ve konuşmayı sizin başlatmanızı bekliyorsa, gözlemlerinize dayanarak söyle bir soru yöneltebilirsiniz: "Sessizce dolanıp durduğunu fark ettim. Seni rahatsız eden bir şey mi var? Bunun hakkında konuşmak ister misin?" Çocuklar, iç dünyalarının, düşüncelerinin ve duygularının ebeveynleri tarafından yorumlanmadığını bilmek isterler. Kalbini size açması için kendisini güvende hissetmesini sağlayabilirsiniz, ama konuşup konuşmamak çocuğa kalmıştır.

Eğer çocuğunuz yalnızlığını, üzüntüsünü veya başka bir sorununu sizinle paylaşmak istiyorsa, bunu ancak, onu önemsediğinizi, tavsiye veya eleştiri getirmeden onu dinleyip duygularını onaylayacağınızı biliyorsa yapar. Sizin yanınızda kendini güvende hissettiği zaman, kendisini rahatsız eden konuyla ilgili sizinle konuşur. Ona ilgi gösterip dinlemeye hazır olduğunuzu belli ederek sizinle konuşmasını sağlayabilirsiniz: "Akşam yemeğinden sonra seninle zaman geçirebilirim, seni dinleyebilirim."

Eğer bu yaklaşım sizin için yeniyse ve çocuğunuz da bir süredir onu zorlayan duygularını bastırmış durumdaysa, ilişkinizi düzeltmek için bir danışmandan yardım alabilirsiniz. İncinmelerini ve öfkesini bastırması, dışa vurması, çocuğun duygusal, zihinsel ve fiziksel sağlığını olumsuz etkiler. Size rahatsızlık veren düşüncelerinizi düzenli olarak gözden geçirmeye başlayarak, çocuğunuzla yakınlaşma konusunda kendinize yardımcı olabilirsiniz. Bu düşünceleri not edin ve S.İ.D.O.T. formülünün S adımını uygulayın. Düşüncelerinizin gerçek durumla ilgili ve geçerli olup olmadığını kontrol edin; bu düşünce doğrultusunda hareket ettiğinizde nasıl davrandığınızın ve neler hissettiğinizin farkına varın. Kendinizi aynı senaryo içinde bu düşünceyle hayal edin ve çocuğunuza vermeye çalıştığınız dersi düşünün, çünkü bu sizin için de geçerlidir. Durumu bu şekilde gözden geçirdiğinizde, yaptığınız hataları fark edersiniz; özür dileme ve telafi etme fırsatını yakalarsınız ve bu da, çocuğunuzla aranızdaki güven bağını yeniden kurmanızı sağlar.

Önümüzdeki bir diğer engel de, çocuğumuz için neyin iyi olduğunu bildiğimizi düşünmemizdir. Oysa çocuklara tam anlamıyla güvenmemiz gerekir. Kendilerini değerli, sevilen ve güçlü insanlar olarak gördükleri, düşüncelerini ve duygularını ifade etmekte özgür olduklarını hissettikleri zaman, kendi kendilerine bakabilirler ve ihtiyaçlarını rahatça ifade edebilirler. Tıpkı arkadaşlarımıza davrandığımız gibi çocuklara karşı da nazik olmamız ve bizim için değişmelerini beklememiz gerekir; çünkü arkadaşlarımızla konuşurken onları kontrol etmeye çalışmayız.

Çocuklarımıza karşı onurlu bir şekilde davranmamız, onların sınırlarına saygı duymamız ve kendimizi onların belirlediği hedeflere göre ayarlamamız gerekir. Onların duygularına kulak vererek baskı hissetmeden özgürce davranabilmelerine olanak tanımalıyız. Örneğin; seçmelere katılacak bir çocuk bundan korkuyorsa, bu korkusunu ifade edebilmelidir ki, seçmelerde özgürce hareket edebilsin. Onun korkularına ve endişelerine kulak verdiğiniz zaman, bu duygularına katıldığınızı göstermeyin; bunun yerine, onu seçmelere girmiş olarak düşünün. Siz onun duygularını açığa çıkarabilmesi için yanındasınız, böylece tüm endişelerine rağmen güçlü bir şekilde yoluna devam edebilir; korkudan değil, tamamen kendi özgür iradesiyle seçmelere katılmamayı tercih edebilir.

Kendi iletişim becerilerinizi geliştirirken, başkalarının iletişim becerilerini yargılamaktan kaçının. Eşinizi, arkadaşınızı veya çocuğunuzu, "doğru bir şekilde" iletişim kurmamaktan dolayı eleştirme güdüsüne kapılabilirsiniz. Ebeveynler özellikle birbirlerini ve çocuklarını nazik olmamakla suçlayıp yargılama eğilimindedirler: "Onaylamıyorsun", "Duygularını ifade etmiyorsun", "Yargılıyorsun",

"Bu olumsuz bir tavır!" gibi.

Yargılayıcı sözler bizi sevdiklerimizden koparır. Başkalarına değil sadece kendinize ders verin. Eğer eşiniz, bir akrabanız veya çocuğunuz yargılayıcı veya kırıcı bir şekilde davranıyorsa, neler hissettiğinizi içtenlikle ifade edin ve onun bastırdığı duygularını tahmin etmeye çalışın. Örneğin; çocuğunuz kardeşi hakkında "O çok yalancı" şeklinde konuşuyorsa, ona şöyle bir soru yöneltebilirsiniz: "Bildiklerini anlatmak ister misin?"

Kabul edilemez bir davranışı tasvip etmediğiniz zamanlarda bile yargılamanız gerekmez. Sadece kendiniz hakkında konuşun, doğru ve yanlışlarla ilgili klişeleri dile getirmeyin. Örneğin; "Hırsızlık yapmak yanlış bir şeydir" demek, çocukta pişmanlığa yol açmaz; bilakis onu utandırır ve kendini yabancılaşmış hisseder. Bunun yerine, "Parasını vermeden bakkaldan şeker aldığını fark ettiğimde, üzüldüm ve endişelendim" derseniz, ergen yaştaki çocuğunuz incinen duygularınızdan etkilenebilir ve böyle davranmasına neyin sebep olduğunu size anlatmak isteyebilir.

İnsanların çoğu, bu yaklaşımla ilgili olarak, ahlaki düşünceleri savunma haklarının ellerinden alındığını düşünerek endişelenirler. Oysa, size özgü bu tür ifadelerle sahip olduğunuz değerleri çok daha güçlü bir şekilde ifade etmiş olursunuz. Suçladığımız kişiye parmak sallamak, doğru ve yanlışları yüzüne vurmak, onu sadece kaybetmemize yol açar; bizi duymaz bile. Çocuğunuz, eşiniz veya arkadaşlarınız, yaşadıklarınızın sizi incittiğini anladıkları zaman, kendilerini tehdit altında veya yabancılaşmış hissetmezler; bilakis ifade ettiklerinizden dolayı size daha fazla bağlanırlar ve duygulanırlar.

Çocukların beş temel ihtiyacı hakkında

Çocuğunuzun davranışlarını anlamak

Doğru veya yanlış davranış diye bir şey yoktur.
Anlamlı olan tek tercih, korku ile sevgi arasında yapılandır.

Gerald Jampolsky

Ebeveynler genellikle çocuklarının davranışları karşısında şaşkınlığa düştüklerinde beni arıyorlar. Çocuklarına nazik bir şekilde tepki vermek istiyorlar, ama bunu yapamadıklarını fark ediyorlar. Ebeveynler nazik bir şekilde iletişim kurmayı bildiklerini, ama bunu uygulayamadıklarını belirtiyorlar.

Çocuğumuzu anlamamızı ve vermemiz gereken tepkiyi engelleyen şey, zihnimizde kendi kendimize yaptığımız konuşmadır. Çocukların davranışları kötü veya iyi olarak tanımlanamaz; sadece duygusal ve fiziksel ihtiyaçlarının basit bir şekilde ifadesidir ve masum bir oyundur. Oysa bizim aklımız, hemen çocuğun davranışlarını değerlendirmeye başlar ve çocuğa değil, onun davranışlarına yönelik kendi yorumumuza tepki veririz.

Uyumak, yemek yemek veya ısınmak gibi net fiziksel ihtiyaçlara cevap vermek kolaydır. Bununla birlikte, çocuğun ihtiyaçları duygusal olduğunda veya kendini bize ters gelen şekillerde ifade ettiğinde, kafa karışıklığından öfkeye, çaresizlikten umutsuzluğa kadar değişen tepkiler verebiliriz. Bu tepkiler, eski düşüncelerden kaynaklandığı ve çocuğa doğrudan bir cevap olmadığı için samimi değildir; çocuğumuzu o anki netliğiyle görmemizi engeller. Bu düşüncelerin kökleri geçmişimizde yatar ve çocuğumuzun gelişimine veya kendimizi ebeveyn olarak nasıl gördüğümüze dair korkular şeklinde geleceğe yansıtılır.

Başka bir deyişle, çocuğumuzu anlayabilmemizin önündeki en büyük engel, kendi tepkisel düşüncelerimizi ve kanaatlerimizi gerçekler olarak kabul etmemiz veya faydalı bir rehber olarak görmemizdir. İlerideki bölümlerde, çocuğunuza sevgi dolu bir şekilde yol göstermek (çocuğa odaklı olan) ile kendi tepkilerinizi (size odaklı olan) ayırt etmenin yollarını öğreneceksiniz. Bu net ayrım sonuçlarda belli olur: Sevgi dolu bir şekilde yol göstermek sakin çözümler yaratıp çocuğunuzla kalpten bir bağ kurmanızı sağlarken, tepkiler mücadeleye, öfkeye ve bağların kopmasına yol açar.

Çocuğun davranışları genellikle ihtiyaçlarını tatmin etmeye yöneliktir; mesela etrafta hiç durmadan koşuşturması, çığlıklar atarak maymun taklidi yapması veya banyoyu tropik bir ormana çevirmesi gibi. Onun niyetini anlarsınız, onu kendi haline bırakmanız veya ona, sizin tercihlerinize veya başkalarının huzuruna zarar vermeyecek bir çıkış yolu sunabilmeniz kolaylaşır. Çocuğunuza sevgi göstermenizin ve onun kendini ifade etme şeklini anlayabilmenizin önünde duran engel, zihninizde yarattığınız, kontrolü kaybetme, çocuğunuzu terbiye edememe gibi korkular veya zihninizin yarattığı başka dramatik durumlar ve beklentilerdir.

Bir kez çocuğunuza odaklandığınızda, ona nazik bir şekilde davranmak sizin için daha kolaylaşır. Çocukların davranışsal dillerini yönlendiren beş temel duygusal ihtiyaçları şunlardır:

- Sevgi
- Kendini ifade etme özgürlüğü
- Kendini yönetebilmek (özerklik) ve güç
- Duygusal güvenlik
- Özsaygı

Bu ihtiyaçlar tutarlı bir şekilde tatmin edildiğinde, çocukların kendi potansiyellerini gerçekleştirebilecekleri, hayatlarını güçlü bir şekilde, kendilerinden ve başkalarından memnun bir halde sürdürebilecekleri sağlam bir zemin oluşur. Diğer bir deyişle, ebeveynlerinin sevgisiyle kendini güvende, değerli ve bağımsız hisseden, kendisi gibi olmak ve kendini ifade etmek konusunda güven duyan bir çocuk sağlıklı bir şekilde serpilir; kendisiyle ve sizinle bağlarını koruyabilir. Diğer yandan, çocuklar kendilerini duygusal anlamda güvensiz, çaresiz veya yalnız hissettiklerinde, davranışsal ve öğrenmeyle ilgili zorluklar ve bozukluklar sergilerler.

İlerideki bölümlerde, ergenlerin, çocukların, yeni yürümeye başlayan çocukların ve bebeklerin bu beş temel ihtiyacı ne tür davranışlarla ifade ettiklerini ve onları ne şekilde güçlendirebileceğinizi öğreneceksiniz.

2. bölüm

Sevgi

Bir çiçeği açtığı için sulamayız; açması için sularız

Bir çocuğu sevmek, onun sevildiğini hissetmesini garanti etmez. Ona duyduğumuz sevginin farkında değilse, kendini güvensiz hissedebilir, kendini ifade edemeyebilir ve çaresizlik duyabilir. Ya yıkıcı davranışlara yönelir ya da uysal davranır; bizim takdirimizi kazanabilmek için özbenliğini baskılayabilir. Sevgimizi çocuğun algılayabileceği bir şekilde göstermememiz, kendisini kardeşine kıyasla ikinci planda görebilir veya sevgimizi koşullu olarak vermemiz yüzünden bizimle bağlantı kuramadığını hissedebilir.

Bir çiçeği açtığı için sulamayız; açması için sularız. Benzer şekilde çocuğumuzun da bizim sevgimizle kendini güvende hissetmeye ihtiyacı vardır ki büyüyebilsin. Sevgi, çocuğu kontrol etmek için kullanılıyorsa, çocuğumuz sevgimizden şüphe duymaya başlar. Örneğin; babanız size olan sevgisini sadece belirli bir şekilde davrandığınızda veya notlarınız iyi olduğunda gösterdiyse, *sizi* gerçekten sevip sevmediğini içten içe merak etmiş olabilirsiniz. Çocuklar önce değerlendirilip sonra sevgiyle ödüllendirilmemelidir. Her çocuk sevilmeye değer ve bunu hak eder. Sevgi, ancak koşulsuz olduğunda sevgidir.

Ebeveynler, sevgi göstermeyi bazen çocuğun her istediğini yapmasına izin vermekle karıştırırlar. Hayatta hiç kimse her istediğini yapamaz. Örneğin; arabamızı istediğimiz gibi süremeyiz, bazen yola devam etmek istesek de durmamız gerekir. Başka insanların ihtiyaçlarına önem vermek, özgürlüğümüzü sınırlandırmakla beraber korur da. Bunun sevgiyle bir ilgisi yoktur. Çocuğun her isteğini yerine getirmeye çalışmak, onun doğal olarak duygusal direnç kazanmasını engelleyebilir. Çocuklar gerçek bir dünyaya ve sizin sosyal ortamınız içine doğarlar. Ait olmak, ailenizin ve arkadaşlarınızın oluşturduğu sosyal ortamın bir parçası olmak isterler. Bir yandan ona eşitiniz gibi davranırken diğer yandan sınırlarına da anlayış gösterin. Çocuğunuz bekleme veya paylaşma becerisine henüz sahip olmayabilir ama bu, evinizi çöplüğe çevirebileceği, istediği her oyuncağı elde edeceği veya saçınızı çekebileceği anlamına gelmez. Çocuğunuzu sevmek; onun ihtiyaçlarına cevap vermek, onunla empati kurmak ve hayat onun her isteğini karşılamayacağı için onu buna karşı güçlü bir hale getirmenin yollarını bulabilmek demektir.

Çocuğunuzu onun algılayacağı şekilde sevmenin bir diğer yönü de, sevgisini kendine özgü bir şekilde ifade etmesini kabul etmektir. Bize rahatsızlık verecek olsa dahi, çocuklar sevgilerini ifade etme yöntemlerinin anlaşılmasını isterler. Çocuğunuz banyoyu göle çevirdiğinde bundan rahatsız olabilirsiniz, ama size sevgisini gösterebilmek için yerleri temizlemek isteyebilir. Çocuğunuz zarar verici davranışlarda bulunduğunda, Winnie The Pooh® karakterini düşünün: İyor'un evi Pooh'ya bir ahşap yığını olarak gözükür ve bu yüzden İyor'a yeni bir ev yaparken yardım eder.

Sevgi almak da vermek de koşulsuz olmalıdır. Bir çocuk sevgi görebilmek için uygun biçimde davranmaya çalışıyorsa ve ifade şeklini dikkatle tartması gerekiyorsa, kendi değeri konusunda endişelenir ve şüpheye düşer. Aslında sevgi görmek için bu kadar uğraş vermek, beklentilere ve memnun etmek üzerine kurulu bir kedi fare oyununa dönüşür; bu oyunda insan kendini asla tatmin olmuş hissedemez çünkü haklı olduğunu ispatlayamadığı veya birini memnun edemediği her an kendini değersiz hisseder. Bu özsaygının azalmasında temel etkendir. Performansımızın veya davranışlarımızın o çok arzuladığımız onayı alamamasından korktuğumuz sürece özgüvenimizi kaybederiz. Uygun davrandığımızı ve ancak uygun davranırsak sevileceğimizi düşündüğümüz sürece, uygun davranma isteğimiz artar.

Bizim ebeveynlerimiz de bizleri sevmiyor değillerdi, ama sevgilerini koşulsuz olarak gösterebilme özgürlüğünü, kültürel normlar ve kendi yetiştikleri zamanlardan kalan çözümlenememiş acılar engelliyordu. Ebeveynleri onları ne kadar çok sevmiş olursa olsun, çoğu koşulsuz sevgi görmemişti. Bu ebeveynler, kendi yaşayamadıklarını çocuklarına vermekte acı verici bir şekilde zorlanıyorlardı. Aslında çoğumuz, ebeveynlerimizin beklentilerine uygun davranmazsak, bizi sevmeyeceklerinden korkarak büyüdük, ama bu korkuyu çocuklarımıza yaşatmak istemeyiz. Bunun yerine gelin, Mary Haskell'in şair Halil Cibran'a yazdığı aşk mektubunda ifade ettiği yaklaşımı benimseyelim:

> Ne olursan ol beni hayal kırıklığına uğratamazsın; senin kim olabileceğin veya nasıl davranabileceğine dair hiçbir önyargım yok. Seni öngörmeyi istemiyorum, seni sadece keşfetmek istiyorum. Sen beni hayal kırıklığına uğratamazsın.[1]

Çocuğunuz sizin sevginizden ve ona duyduğunuz hayranlıktan hiçbir şüphe duymadığı zaman, hissettiği gönül rahatlığı, kendi çabalarının başarıyla sonuçlanması için bir zemin olacaktır. Davranışlarını içtenlikle kendi istediği gibi yönlendirebilecek, sizin takdirinizi kazanma endişesi duymayacak ve sizi memnun etmek istediği zaman da sizin ihtiyaçlarınıza (kendi başarma ihtiyacına değil) cevap verecek bir şey yapacaktır; sevginizi kazanmak için size ne yardımcı olacak ne de anlayışlı davranmaya çabalayacaktır, bunu sadece sizi sevdiği için yapacaktır.

Çocuğun sevildiğini hissetmesini sağlayabilmek için, sevgiyi, belirli bir davranış veya başarı için sakladığımız veya sunduğumuz bir meta olarak kullanmaktan kaçınmalıyız. Sevgi, çocuğunuzu sarmaladığınız bir ortamdır; kendisi gibi olmakta özgür hisseder. Tercihleri ve davranışları sevgi ortamını etkilemez ve zor durumların çözümleri de bu ortamda bulunur.

Çocuğunuzu sevmek demek, onun görkemini görebilmek ve onun bakış açısını değerli bulmaktır. Tabii ki etrafı kirletmesinden veya kız kardeşinin canını yakmasından hoşlanmazsınız, ama bu gibi durumlarda ve tamamen o anki durumla ilgili olarak (eski plakları dinleyerek değil), onun ihtiyacını fark edersiniz ve "Fasulyeleri masanın üzerine saçmak ne kadar da eğlenceli" veya onu kardeşinden

1. *Beloved Prophet: The Love Letters oh Khalil Gibran and Mary Haskell, and Her Private Journal* (Knopf, 1972).

nazikçe uzaklaştırarak "Kardeşine ne kadar kızdığını görüyorum. Neler hissettiğini bana anlatır mısın?" diyebilirsiniz; içinde bulunduğu çelişkiye çözüm bulabilmesi için ona yardımcı olabilirsiniz. Çocuğunuzun tercihlerini ve seçtiği yolu sevmenizin nedeni, tamamen ona duyduğunuz sevgidir ve bu da, ona saygı göstermenizde ve çözümler önermenizde size yardımcı olur. Aklınızdan geçenleri susturmak ve çocuğunuzun yanında olmak, kendi erdeminize ve sevginize ulaşmanızı da sağlar. Zihninizin size söylediklerini dinleyin, bunları 1. Bölüm'de anlatıldığı gibi gözden geçirin ve çocuğunuzla birlikte içinde bulunduğunuz mevcut ana odaklanın.

Sevgi bir ödül değildir

Saldırgan davranan bir çocuğa sevgi gösterme fikri karşısında ebeveynler genellikle şaşırırlar; oysa bunu yaptığınız zaman, çocuğunuzun saldırgan davranışlarının, karşılanmamış bir ihtiyacıyla ilgili olduğunu, sizin sevginize veya ilginize ihtiyaç duyduğunu fark edersiniz. Sizin sevginiz onun bu derdine en iyi dermandır. Duygularını ortaya koyarken kendini kontrol edemez (tıpkı bağıran veya kırıcı laflar eden bir yetişkin gibi).

Böyle bir durumda, saldırgan davranan çocuk sevginizle ödüllendirildiğini düşünmez. Bilakis rahatlar çünkü anlaşıldığını ve ilgi gördüğünü hisseder ve bu da ıstırabını dindirir. Çocuğunuzun bu davranışlarına bir son verip sevginizi ve ilginizi sunarak, nazik ve sakin bir şekilde ilişki kurmanın yolunu ona göstermiş olursunuz. Çocuklar ebeveynlerinin sevgisiyle kendilerini güvende hissettikleri zaman, kolay kolay başka birini incitecek kadar öfkelenmezler.

Bizler çocuklarımızın başarılarını veya davranışlarını değil, kendilerini severiz. Sevgi her şeyi renklendiren bir duygudur. Çocuğumuza sinirlensek bile, tek yapmamız gereken, ona sevgimizi "göstermektir"; böylece onunla çok mutlu olduğumuzu fark ederiz (onun isteklerini geri çevirmek zorunda olsak bile). Bunu yapabilmek için, öncelikle düşüncelerinizi gözden geçirmelisiniz (S.İ.D.O.T.'un S'si) ki, hazır olabilesiniz. Siz, düşünceleriniz değilsiniz. Düşünceler sizin kontrolünüz dışında gelip giderler. Bunlar gerçek değildir; başka bir yerde büyümüş olsaydınız, farklı şekilde düşünecektiniz. Bu düşünceler sevginizi zenginleştiriyor mu yoksa engelliyor mu, bunu anlamaya çalışın. Bu bölümün ilerleyen sayfalarında sevgiyi engelleyen düşünceleri gözden geçirmekle ilgili örnekler bulacaksınız.

Çocuğunuzu sevdiğinizi biliyorsunuz, ama eğer sözleriniz ve davranışlarınız nazik ve sevgi dolu değilse, kendinize karşı dürüst değilsiniz demektir. Sevgi dolu bir ortamda bulduğunuz çözümler, herkesin ihtiyaçlarını karşılayan ve onurunu koruyan, barışsever çözümler olacaktır. Sevginin tatlı ama sert olmasıyla ilgili o eski inanış, çocuğu incitmeyi haklı çıkaran düşüncelerden biridir. Çocuğun güvenliğinin en önde geldiği ve derhal müdahale etmenizi gerektiren o nadir durumlar dışında (çocuğu hızla yoldan kenara çekmek gibi), sevgi incitici değildir.

Eğer bizler de çocukluğumuzda koşulsuz sevgi görmüş olsaydık, sevmekle ilgili herhangi bir rehberliğe ihtiyacımız olmazdı; çocuklarımızı davranışlarından bağımsız olarak çok sevmek dışında başka bir yol bilmezdik. Kendimizi bırakıp çocuklarımızı koşulsuz sevmemizin önündeki tek engel, acılarımız ve korkularımızdır.

Hissettiğimiz sevgi açlığı, sevgimizi göstermekten korkmamızın nedenlerinden biridir. Çocuğumuzun, ona olan sevgimizi garanti görüp bizden faydalanacağından korkuyor olabiliriz. Sevgimizi bol bol gösterirsek kırılacağımızı düşünüyor olabiliriz. Sizin ebeveynleriniz de bu korku yüzünden sevgilerini koşulsuz göstermekten çekinmiş olabilirler. (Sevginin önünde duran engelleri aşma konusu bu bölümün ilerleyen sayfalarında anlatılmıştır.) Çocuğunuz için en iyisi, sevginizi garanti olarak görmesidir. Çocuğunuzun, sevildiğine dair bu sağlıklı öngörüsü, şefkatli, sevgi dolu ve yetkin bir yetişkin olarak büyümesini sağlayan bir zemindir. Takdirinizi kazanmak için harcayacağı enerjiyi, kendi gelişiminde kullanabilme ve başarılı olma özgürlüğüne sahip olur.

Çocuklar sevgiyi nasıl hisseder?

Aşağıda sevginizi kesintisiz olarak göstermenize ve çocuğunuzun bunu hissedebilmesine yönelik bazı rehber bilgiler sunulmuştur.

İhtiyaçları karşılamak

Bir çocuk kendini ifade edebilecek kadar güvende hissediyorsa, hayatını yönlendirme gücüne sahipse, değerli olduğunu ve sevildiğini hisseder. Bu nedenle, çocuğunuzun sizin sevginizi hissettiğinden emin olmak için öncelikle ona güvenmeli ve ihtiyaçlarını onun istediği şekilde karşılamalısınız. Karşılanmayan ihtiyaçlar insanın kendisini sevilmeyecek kadar değersiz hissetmesine ve bu algı yüzünden de duygusal anlamda acı çekmesine neden olur.

Bir çocuğun ihtiyaçlarını ifade etmesinin yollarından biri isteklerde bulunmasıdır. Bebekler ağlarlar ve başka fiziksel ipuçları verirler; yeni yürüyen çocuklar ihtiyaçlarını bazı davranışlarla ve sözcüklerle anlatırlar. Küçük çocuğunuzun isteklerini karşılamak için yapmakta olduğunuz işe ara vermeye hazır olun. "Evet" demeye, onun isteklerini ve ihtiyaçlarını karşılamak için ne yapmak gerekiyorsa onu yapmaya hazır olun. Bulaşıklar bekleyebilir, ama onun duyguları beklemez. Telefon konuşmaları ertelenebilir, ama sevgi ertelenemez. Kırılan bir tabağın yerine yenisi konabilir, ama kırılan kalpler yaralı kalır. Kirlenen yerler temizlenebilir ve hasarlar tamir edilebilir, ama çocuğunuz sevildiğini ancak, eşyalardan ve yapılan programlardan daha önemli olduğunu anladığı zaman hisseder.

Çocuğunuzun ihtiyaçlarını hemen karşılamak, siz bir şeyi bitirmeye çalışırken çocuğunuzun sizi hiç bekleyemeyeceği anlamına gelmez. Büyüdükçe ve sevginizden tamamen emin olduğu zaman, sizin ihtiyaçlarınıza da cevap verebilecek hale gelir. Siz bu sürece güvenin ki, bu da onun içinden gelsin. İlk adımı onun atmasına izin verin; böylece sevginizi kazanmak için rol yapmadığından emin olursunuz. Sizin ihtiyaçlarınıza anlayış göstermesini zamanından önce beklemeyin; sizin beklentinizi hissedecek olursa, takdirinizi kazanabilmek için beklentinizi karşılamaya çabalar ve yine koşullu sevgi ve yönlendirme konusuna geri dönmüş oluruz. Aslında çocuklar, büyükleri memnun etmeleri yönündeki beklentiyle hareket ederler ve bu da, onların güven duygusunu ve özsaygısını azaltır.

Çocuğunuzun size karşı içten olmasını sağlayın ki, düşünceli davrandığında bunu sadece sizi önemsediği ve sevdiği için yapsın. Çocuğunuzun içten gelen bir istekle değil de sizin takdirinizi kazanma ihtiyacıyla hareket etmesi, kırılmasına ve sevginize güvenmemesine yol açar. Bu olumsuz duygular, başkalarına da içten bir şekilde anlayış gösterebilme duygusunun gelişmesini engeller.

Yüksek beklentilerin büyük başarılar getirdiğine dair o yaygın inanç hakkında belki şüpheye düşebilirsiniz. Diğer yandan akademik ve beceri kazanmaya yönelik bir çaba söz konusu olduğunda, çocuğun birlikte çalışmayı özgürce seçtiği bir öğretmenin belirlediği standartlar, onun mükemmelliğe ulaşma çabasını destekler. Öğretmen ve öğrenci insan olarak eşit konumdadır, ama eğitim söz konusu olunca eşit değillerdir. Öğrenci, öğretmenini bir rehber olarak kendisi seçmiştir ve öğrenme çabalarının devam edebilmesi için öğretmeninin beklenti içinde olmasını kendisi ister.

Bu tür beklentilerin ebeveynler ile çocukları arasındaki sevgi dolu ilişkide (veya herhangi bir sevgi ilişkisinde) yeri yoktur ve hem aralarındaki ilişkiyi hem de çocuğun kendisinden beklenen niteliği doğal olarak geliştirme sürecini zedeler. Çocuğunuz sizi, onun hayatını yönlendirmeniz için parayla tutmamıştır; siz onun ihtiyaçlarını karşılamaya ve onu sevgiyle büyütmeye gönüllü olan kişisiniz.

Çocuğunuzdan sizin belirlediğiniz bir hızda gelişmesini beklemek, onu olduğu haliyle sevme kavramıyla çelişir çünkü o zaman, çocuğun değeri sizin standartlarınıza ve zaman çizelgenize göre belirlenmiş olur. Oysa, çocuğunuzu sevmek onun büyüme hızından mutluluk duymaktır; böylece, bu yolda ilerlerken kendisi gibi olabilme özgürlüğünü hisseder, sizin standartlarınıza veya zaman çizelgenize göre yaşamadığı için sevginizden ve takdirinizden mahrum kalmaktan endişelenmez.

Çocuğunuza sevgi göstermeye her zaman hazır olun. Ondan saygılı bir şekilde davranmasını beklemek yerine, siz çocuğunuza saygılı davranın; bekleyebilmeyi ve sizin ihtiyaçlarınıza anlayış göstermeyi öğrenmesini beklemek yerine, siz ona karşı nazik ve cömert davranın. Bu özellikleri zamanla o da benimseyecektir çünkü sizi sevmektedir ve ait olmayı istemektedir. Bu, ondan asla bir şey isteyemeyeceğiniz anlamına gelmez, ama onun kapasitesine uygun isteklerde bulunun. Bazen ondan sessiz olmasını, beklemesini veya bir şey getirmesini isteyebilirsiniz, ama "evet" de dese "hayır" da dese onun tercihine saygı duyun. Zamanla kendi tercihleri gibi başka insanların tercihlerine saygı duymayı o da öğrenecektir.

Daha önce de anlatıldığı gibi, çocuğa karşı sevgi dolu ve duyarlı davranmak, ona zarar verici şekilde davranma yetkisini veya istediği her şeyi yapabilme özgürlüğünü (hiç kimse buna sahip değildir) vermek anlamına gelmez. Çocuğunuzun gereksinimlerini karşılamak ve onu onurlandırmaktan sorumlu olduğunuz anlamına gelir ki kendi hızında büyüyebilsin.

Çocuğumuzun davranışları ve başarılarıyla ilgili vizyonumuzdan vazgeçmek zor olabilir. Bir bebek doğduğunda, nazik ve başarılı olmakla ilgili kendi imgemiz doğrultusunda otomatik olarak onun "kolay" ve "iyi" bir çocuk olarak yetişeceğini hayal ederiz. Çevremizdeki kültüre bakarak beklentilerimizi bir zaman çizelgesine yerleştiririz; mesela belirli bir yaşa geldiğinde şu işleri yapabilmeli, "lütfen" ve "teşekkür ederim" demeyi öğrenmeli, sorumluluk sahibi olmalı, temiz ve sessiz olmalı gibi. Hatta bazen kendi değerinizi bile çocuğunuzun davranışlarıyla ölçtüğünüzü fark etmiş olabilirsiniz, özellikle toplum içindeyken. Çocuğum yeterince iyi mi? Ben iyi bir ebeveyn miyim? gibi.

Bir telefon seansında Amanda'nın annesi Kara bana, bir kez kızından dolayı nasıl utandığını, ama sonra kendi düşüncelerini gözden geçirip çocuğunu olduğu gibi sevdiğini fark ettiğini anlatmıştı:

> Amanda, uyumlu, gülümseyen, her yere gitmeye istekli ve sessizce uyum sağlayan tatlı küçük bir bebekti.
>
> "Uyumlu ve parlak bir çocuk olacağından emindim. Şimdi 7 yaşında ve hemen hemen 3 yaşından beri onunla birlikte başkalarını veya başka çocukları görmeye gitmiyorum çünkü beni çok utandırıyor. Daha önceleri diğer çocukları itip kakalıyordu. Şimdiyse, onlara patronluk taslıyor ve kirlettiği yerleri temizlemiyor. İçeri girdiğinde, evin içinden kasırga geçmiş gibi oluyor."
>
> Kara'ya, kızıyla ilgili algısını engelleyen düşüncelerini gözden geçirme konusunda yardımcı olabilmek için, "Bana beklentilerinden biraz daha bahseder misin?" diye sordum.
>
> "Etrafı pislettiğini fark etmesini, temizlemesini ve diğer çocukları eşiti gibi görerek oynamasını istiyorum" dedi Kara.

"Onun, senin hayal ettiğin gibi bir çocuk olabileceğini düşünüyor musun?" diye sordum. (O noktada, düşündüklerinin konuyla ilgili veya geçerli olup olmadığını ayrımsadı.)

Kara iç geçirdi. "Hayır, öyle biri değil artık."

Sessiz kaldım ve Kara kendi temel içgörüsünü düşünmeye başladı.

"Amanda'yı çok seviyorum. Ama sanırım onu olmasını istediğim haliyle seviyorum, olduğu haliyle değil" diyerek gözyaşlarına boğuldu. "Onu olduğu haliyle sevmek istiyorum, ama yapamıyorum."

"Bunun önündeki tek engel sadece düşüncelerin. Onun düzenli olması ve arkadaşlarına eşiti gibi davranması gerektiğini düşünmeden kendini onunla birlikte hayal edebiliyor musun?"

"Evet, ah evet, onu olduğu gibi severdim. Onu gerçekten çok seviyorum."

"Onun bu özelliklerinden mutluluk duyacak olsan neleri kaybedeceğinden korkuyorsun?"

"İnsanlar benim iyi bir anne olmadığımı düşünecekler çünkü onu kontrol edemiyorum." (Bu Kara'nın o anda farkına vardığı bir başka acı veren düşünceydi.) "Ah bu çok kötü. Kendim iyi görünebilmek için onu sosyal hayattan koparıyorum. Ne kadar kötü." Kara hıçkırıyordu.

"Evet" dedim. "Amanda'dan beklediklerinin sana da bir ders verebileceğini ve ona verdiğin talimatları kendin dinlesen ona ne kadar yardımcı olabileceğini görebiliyor musun?"

"Bilmiyorum. Kendi dağınıklığını toparlamasını istiyorum. Ama sanırım öncelikle benim, onunla ilgili düşüncelerimi toparlamam gerekiyor. Ayrıca toparlamam gereken birçok fiziksel dağınıklık da var."

"Arkadaşlarına eşiti gibi davranmasıyla ilgili beklentine gelirsek?"

"Ah tabii, ben de ona eşitim gibi davranmayı çok isterim. Ama bunu yapmıyorum."

Ve ekledim: "Kendine de diğer ebeveynlerin ve insanların bir eşiti olarak davran. Herkesten daha iyi, melek gibi mükemmel bir çocuğa sahip olmak zorunda değilsin."

"Evet, bunu anlıyorum" dedi Kara ve gülmeye başladı. "Bu tamamen benimle ilgili. Biliyor musun bazen kendisi gibi olabilmesine izin vermeyi başarıyorum. Ne zaman oyun parkına gitsek, çok mutlu ve enerjik oluyor. Takla atmayı çok seviyor, suluboyalarla oynuyor ve saatlerce oyun hamurlarıyla oyalanıyor. Hamur işlerinden keyif alacağını da zannediyorum. Peki diğer çocuklara patronluk sağlama konusuna ne demeli?"

"Ne demeli?" diye sordum. "Onun buyurgan olmaması gerektiği ile ilgili düşüncelerin ona bir fayda sağlıyor mu veya herhangi bir anlamı var mı?"

"Hayır. O buyurgan bir çocuk. Onun böyle olmaması gerektiğini düşünmeseydim, ondaki liderlik özelliğine hayran kalabilirdim. Bundan çok korkuyorum çünkü ben utangaç bir insanım."

"Dolayısıyla yetkiyi eline alan kişi Amanda. Daha büyük olan resimden o sorumlu. Liderlere ihtiyacımız var. Harika bir öğretmene sahipsin aslında."

Seansın sonunda Amanda ve babası (Kara'nın kocası) kapıda belirdiler. Kara koltuğundan fırlayıp, gözyaşları içinde Amanda'yı uzun uzun kucakladı. "Amanda seni ne kadar çok sevdiğimi bilmiyordum. Seni sen olduğun için seviyorum."

Takip eden haftalarda Kara, Amanda'nın liderlik özelliğini izledi ve ona istediği gibi dağıtabileceği, bir şeyler yaratabileceği, takla atabileceği, yüzebileceği, trampolinde zıplayabileceği, taşkınlık yapabileceği güvenli ortamlar sunmaya çalıştı.

"Bunun çok zor olacağını sanıyordum" dedi Kara, "ama Amanda'ya olduğu haliyle hayran kalmaya başlayınca sorunlarımızın çoğu da yok oldu. Hatta boyama yaptıktan sonra temizlemeyi kendisi istiyor ve arada bir oyun hamurlarıyla da oynuyor çünkü bunlar kendisine ait ve eğer açıkta kaldıkları için kururlarsa bunlarla bir daha oynayamayacağını biliyor. Kendi halinden ve benden çok mutlu.

Kuzenlerini ziyarete gittiğimizde çok şaşırtıcı bir şey oldu. Dave Amcası odaya gelip oyuncakları toplamalarını istediğinde, Amanda kızlara ne yapmaları gerektiğini söyledi ve onun liderliğinde oyuncaklar sakin bir şekilde toplanmış oldu."

Kara, kızına benimsetmeye çalıştığı değerlerden vazgeçmek zorunda kalmadı. Bilakis, çocuğuna kendi yolunda birlikte ilerlemekle ilgili bir değer daha kazandırmış oldu. Amanda başka insanların tercihlerini de önemsemeyi öğrenecek çünkü kendi tercihleri saygıyla karşılanıyor. Çocuklar toplumun bir parçası olabilmeyi isterler. Sevgi ve anlayış gibi değerlerden önce kendileri faydalanırlarsa, bunları benimserler. Çocuğunuza güvenin; sizin ihtiyaçlarınıza cevap vermeye hazır olduğunu anlamanızı sağlayacaktır ve sizinle işbirliği yapmayı öğrenirken size zaman zaman anlayış gösterecek, zaman zaman da göstermeyecektir.

Fiziksel şefkat göstermek

Çocukluğunda bol bol kucaklanan, okşanan ve öpülen çocuklar doğal olarak şefkatli yetişkinler olurlar. Ama çocukken yeterince fiziksel şefkat görmediyseniz, şefkatinizi göstermek ve şefkat görmek için bilinçli bir çaba harcamalısınız. Çocuklar her gün çeşitli şekillerde şefkat görmeye ihtiyaç duyarlar; bununla birlikte bu bölüm, sevginizi fiziksel olarak ifade etmekle ilgilidir. Yatmadan önce çocuğunuzu öpmek, ona sarılmak, kanepede kucaklaşmak gibi şefkat gösterileri, eğer çocuğunuz bunlara razı geliyorsa ve hoşlanıyorsa, onun ruhunu besler. Çocukların çoğu öpülmekten hoşlanmaz ama onlara sarıldığınızda "mırıldanırlar".

Çocuğunuz fiziksel şefkati reddediyorsa, o zaman onun hoşlanabileceği türden bedensel bir temas yöntemi bulmanız gerekir. Bazı çocuklar kucaklanmaktan ve öpülmekten kaçınır. Aslında bu çocuklar temasa en fazla ihtiyaç duyan çocuklardır, ama bu ihtiyaçlarından dolayı kendilerini savunmasız hissederler ve genellikle çok hassas olurlar. Eğer sizin çocuğunuz da dokunulmaktan rahatsız oluyorsa, fiziksel şefkatinizi daha dolaylı yollardan gösterin: Parmaklarınızla sırtına dokunmak, göz teması kurmak, arada sırada hafif bir dokunuş, kitap okumak amacıyla sarılmak ve onunla temas etmenizi sağlayabilecek birtakım aktiviteler gibi. Ayrıca, çocuğunuzla birlikte uyuyun veya yanında yatın; uykuya dalarken size daha fazla sarılabilir, kişisel konuşmalar yapabilir ve sevginizi paylaşabilirsiniz. Birlikte uyumak, her yaştaki insanı duygusal dertlerinden kurtarabilir. Bu nedenle, doğanın en büyük içgüdülerinden biri olan çocuğunuza sarılarak uyumaktan çekinmeyin.

Ergen yaştaki çocuğunuza da şefkat göstermeye devam edin. Buna şiddetle ihtiyaç duyar, ama istemekten çekinir. Oğlan çocukları ergen yaşa geldiklerinde fazla şefkat görmezler. Çocuğunuzun cüssesinden veya umursamaz tavırlarından korkmayın. Onun da şefkate ihtiyacı vardır. Ona, arkadaşlarının yanında veya toplum içinde dokunmayın ama arada bir sarılın, öpün, masaj yapın veya izin verirse film izlerken veya kitap okurken kolunuzu omzuna atın.

Streslerini saldırgan davranışlarla ortaya çıkaran çocuklar genellikle ebeveynlerinin dokunmasından hoşlanmayan çocuklardır. Bu, kendilerini suçlu hissetmelerinin veya hiçbir şeyi hak etmediklerini düşünmelerinin bir sonucudur veya sadece hassas karakterlerinin bir parçası olabilir. Sizin sevginizle kendini güvende hissetmek için çabalayan bu tür bir çocuğa şefkat göstermek ona yardımcı olabilir ve saldırgan tavırları düzelebilir. Fiziksel temastan kaçınan bir çocuk, fiziksel olarak da hassas olabilir; gıdıklanmaması için ona dokunurken uyguladığınız basıncı ayarlamanız gerekebilir veya bir süre sadece sırtının okşanmasını tercih edebilir. Çocuğunuzun vücuduna nazik dokunuşlarla ilgi gösterebilmek için banyo veya uyku saati gibi durumları fırsat olarak kullanabilirsiniz. Ebeveynlerin birbirlerine gösterdikleri fiziksel şefkat ve nazik dokunuşlar çocuk için de faydalı olabilir.

Bazı çocukların dokunulmaktan hoşlanmamalarının nedeni, istemedikleri bir şekilde şefkat görmeleri olabilir. Çocuğun vücuduna saygı göstermek çok önemlidir. Mesela dedesi vedalaşırken öpüşmenin önemli bir ritüel olduğunu düşünüyor olabilir, ama çocuğunuz öpülmek istemiyorsa onun onurunu korumak gerekir. Fiziksel şefkat çocuğun istediği şekilde gösterilmelidir. Ebeveynlerin çocuğun bedeni üzerinde hiçbir "hakları" yoktur. Çocuğa sarılmak, onu havaya kaldırmakta inat etmek veya öpmek şefkatli davranışlar değildir çünkü bunlar çocuğun bedenine saygısızlık etmektir. Her ne kadar çocuğunuza sarılmaktan ve dokunmaktan hoşlansanız da, sadece onun ihtiyaçlarını karşıladığınızdan emin olun ve aşırıya kaçmayın. Çocuğunuzun bedenine saygı göstermek, onu karşı karşıya kalabileceği fiziksel suiistimallerden korumanın da iyi bir yoludur.

Çocuğumuz, bedenine saygılı bir şekilde davrandığımız sürece, ona gösterdiğimiz şefkatten faydalanır. Bu şekilde şefkat görmek, çocuğun özsaygısını artırır, olumlu duyguları ve zekâsı tetiklenir, öfkesi ve saldırgan davranışları azalır, vücudu sağlıklı bir şekilde gelişir, yakınlık ve şefkat duygularının gelişmesine yardımcı olur.

İlgi göstermek

Çocuklar çok nadiren dile getirseler de, "Acaba, ebeveynlerim benimle zaman geçirecek kadar beni önemsiyorlar mı?" diye merak ederler. Çocuklar, onlara kısıtlı ilgi gösterdiğinizde aranızdaki sevgi bağını algılayamazlar. Çocuğunuz size bir şey anlatırken ona bakmanızda ısrar edebilir ve eğer gözlerinizi bir saniyeliğine bile olsa kaçırsanız, çenenizden tutup sizi kendisine doğru çevirerek dikkatinizi isteyebilir. Sonra hikâyesine baştan başlar. Eğer çocuğunuzla kitap okurken, telefondayken veya uyumak üzereyken oyun oynarsanız, sizden aldığı sevgi yeterli gelmez. Ayrıca çocuklar, sizin sevginizi kardeşleriyle paylaştıkları zaman da sevgi bağını yeterince hissedemezler. Gösterdiğiniz ilgiyi bir arkadaşıyla paylaşması bile, onunla baş başa olduğunuzda gördüğü ilginin yerini tutamaz.

Bazı ebeveynler çocuklarını ilgi merkezi yaparlarsa, "şımaracağından" endişelenirler. Oysa, odaklı bir şekilde ilgi göstermek, dünyayı çocuğun etrafında döndürmekten farklı bir şeydir. Bu, sevgi bağıyla ilgilidir, arkadaşlarınızla ve eşinizle kurduğumuz türde bir bağdır. Baş başa zaman geçirmeden herhangi bir arkadaşlığın veya romantik bir ilişkinin yürüyebileceğini hayal edebilir misiniz? İnsanlar böyle bir yakınlığa hem duygusal hem de zihinsel olarak ihtiyaç duyarlar.

Eğer ailenize ek olarak çocuğunuzun çevresini genişletmek isterseniz, bir kabilede veya sülalede olduğu gibi, çocuğunuzu bu çevrenin içine sokmalısınız. Çocuğunuz birçok insanla ilişki kuracak ve bazılarıyla arasında güçlü bağlar oluşturacaktır. Ancak yine de özalgısını sizinle her gün yaşadığı yakın ilişkiyle kazanacaktır.

Çocuğunuzun sevildiğini hissedebilmesi için, onunla baş başa ve ona odaklı zaman geçirin, bu zamanı da onun istediği şekilde geçirin. Kendisini sizin dünyanızda önemli görmek ister ve onunla zaman geçirebilmek için okuduğunuz kitaptan, ev işlerinden, telefon konuşmalarından ve arkadaş ziyaretlerinden vazgeçmeye istekli olduğunuzu görmek ister. Birden fazla çocuğunuz varsa, planlama yapmanız gerekecektir. Günün büyük bölümünde çocuğunuza eşlik eden tek kişi sizseniz, ona odaklı olarak geçireceğiniz zaman, sadece ona olan sevginizi göstermekle kalmaz, insani yakınlığa duyduğu temel ihtiyacı da karşılar. Çocuğunuzun yanındaki tek kişi sizseniz, ona yakın olmamakla, kendinden şüphe duymasına ve özsaygısının azalmasına yol açarsınız. Çocuğunuza odaklı ve birebir ilgi göstermek, sevginizi ifade etmenin en güçlü yoludur.

Ergenler de, yeni yürümeye başlayan bebekler ve diğer çocuklar gibi, birebir ilgi beklerler. Bir yandan size artık ihtiyaçları olmadığını ispat etmeye çalışırken bir yandan da onların yanında olup olmadığınızı test ederler. Ergen yaştaki çocuğunuzun kendi hayatını yönetme ihtiyacına saygı gösterin, ama o "test"i de atlamayın. Konuşmalarına dahil olarak ona ilgi gösterin; hayatını, duygularını, düşüncelerini öğrenin; desteğinizi, dostluğunuzu ve onunla paylaştığınız hayattan aldığınız zevki ona gösterin. Onu gerçekten olduğu gibi kabul ettiğinizi ve sevdiğinizi anlaması çok önemlidir.

İlgiye duyduğu ihtiyaç tatmin olduktan sonra, yemek hazırlarken, faturaları öderken veya müzik çalışırken size eşlik etmekten memnun olacaktır. İlgiye duyduğu ihtiyacı karşılanan küçük bir çocuk bile zamanla, kısa süreliğine de olsa ilgi istemeden durabilmeyi öğrenir. Bırakın bu yöndeki bir gelişim kendiliğinden ortaya çıksın; bunu sağlamaya çalışmayın veya bunun beklentisi içine girmeyin.

Dawn, bir yandan küçük kızı Dona'yla ilgilenmeye çalışırken bir yandan da ziyarete gelen Sarah'ya ilgi göstermek ve servis yapmakta zorlanıyordu. Dawn beni o akşam çaresizlik içinde aradı ve Sarah'yı yıllardır görmediğini söyledi, kızının Sarah'yla zaman geçirebilmesine izin vermesini istiyordu. Ama seans esnasında, "O benim misafirim ve bölünmeden birlikte zaman geçirebilmeliyim" ve "Sarah benim ilgimi bekler" şeklindeki kendi düşüncelerinin, stres duymasına neden olduğunu fark etti.

Seanstan sonra, Dawn yeni bir plan yaptı: Ertesi sabah, Dona'ya beklemesi gerektiğini söylemek yerine, çocuğuna birkaç saat ilgi gösterirken Sarah'dan beklemesini veya isterse kendisine katılmasını rica etti. Sarah da bu eğlenceli aktiviteye katılmayı tercih etti çünkü Dona, dans ederken, şarkı söylerken ve atlayıp zıplarken her ikisinin birden kendisini izlemelerini istemişti. Birkaç saat sonra bu Dona'ya yetmişti ve kendi kendine oynamaya başladı. O kadar tatmin olmuştu ki, Dawn ve Sarah rahatça sohbet edebildiler. Öğleden sonra, babası Dona'yı yürüyüşe çıkardı, onlar döndükten sonraki yarım saat boyunca Dona'ya yine ilgi gösterdikten sonra, akşam yemeğine kadar baş başa vakit geçirme fırsatı bulabildiler.

Çocuğun hayatına devam edebilmesi için ihtiyaçlarının karşılanması gerekir, bunlardan mahrum edilmesi değil. Sarah'nın ziyarete geldiği ilk gün Dona'nın ihtiyacı karşılanmadığı için bütün bir günün ona merkezli geçmesi gerekmişti ve kimse de bu durumdan tatmin olmamıştı. Ama Dona, ilgiye duyduğu ihtiyaç karşılandıktan sonra, halinden memnun olmuştu ve artık dünyanın onun etrafında dönmesine gerek kalmamıştı. Bu uzun vadede de geçerlidir: Küçük yaştaki çocuğunuzun bağımlılık duygusuna ne kadar çok cevap verebilirseniz, büyüdüğünde o kadar bağımsız bir yetişkin olur.

Çocuğunuza ilgi göstermekle birlikte onunla bazı deneyimleri de paylaşın. Sadece ilgi göstermekle yetinirseniz, çocuğunuzu bağımsız bir birey olmaktan mahrum etmiş olursunuz. Çocuğunuz hem ilgi görmeye hem de kendi kendine kalmaya duyduğu ihtiyacı size gayet net ipuçlarıyla anlatır.

Çocuğunuzla birlikte zaman geçirebilmek için işlerinizi onun yanında yapabilirsiniz. Böylece o da sizin tercih ettiğiniz bir ortamda hayatınıza dahil olabilir. Çocuğunuzla paylaştığınız işlerinizi onun dayanamayacağı kadar uzatmayın. Onun sınırlarına hassasiyet gösterin ki, bu deneyim onun için de olumlu olsun. Çocuğunuzun sizin tercih ettiğiniz bir etkinlikte size katılmasını istiyorsanız, sizi izleyip izlememe veya sizin talimatlarınıza göre hareket edip etmeme kararını kendisi vermelidir. Başka insanların yaptıkları işlerin bir parçası olabilmek, zaman içinde bu deneyimlerden tatmin olundukça gelişir. Çocuğunuz ihtiyaç duyduğu an ilgi göreceğine inanıyorsa ve yaptığınız iş onun da ilgisini çekiyorsa, bu deneyimlere kolaylıkla katılmaya başlayacaktır.

Çocuğunuza ilgi göstermeye çalışırken, birlikte geçirdiğiniz zamanı onun yapması gerektiğini düşündüğünüz şeylerle geçirirseniz, çocuğunuz aranızdaki sevgi bağını hissedemez. Bu gibi durumlarda, kendisini sizin ihtiyaçlarınızı karşılayan bir araç olarak görecek ve sizin beklentileriniz doğrultusunda hareket edecektir. Bunu yaparken de, kendinden ve sevginizden şüphe duymaya başlayacaktır. Bunun yerine, siz onun istediği şeyleri yaparsanız, aranızdaki sevgi bağını hissedecek, bazı işlere girişme becerisini geliştirecek ve kendi ilgi alanlarını belirleyebilecektir.

Max eskiden olduğu gibi halinden memnun gözükmüyordu ve annesi Leanne, çocuğunun ona gösterdiği sevgiyi, özellikle de sözlü olarak ifade edilenleri gittikçe daha fazla reddetmeye başladığını fark etti. Aslında, annesinin sevgisini sözlü olarak ifade etmesini hiç istemiyordu. Leanne, Max'in sevildiğini nasıl algıladığını dikkatle gözlemlemeye başladı. Max'in o anda hayatının merkezi haline gelen ahşap dinozor seti hakkındaki sonu gelmez konuşmalarını dinlemesini istediğini fark etti. Leanne bu ipucunu bir sabah oğlunun ne kadar incindiğini fark ettiğinde yakaladı çünkü ablası dinozorlarla ilgili konuşmalarını umursamamıştı.

Leanne Max'e tüm ilgisini verip, oğlunun o ahşap yaratıkların boyutları, görünümleri ve sağlamlığıyla ilgili heyecanlı konuşmasını dinlendiği zaman, oğlunun yüzü aydınlandı. Çünkü annesinin sevgisiyle sarmalandığını hissedebilmek için, annesinin ona odaklanmasına ve kendisi için son derece önemli olan bir konuya ilgi göstermesine ihtiyacı vardı. Annesi her sabah bu şekilde onu dinleyerek yanında olduğunu gösterdi. Annesinin sevgisine olan güveni geri geldiğinde, doğal neşesi ve keyfi de yerine gelmişti.

Bazen çocuğumuzun bizi yönlendirmesine izin verdiğimizi düşünürüz, ama arada bir de ona ders vermekten veya onu yönlendirmekten de geri kalmayız. Bu da gösterdiğimiz ilgiyi zedeler. Danışmanlık verdiğim bir ailenin 5 yaşındaki oğlunun bunu annesine öğrettiğine şahit olmuştum:

Jeremy scooter kullanmayı öğreniyordu. Annesinden dışarıda oturup onu izlemesini istemişti. Annesi onun dengesini bulmaya çalışmasını izlerken, ayağını nasıl koyması gerektiğiyle ilgili bir öneride bulundu.

Jeremy scooter'ı kullanmayı bırakıp annesine baktı ve "Beni izlemeni istedim, öğretmeni değil" dedi.

Sevginin özünde ilgi göstermek vardır. Çocuğunuzu olduğu gibi kabullenmenizi, onun sizi yönlendirmesine izin vermenizi ve onun bağ kurma şekline cevap verebilmenizi gerektirir.

Sevginin algılanması

Neye ihtiyacı olduğunu sadece çocuğunuz belirleyebilir. "Seni seviyorum" mesajınızı ona, kendi yönteminizle değil onun anlayabileceği bir şekilde aktarabilirseniz sizinle bağ kurabilir. Çocuğunuz dışarıda oynamayı çok seviyorsa ve siz de onu çok seviyorsanız ona oynayabileceği güvenli bir bahçe sunmalı ve oyunlarına katılmalısınız. Ergen yaştaki çocuğunuz arkadaşlarıyla birlikte olmak ve salaş kıyafetler giymek istiyorsa ve siz de onu çok seviyorsanız arkadaşlarıyla buluşmasına izin vermelisiniz. Yeni yürümeye başlayan çocuğunuz bir yerlere tırmanmaktan hoşlanıyorsa, ona tırmanabilmesi için olanaklar sunarak sevginizi gösterebilirsiniz; kucaklanmaktan hoşlanıyorsa, kanepede birlikte geçireceğiniz şefkat dolu bir öğleden sonrasından veya sırtınızda dolaştırılmaktan mutlu olacaktır.

Kendi planlarınızı aradan çıkardığınızda, çocuğunuzun yaşadığı gerçekliği anlayabilme ve sevginizi hangi durumlarda algıladığını keşfetme şansınız çok yükselir. Çocuğunuzun, sevildiğini algılamasını sağlayacak şekilde hareket ederseniz, o da kendini güvende hisseder. Çoğu ebeveynin sevgilerini ifade etmek için üstünkörü ve bazen gelişigüzel olarak söyledikleri "Seni seviyorum" sözleri yerine, o anki etkileşiminizle ilgili olarak sevginizi içten bir şekilde ifade edebilmelisiniz. Çocuğunuzun ruhu, ona bir hikâye okuduğunuzda, onu kucakladığınızda veya dinlediğinizde besleniyor olabilir. Onunla birlikte olmaktan ne kadar mutlu olduğunuzu, birlikte olduğunuz o anın sizi ne kadar mutlu ettiğini ve onu tanıdıkça kendinizi ne kadar zenginleşmiş hissettiğinizi ona söyleyebilirsiniz. Sevginizi, çocuğunuzun ihtiyaçlarını onun istediği şekilde karşılayarak değil de sadece sevgi sözleriyle aktaramazsınız.

Çocuğunuzu sevmek demek, ona her alışverişe çıktığınızda oyuncaklar veya marka giysiler alabilmek için daha uzun saatler boyunca çalışmanız demek değildir. Bunları çocuğumuza duyduğumuz sevgiden dolayı satın aldığımıza inansak da, çocuklarımız sevildiklerini bu tür hediyelerle algılamazlar. Bilakis, siz işte veya alışverişteyken çocuğunuz sizin sevgi dolu varlığınızı özlüyor olabilir. Hatta sizin abartılı hediyeler almanız, onunla gerçekten zaman geçirmek yerine onu kolay yoldan teselli ettiğinizi düşündürebilir. Diğer yandan, aldığınız hediye çocuğunuzun çok istediği bir şeyse ve bu hediyeyi ona verirken takdirinizi ve yakınlığınızı içtenlikle gösteriyorsanız, o zaman bu hediye sevginizin bir ifadesi olabilir.

Sevginizi ifade etme yönteminizle çelişebilecek davranışlarda bulunmamaya dikkat edin. Örneğin; sevildiğini okşandığında ve kucaklandığında hissedebilen çocuğunuza, onu sevdiğinizi kucağınızda bebek varken söylerseniz kafası karışabilir. Çocuğunuzun sevildiğini hissedebilmesini sağlamak için sevginizi onun algılayacağı şekilde göstermelisiniz, onu olduğu gibi kabul ettiğinizi ve varlığından çok mutlu olduğunuzu gösteren davranışlar sergilemelisiniz.

Çocuk merkezli olmak hakkında

Bazı ebeveynler çocuğa birebir ilgi göstermenin "çocuk merkezli" olmak anlamına geldiğini düşünerek endişelenirler ve çocuğun sosyal gelişimine engel olduklarını zannederler. Bu tür ebeveynler çocuklarının, kendisini toplumun merkezi değil, bir parçası olarak görmelerini isterler. Çocuğun daha geniş bir sosyal çevre içinde var olabilme deneyimini kazanmasına çabalarken, içinde bulundukları geniş aileyi model olarak alırlar. Oysa, geniş aile modelini idealleştirmek, çocuğumuz için var olan ve içinde bulunduğumuz zamana ve kültüre uygun diğer olanaklara karşı gözlerimizi kör eder.

Çekirdek aile, sülale değildir ve geniş bir toplum deneyimi sunmaz, fakat aidiyet duygusu yaratır. Aileye ait olma ve aileye katkıda bulunan bir üye olma duygusu, ailenin her üyesinin bir birey olarak önemsenmesi ve birebir ilişki kurulmasıyla gelişir. Hayatın ailenin tek çocuğu etrafında dönmesi gerekmez, ama bununla birlikte onunla özel olarak ilgilenmek de gerekir. Ama çocuk aile içinde kişisel olarak ilgi gören tek kişi değildir; kendini ailenin bir parçası olarak görür ve diğerlerinin ihtiyaçlarını da önemsemeyi öğrenir. Ailenin tüm üyeleri eşit derecede değerlidir. İlgi göstermek; beslemek ve büyütmek gibidir; insani bir ihtiyaca cevap vermektir. Çocuk kendi değerini, ona zamanımızı ve ilgimizi verdiğimizde öğrenir. Ayrıca, kendinize ve başkalarına ilgi gösterdiğinizi görerek, kendine ve başkalarına değer vermeyi öğrenir; eğer siz değerliyseniz o da değerlidir.

Ebeveynlerin çoğu, tıpkı bir kabile içinde olduğu gibi, çocuklarına bir çevre sunabilmek isterler çünkü çocuklarının diğer insanlarla ve çocuklarla ilişki kurması, toplumsal aktivitelere ve arkadaşlığa olan ihtiyaçlarının karşılanması fikrinden hoşlanırlar. Çocuğunuzu bu şekilde büyütmek istiyorsanız, ailenizle birlikte komünal bir hayata katılabilirsiniz. Ancak yine de çocuğunuza birebir ilgi göstermeniz gerektiğini unutmayın, belki daha az miktarda ama mutlaka.

Çocuk, çekirdek aile içinde sadece annesi, babası ve belki kardeşiyle birlikte yaşar. Oyun oynayabileceği veya aidiyet duygusunu yaşayabileceği başka kimse yoktur. Yalnız başına oynamak bir çözüm değildir, ama çocuk bundan keyif aldığı sürece sorun yoktur. Küçük modern aile modeline özgü, aidiyet duygusu yaratacak etkinlikleri çocuğumuza sunmalıyız. Sizden başka oynayacak kimsesi olmayan bir çocuğa birebir ilgi göstermek, sevginizi aktarmak için iyi bir yoldur. Çocuğunuza odaklı bir şekilde ilgi göstermek, bu ilgi dengeli olduğu ve çocuk her bir aile üyesinin önemsendiğine şahit olduğu sürece, toplum hissiyle çelişmez.

Günümüzün şartlarını benimsemeli ve bizlere sunduğu olanakları keşfetmeliyiz. Her şeyi olduğu haliyle sevdiğimiz zaman, sosyal yapı nasıl olursa olsun diğer tüm değerler yerine oturur. Çekirdek aile içinde, özel ilgi görerek büyüyen bir insan, kabile içinde büyüyen insandan farklıdır; her ikisi de farklı olanaklar ve nitelikler sergiler. Çocuğa kitap okumak veya onun isteklerine göre hareket etmek, çocuğu bencil bir canavar haline getirmez; bireye özgü düşünme becerisinin gelişmesini sağlar. Çocuk, bireyselliğe ve bireylerin topluma en üst düzeyde yaratıcı katkıda bulunmasına değer veren bir toplumun parçası olarak büyür. Bu sistemlerden herhangi biri diğerinden daha iyi veya kötü değildir; insan olmanın hem değer verilen hem de kutlu sayılan farklı şekilleri vardır.

Çocuk merkezli olma korkusu, çocuğu sevgiyle, kucaklamakla, vericilikle ve nazik olmakla "şımartmaktan" korkmaya benzer. Çocuğunuzu şımartmaktan korkup sevginizi esirgememelisiniz. Eğer bir çocuğun annesiyle yalnızken ilgi görme isteği reddedilirse, bu çocuk sadece kayıtsız olmayı öğrenir ve değerli olmadığını düşünür.

Çoğu ebeveynin taklit etmek istediği, kabile hayatının bir diğer kuralı da, yeni yürümeye başlayan bir çocuğu yetişkinlerin etkinliklerine dahil etmek ve böylece beceri kazanmasını ve zamanla bu etkinliklere katılım göstermesini sağlamaktır. Yeniden belirtmek gerekirse hayat artık değişmiştir; çocukların evde gözlemleyebildikleri tek şey, evde olan ebeveynin (bilgisayarın, masanın, lavabonun vb başında çalışmak gibi) yaptığı işlerdir ve bunlar çocuğun ihtiyaç duyduğu ilgiyi ve dürtüyü yaratamaz. Çocuğun öğrenmek istediği temel becerilerden bazıları kişisel etkileşim gerektirirken, diğerleri evde gözlemlediği işlerle alakalı bile değildir.

Çekirdek aile içindeki çocuk birebir ilgi görmeye koşullanmıştır ve bu da ne iyi ne de kötüdür; sadece keyif alınması gereken ve günümüze ait bir gerçektir. Bu tür bir yetiştirme tarzıyla büyüyen çocuklar, bağımsız düşünebilme, Einstein, Edison ve Mozart gibi yenilikçi insanlar olarak gelişebilme potansiyeline sahip olurlar. Şefkatli yetişkinler haline gelirler çünkü kendilerine de nazik, verici ve sevecen davranılmıştır ve yaratıcı düşünen insanlar olarak büyürler çünkü kişisel hayatları zenginleştirilmiştir.

Çocuklar, içine doğdukları kültürü şevkle benimserler. Doğa insanları son derece esnek kılmıştır ve sadece tek bir şekilde değil çeşitli şekillerde gayet iyi yetişebilecek beceriyle donatmıştır. Sevgi dolu bir hayatı ve iç huzurunu çocuklarımıza yaşatabilmek için, hayatımızı olduğu gibi kabullenmeliyiz ve farklı bir yaşam tarzına özenmemeliyiz; çocuğunuzun toplum içinde yaşamaktan kaynaklanan ihtiyaçlarını karşılayın ve bunun ortaya çıkardığı vasıflardan mutluluk duyun. Mutluluk, mutlu olmayı seçtiğimiz şey her neyse onun bir sonucudur. Çocuklarımıza aktardığımız şeyleri kabullenip bunlardan mutluluk duyarsak ve sevgimizi kısıtlamadan gösterebilirsek, endişelerimiz hafifleyecektir.

Kendi ihtiyaçlarınızı çocuğunuzun ihtiyaçlarından ayrı tutmak

Çocuğunuzu sevginizle beslemek için her şeyi yaptığınızı düşündüğünüz halde, o yine de önemsendiğinden şüphe duyuyor gibi gözükebilir. Her ne kadar farkında olmasanız da onun hayatını yönlendiriyor olabilirsiniz. Çocuğunuzun hayatını veya hayatıyla ilgili bir şeyi yönlendirdiğinizde, kendini sizin ihtiyaçlarınıza hizmet eden bir araç olarak görür. Genellikle kendi ihtiyaçlarımızı, çocuğumuza ilgi göstermekle karıştırırız ve bu ihtiyaçları ona yöneltiriz.

Mary yaz tatili için torunlarını ziyarete gelmişti. 8 ve 4 yaşlarındaki iki torunu, yaz tatillerini plansız eğlencelerle geçiriyorlardı. Anneanne bundan dolayı telaşlanıyordu. Torunları için günü planlamayı önerip duruyordu. Belirli bir plan yapılmadığı için çocukların morallerinin bozulduğundan endişeleniyordu. Hiç durmadan bu konuda konuşuyordu ve oğlu Jack'e, bir plan yapması gerektiğini söylüyordu.

İlk başlarda Jack bunu hafife aldı ama annesi bundan vazgeçmeyince, bir şeyler yapması gerektiğini fark etti. S.İ.D.O.T. formülünü uygulayarak (1. Bölüm'de anlatıldığı gibi), bir dakika düşündü ve kendi iç diyaloğuna kulak verip kendi tepkisini, annesinin ihtiyacı her ne ise bundan ayrı tutmaya (S) çalıştı.

Gözden geçirdiği düşünceler şunlardı: "Annem yanlış. Ben haklıyım. Çocuklar gayet iyiler. Annem beni ebeveyn olarak takdir etmiyor." Bu düşüncelerini ispatlayamayacağını ve bunların hem kendisine hem de annesine bir fayda sağlamadığını fark etti. Ayrıca, ebeveynlikle ilgili annesinin takdirini kazanmaya çalışan kişinin aslında kendisi olduğunu anladı. Kendi kendine gülümsedi ve bundan sonra annesine ilgi (İ) göstermeye başlayabildi. Annesinin, kendi evinde günlerini planlı programlı geçirmeye alışkın olduğunu, plansız bir tatilin ve çocukların günlerini kendi başlarına planladıkları bir ortamda yaşamalarının ona ne kadar rahatsızlık verebileceğini anladı.

Annesini dinledikten (D) ve onun bakış açısını onayladıktan (O) sonra Jack, çocukları istemedikleri bir şeyi yapmaya zorlamadan günleri nasıl planlayabileceğini düşünmeye başladı. Ve annesine günlerini planlı biçimde geçirebileceği fırsatlar sunmaya başladı (T). Yemek pişirirken yardımını istedi, birlikte dışarıda yapabilecekleri veya günü planlayabilecekleri işlerle ilgili fikirler önerdi. Planlı bir şekilde geçirdiği birkaç günden sonra annesi, "Gördün mü haklıydım. Bu son hafta çocuklar günlerini daha planlı bir şekilde geçirdiler ve daha mutlu görünüyorlar" dedi.

Jack'in annesi gibi bazen bizler de çocuğumuz için en iyi şeyin ne olduğunu bildiğimizi düşünürüz, oysa bu, bizim ihtiyaçlarımızı temsil eder. Duygularımız ve aklımızdan geçen konuşmalar çok etkilidir ve çocuğumuzun kendisi için istediği şeyleri fark etmemizi engeller; onun hayatı hakkındaki görüşlerimizde ısrar edersek, sevgimizden şüphe duyabilir. Bu gibi durumları kolaylıkla teşhis edebilirsiniz; doğru olduğunu düşündüğünüz şeyi yapmasını isteyip çocuğunuza kızdığınız anlarda olduğu gibi. "Gerekir" sözü genellikle şikâyetinizin ana temasıdır: "Odasını temizlemesi gerekir", "Beni bölmemesi gerekir", "Saçını kestirmesi gerekir" vb gibi. Tüm bu beklentiler, sizin çocuğunuz için yazdığınız "senaryo" dahilinde yapmasını arzuladığınız şeyleri dile getirir. Çocuğunuz için neyin iyi olduğuyla pek ilgisi yoktur. Çocuğunuzu anlamak için ona kulak verin.

Kendinizi sessizce dinlemek (S.İ.D.O.T.'un S'si) ve kendi ihtiyaçlarınızı çocuğunuzunkilerden ayrı tutabilmek için kendinize zaman verin. Sizi harekete geçiren şeyin hanginizin ihtiyacı olduğunu anladığınızda da bu konuda dürüst davranın. "Odanı temizlemene ihtiyacım var" diyebilirsiniz; yardımını isteyebilirsiniz ve eğer çocuğunuz kendini tercih yapmakta gerçekten özgür hissediyorsa, büyük ihtimalle "hayır" diyecektir, ta ki arada bir yardım etmeyi kendisi teklif edene kadar. Sizin ihtiyacınızı karşılamak için yardımcı olmayı tercih etmezse, odayı siz temizleyebilirsiniz veya kirli bırakabilirsiniz veya her ikinizi de mutlu edebilecek bir anlaşmaya varabilirsiniz.

Bir adım daha ileri gidip kendinize karşı dürüst olup olmadığınızı kontrol edebilirsiniz. Mesela, çocukların odalarının derli toplu olması gerektiğini düşünüyor olabilirsiniz; bu düşünce çocuğunuzun odası dağınık olduğunda iyi bir ebeveyn olmadığınız endişesinden veya başka evlerin düzenli olduğunu sanmanızdan kaynaklanabilir. Bu düşüncelerinizin geçerliliğini ve gerçekliğini değerlendirirseniz, çocuğunuzun dağınıklığı konusunda iç huzuruna kavuşabilirsiniz veya odayı toplamayı kendiniz için keyif verici bir iş olarak görmeye başlayabilirsiniz.

Çocuğunuz, ihtiyaçlarınız konusunda ona dürüst davrandığınız, onu kontrol etmekten veya ona nasıl olması gerektiğini öğretmekten kaçındığınız zaman, aranızda bir sevgi bağı olduğunu hisseder. Onun tercihlerine değer verin ve kendi tercihlerinizi onunla paylaşın. Böylece, hiçbir beklentiniz çocuğunuzu mutlulukla övmenize engel olmaz. Leo Buscaglia'nın dediği gibi, "Seven insan asla yönlendirici değildir çünkü bir insanı yolundan döndürmekle kendi yolumuza sokacağını bilir ve bu da onun için hiç de doğru bir şey değildir. Bir insan kendi yoluna gitmekte özgür olmalıdır."[2]

Kendi ihtiyacımızı çocuğumuzun kendisi için çizdiği yönle karıştırmak, genellikle eğitim alanında rastlanan bir durumdur. Bir yandan çocuğumuzu kendi seçtiği alanda destekleme arzusu duyarken, bir yandan da kendimizi onun başarısına kaptırırız ve sevgi dolu davranışların neler olabileceği konusunda aklımız karışır. "Çocuğumun takımını bırakmasına izin vermeli miyim? Yoksa sevgi amacına ulaşmasında onu desteklemek midir?" Bu tür zor durumlarda çocuklar ebeveynlerinin ne yapmasını beklerler? Aslında, ebeveynlikte (ve hayatta) hiçbir şeyin kesin bir cevabı yoktur. Her çocuk ve her durum birbirinden farklıdır.

Çocuğunuza duyduğunuz sevgide tutarlı olun ve her zaman kendinize, "Bu onun isteği mi benim isteğim mi?" diye sorun. Ve eğer sizin isteğinizse, bunun gerçek durumdaki geçerliliğini dürüst bir şekilde değerlendirin. Örneğin; eğer çocuğunuz gerçeği saklıyorsa ve siz de onun yalan söylediğini dile getirirseniz, aklınızdaki düşünce, "Yalan söylememesi gerekir" şeklindedir. Bu düşünce, çocuğunuza duyduğunuz sevginin önünü keser. Eğer yalan söylüyorsa, yalan söylemesi gerekiyordur ve ancak o zaman size ger-

2. Leo Buscaglia, *Love: What Life is All About* (Ballantine Books, Reissue 1996).

çeği söylemekten niçin korktuğunu öğrenebilirsiniz ve aranızdaki güven bağını oluşturabilirsiniz; böylece her ne olursa olsun sizinle konuşurken kendini güvende hissedebilir.

Eğer çocuğunuzun bir amacı varsa ve buna ulaşırken karşılaştığı zorluklarla baş edebilmek için desteğinizi bekliyorsa, sevgi, onun geçici korkularını veya vazgeçme eğilimini değil, kararlılığını desteklemektir. Durumun bu olup olmadığına karar vermek kolay olmayabilir çünkü çocuklar hassas varlıklardır ve her bir ilişki kendine özgüdür. Bununla birlikte aranızdaki güven bağı güçlüyse, çocuğunuzun korkularını dinleyerek ve bunları onaylayarak, içinde bulunduğu durumu anlayabilme ve kendi isteklerinizi onun gerçekten yapmak istediklerinden ayrı tutma şansınız yüksektir. Duygularını tam olarak ifade ettiğinde ve siz bunlara kulak verdiğinizde, yapmak istedikleri konusundaki düşünceleri yeniden netleşir ve yoluna nasıl devam etmesi gerektiğini bilir. Aşağıda bazı örnekler verilmiştir:

Evde eğitim gören 16 yaşındaki Jack, ebeveynlerine evden ayrılmaya ve dış dünyada yeni deneyimler kazanmaya hazır olduğunu söyledi. Evde artık mutlu olmadığını belirtti. İhtiyaçlarını net olarak ortaya koyduktan sonra, babası Kevin, oğlu için var olan olanaklarla ilgili araştırma yapmaya başladı. İnternette araştırma yaptı ve oğlunun güvenli bir şekilde eğitim alabileceği alternatifleri öğrenmek için bir sürü yere telefon açtı. Sonunda, bir eğitim otobüsüyle hem Avrupa'da seyahat edip hem de üniversite kredisi kazanabileceği, bir sömestr süren ve heyecanlı fırsatlar sunan harika bir yatılı okul buldu.

Kevin bu fikri oğluna anlattı ve "Websitelerine ve kataloglarına bir göz atmaya ne dersin? Kafan netleştiğinde veya soruların olursa planlarınla ilgili bana haber ver, olur mu? Başka alternatiflere de bakabiliriz tabii ki" dedi. Jack bilgilerle dolu dosyaları isteksiz bir tavırla babasından aldı. Bunlarla ilgili hiçbir şey yapmadı.

Aradan iki hafta geçti. Jack mutlu gözüküyordu ve hayatında yeni bir sayfa açmıştı.

"Planlarınla ilgili fikirlerin var mı?" diye sordu sonunda babası.

"Hayır, pek sayılmaz..." dedi Jack ve durakladı. "Şimdilik evde kalmak istiyorum. Buradaki hayatım ve arkadaşlarım konusunda heyecanlıyım."

Babası, Jack'in dile getirdiği ihtiyaca kulak vermiş, ona güvendiğini ve onu desteklediğini göstermişti. Bu da, Jack'in kendini özgür hissetmesini ve daha net düşünerek seçim yapabilmesini sağlamıştı. Böylesine bir güven ve duyarlılık, küçük çocuklara da tercih yapabilmeleri için fırsat sunar.

4 yaşındaki Iris kumsalda oynarken bir anda kumları atmaya ve "Anneannemle kalmak istiyordum" diye ağlamaya başladı. Anneannesi başka bir eyalette oturuyordu ve orada uzun süre kaldıktan sonra daha yeni dönmüşlerdi. Anneannesinin yanındayken, dönmelerine yakın, Iris evini çok özlemişti ve ziyaretlerini çocuk için kısa kesmişlerdi.

Iris "Anneannemle kalmak istiyordum" diye ağlıyordu.

Annesi "Tamam" dedi. "Cep telefonum yanımda. Hemen geri dönebilmek için arayıp uçak bileti ayırtmamı ister misin?" Telefonu eline aldı ve Iris'in karar vermesini bekledi. Iris düşünceli gözüküyordu, uzun bir süre sessiz kaldı. Sonra, "Hayır, istemiyorum. Burada kalmak istiyorum" dedi. Kumla oynamaya devam etti, kısa sürede oyuna dalmıştı bile.

Peki eğer Iris evet deseydi? Bu pek muhtemel değil ama bu durumda annesi, her şeyi yoluna koyabilmek ve bu seyahatin gerçekten gerçekleşip gerçekleşemeyeceğini belirleyebilmek için detayları onunla konuşacaktı. Annesinin telefon oyununu oynamasına gerek yoktu; sadece "Anneannene geri dönmek istediğini anlıyorum" diyerek onun isteğini onaylayabilirdi. Küçük çocuklar, kendilerine seçme özgürlüğü verildiğine buna çok iyi tepki verirler; uçak bileti alma seçeneği Iris'in kararında hemen netleşmesini sağladı.

Bazı durumlar daha kesin bir desteği gerektirir. Çocuklar amaçlarını özgür bir şekilde belirleyebilirler, ama engellerle veya korkularla yüzleştiklerinde vazgeçmeye hazırdırlar. "Tabii ki, ehliyet kursunu hemen bırakabilirsin" diyerek onun korkularını desteklemeli miyiz? Yoksa ilk baştaki arzusunu mu desteklemeliyiz, peki nasıl? Danışma seanslarımın birinde bir anne benimle bu tür bir durumu paylaşmıştı:

Brenda bale yapmayı tercih etmişti ve derslerde de çok başarılıydı. Birkaç yıl sonra bale okulunun en parlak öğrencisi haline geldi.

Bununla birlikte, eğitmeni ona gençlere özel bale seçmelerine katılmasını önerdiğinde, Brenda bunu istemediğini ve bu fikirden nefret ettiğini söyledi. Hatta dans derslerini tamamen bırakmaktan söz etti. Dersler bittikten sonra artık dansla ilgilenmiyor gibi gözüküyordu.

Annesi Nancy, "Bu özgürlük ve güven için bir çağrı mı yoksa Brenda sadece başarısız olmaktan mı korkuyor, bilemiyorum" dedi. "Gerçekten bırakmak istiyor mu, yoksa korkularına ve kendinden şüphe duymasına rağmen, benden isteklerini ona hatırlatmamı mı bekliyor?"

"Ona neler hissettiğini ve düşündüğünü sordun mu?" diye sordum.

"Evet. Korktuğunu itiraf ediyor, ama artık dansı umursamadığını ve dans grubuna katılmanın korkunç bir şey olduğunu da söylüyor."

"Onun seçimine güvendiğini gösterdin mi? Ve bunu yaptığında seçmelere katılmama ve dansı bırakma konusunda içi rahat mıydı?" diye sordum.

"Bunun tamamen onun tercihine bağlı olduğunu söyledim. Cevap vermedi ve seçmeleri de iptal etmedi. Belirsiz davranıyor. Dans grubuna katılmaya istekli olduğunu, ama korktuğunu düşünüyorum."

Nancy'ye, Brenda'nın düşüncelerine ve duygularına kulak vermesini ve bunları, gerçek veya dramatik bir durum olarak değil, bir düşünce malzemesi olarak görmesini tavsiye ettim. Böylece gerçekten olduğu kişiyi zihnindeki seslerden ayırt edebilmek için kendini güçlü hissedecektir. "Brenda, korkularına rağmen harekete geçebilirse, kendi isteklerine dair gerçek bir ipucu bulabilir" şeklinde açıkladım. "Tercihini korkuları doğrultusunda yaparsa, bu özgür bir tercih olmayacaktır, korkularının belirlediği bir tercih olacaktır. Bu da pişmanlık duymasına ve hatta depresyona girmesine neden olabilir; tabii eğer tercihi gerçek niyetini yansıtmıyorsa."

"Peki ya gerçekten istediği şey dansı bırakmaksa?" diye sordu Nancy.

"Duygularını tam olarak ifade ettikten sonra, tercihini korkularından bağımsız olarak yapabilecektir. Ne istediğini biliyor. Dans etmek istiyorsa, korkularına rağmen bunu tercih edecektir; istemiyorsa, bırakacaktır ve tercihinden dolayı içi rahat olacaktır."

Nancy, Brenda'nın duygularına kulak verdi. Tavsiyede bulunmadı ve ne yapması gerektiğini söylemedi; sadece onun duygularını onayladı ve sadece bir kez, gruba kabul edilme şansının yüksek olduğunu düşündüğünü söyledi. Ayrıca, dans etmenin Brenda'nın tercihi olduğunu ve kararı ne olursa olsun, seçmeler nasıl sonuçlanırsa sonuçlansın, onu çok sevdiğini söyleyerek kızının içini rahatlattı.

Brenda tamamen kendi isteğiyle seçmelere katıldı; bu süre boyunca bunu aslında hiç istemediğini, bundan nefret ettiğini ve seçmeleri kazanmamayı umduğunu söyleyip durdu. Eğer Nancy, "Seçmelere katılmayacak mısın?" diye sorsaydı Brenda omuzlarını silkip hiçbir şey yapmayacaktı.

Brenda gruba kabul edildi ve ilk gösteride ortalama bir rol üstlendi. Bunun her dakikasından büyük bir keyif aldı ve yaşadıklarını coşkuyla anlatıp durdu, ama ebeveylerine de sürekli olarak bu durumu umursamadığını göstermeye çalıştı.

İnsanlar kaç yaşında olurlarsa olsunlar bazen gerçekten istedikleri şeylere karşı ilgisiz görünmeye çalışırlar veya herhangi bir sınavda başarısız olurlarsa, bunu umursamayacaklarını belirterek (seçilmeme ihtimaline karşılık) onurlarını korumaya çalışırlar. Bu tür korkuları desteklemeniz gerekmez, sadece dinleyin. Çocuğun duygularına ve endişelerine kulak vermek, kendisine karşı dürüst olabilmesini sağlar ve tercihini korkularını esas alarak değil, kendiyle ilgili vizyonu ve gücünden destek alarak yapabilir.

Çocuğunuz sevginizden şüpheye düşerse

Çocukların duyguları, genellikle onlara karşı davranışlarımızla ve bencil bir bakış açısıyla şekillenir. Çocuğunuza sizinle birlikte olmak istediği zamanlarda, "Şimdi olmaz tatlım, işim var" diyorsanız, yüzüne bakarak üzülüp üzülmediğini kontrol edin. Üzülüp üzülmediğini ona sorduğunuzda, "önemli değil" diyorsa, ipucunu sözlerinde değil yüzündeki ifadede arayın. Dudaklarının kenarı aşağı sarkıyor mu? Sessiz ve ciddi mi görünüyor? Umursamaz görünmeye mi çalışıyor? İncindiğini veya sizin takdirinizi kaybetme korkusunu gösteren başka belirtiler var mı?

Çocuğunuz, sevginizden emin olmadığında, en ufak bir reddedilişte umutsuzluğa kapılır. "Biliyordum, beni sevmiyor, o kadar değersizim ki" diye düşünür. Diğer yandan, çocuğunuz sevginizden emin olduğunda, ihtiyaçlarının karşılanması arada bir sekteye uğrasa da bununla baş edebilir (biraz büyüdüğünde) çünkü bu durum geçmişte defalarca yaşadığı deneyimlerin bir tekrarı değildir. Bu "sevgisizlik" duygusunu ona çok fazla yaşatırsak, duygusal dayanıklılığını kaybedebilir. "Beni sevmiyor" veya "Yeterince iyi değilim" gibi düşünceler bir kez kafasına yerleşti mi, her davranışınızı bu düşünceye bağlar. Diğer bir deyişle, hayat hikâyesini sizin hareketlerinizi ve sözlerinizi temel alarak oluşturur. Bu onun yarattığı bir şeydir, ama siz de bu dramın bir oyuncusu haline gelirsiniz.

Çocuğunuzun zihnini kontrol altında tutamazsınız, ama "hikâye yazdığının" farkına varabilirsiniz. Yeni yürümeye başlayan çocuğunuzu, küçük kardeşini emzirdiğiniz için ihmal ederseniz, bunun sonucunun ne olabileceğini onun gözlerinden görmeye çalışın. "Beni sevmiyor" veya "Yeterince iyi değilim" şeklinde bir sonuca mı varıyor? Küçük yaşlardayken, her ne kadar kasıtlı olmasa da ihtiyaçları ebeveynleri tarafından reddedilen çocuklar, yetişkin olduklarında da kendilerinden şüphe duyarak yaşamaya devam ederler. Bu tür hayat deneyimleri önlenemese bile, çocuğunuzun duygularının farkına vardığınızda, yaşadığı deneyimi onaylayabilir ve vardığı sonucu değiştirmesine yardımcı olabilirsiniz: "Beni sevmiyor" yerine, kendi kendine şöyle bir sonuca varabilir: "Bebeğin emzirilmesini beklemekten nefret ediyorum. Ama annemin benimle oynamayı çok sevdiğini biliyorum. Bebek uyuduktan sonra annem benim yanıma gelecek, çok heyecanlıyım."

Bebekler beşiklerine yatırıldıklarında, nefesinizin rahatlatıcı sesinden ve temasınızdan uzak kalıp korkunca, bunu size belli ederler. Yeterince kucağa alınmadıkları zaman da kendilerini terk edilmiş hissedip korkabilirler. Eğer korkularınız veya eski kültürel inanışlarınız nedeniyle bebeğinizi ihtiyaç duyduğu kadar kucağınıza almıyor veya yanınızda yatırmıyorsanız, sevginizden ve kendi değerinden şüpheye düşebilir.

Siz bebeğe sarıldığınızda, yürümeye yeni başlayan diğer çocuğunuz onu istemediğinizden korkabilir. Her zaman yaptığı bir şeye son vermesini isterseniz, telefonda konuşarak onu ihmal ederseniz, onu yargılayan sözler sarf ederseniz veya tam olarak yapamayacağı bir şeyi ondan talep ederseniz, kendisini her seferinde reddedilmiş hissedebilir. Daha büyük yaştaki bir çocuk da, sizin beklentileriniz onun beklentileriyle uyuşmadığında, ona zaman ayırmadığınızda, kardeşini hep ona karşı koruduğunuzda, onu eleştirdiğinizde ve hatta onu övdüğünüzde dahi sevginizden şüpheye düşebilir. Başarısından dolayı övgü alan bir çocuğun ebeveynlerinin sevgisinden şüpheye düşmesi sizi şaşırtabilir, ama o, sizi, sizin istediğiniz şekilde memnun ettiği için ona karşı böyle "sevecen" davrandığınızı düşünebilir.

Gün içinde çocuklarımıza pek çok kez şu mesajı veririz: "Herhangi bir şey (bir telefon görüşmesi, misafir, akşam yemeği vb) kadar önemli değilsin, öncelik listemde alt sıralardasın. Sevgi gösterilerimiz, gün içinde neden olduğumuz kırgınlıkları telafi etmeye yetmez." Yaşadığı tecrübelere dayanarak başka bir sonuca varmış olan çocuğumuz, ona duyduğumuz derin sevgiyi anlamayabilir.

Çaresiz, sindirilen, kendini ifade edemeyen ve ebeveynlerinin takdirinden şüphe duyan bir çocuk sevildiğini hissedemez. Ondan beklediğimiz şekilde davranabilir çünkü sevginin, bizleri memnun etmek ve takdirimizi kazanmak anlamına geldiğini düşünür. Kendini tam olarak ve içten bir şekilde ifade etme konusunda güvensiz hisseden bir çocuk da sevildiğini algılayamaz. İşte bu nedenle kontrol (ister övgülerle ve ödüllerle, ister tehditlerle ve cezalarla olsun) ve getirdiği korku, sevgi bağının hissedilmesini engeller.

Ebeveynlerinin sevgisinden şüphe duyan bir çocuk umutsuzluğa kapılabilir ve bu da, güvensizlik duygusundan kaynaklanan ve strese bağlı davranışlarla kendini gösterebilir. Bu tarz davranışlar ise ebeveynlerin öfkelenmelerine neden olur, sonuçta çocuk yine incinir. Artık iyi bir çocuk olmadığı ve ebeveynlerinin onu sevmediği ispatlanmıştır ve daha da fazla umutsuzluğa kapılır.

Bu kısırdöngüye kapılmasını önleyebilmek için, çocuğun davranışlarını tetikleyen, ifade edemediği acılarına bakmalıyız. Davranışları ne kadar yıkıcıysa, sevilmeye ve yeniden güven duymaya o kadar çok ihtiyacı var demektir. Ebeveynlerinin sevgisinden şüpheye düşen çocukların sergiledikleri diğer bazı semptomlar şunlardır: Mutsuzluk, her şeye karşı ilgisizlik, konuşma veya öğrenme güçlüğü, yatak ıslatma, tikler, uyku düzensizliği, saldırganlık, yeme bozuklukları, genel olarak gergin olma hali ve hırçınlık. Ebeveynlerinin sevgisine tam olarak güvenen bir çocuğun kendini bu yollarla ifade etmeye ihtiyacı yoktur; özgüveni tamdır ve zamanını yapmak istediği şeylerle geçirir.

Koşulsuz olarak sevme becerisi geliştirebilmek

Eğer çocukluğunuzda ebeveynlerinizin sevgisini kazanmak için onları memnun etmek ve etkilemek zorunda kaldıysanız, sevginizi koşulsuz olarak gösterme konusunda isteksiz olabilirsiniz. Çocuğunuzun davranışları sizi öfkelendiriyorsa ve hayal kırıklığı yaratıyorsa, geçmişteki acılarınız çocuğunuza sevgi duymanızı ve onun derinlerdeki ihtiyacını fark etmenizi engelleyebilir. Bu kısırdöngüyü kırmak ve sevginizi kesintisiz aktarabilmek mümkündür. Duygusal tepkinizi çocuğunuzun ihtiyacından ayrı tutmayı beceremezseniz, sevginizi engellemiş olursunuz ve çocuğunuzu azarlama, reddetme ve ihmal etme hakkınızı savunursunuz. Diğer bir deyişle, çocuğu azarlamak ve öfkenizin nedeninin o olduğunu düşünmek, duygularınızdan kaçmanızı sağlayan bir savunma mekanizmasıdır. Harekete geçen kendi zihninizdir; siz şuursuz ve çaresiz bir durumdayken, zihniniz geçmişinizden gelen bir gösteri sergilemektedir.

Duygularınızı ve niyetinizi tetikleyen düşüncelerinizi not edin ve 1. Bölüm'de öğrendiğiniz gibi bunları gözden geçirin. Kendinizi anlayabilmek için, sevginizin önüne geçen savunmaların korkularınızla beslendiğinin farkına varın. Aşağıda, sevginin önüne geçen tipik düşünceler ve inanışlar anlatılıyor. Bunları gözden geçirmenizi ve kendinizi bunlardan kurtarmanızı sağlayacak faydalı yollar da sunuluyor.

Kontrolün elden gideceği korkusundan kurtulmak

Ebeveynler genellikle kontrolü kaybetme, istismar edilme, sınır tanımayan ve başkalarını umursamayan çocuklar yetiştirme korkusundan bahsederler. Bu korkularından hareketle sevgi göstermeyi bir ödül olarak kullanırlar. Böyle durumlarda çocuğun söz dinlemesi, takdir görememe korkusunun bir sonucudur. Bu da korkunun ebeveynden çocuğa aktarılmasının bir yoludur.

Ebeveynlere özgü bu tür korkulardan kurtulmak bir tercih meselesidir ve kişinin yıllar içinde kendi kendini bilinçli olarak eğitmesini gerektirir. Öncelikle neden korktuğunuzu anlamanız ve varlığını kabul etmeniz gerekir ki, başka bir kişiyi kontrol ederek veya çocuğunuzun ihtiyaçlarını inkâr ederek bu korkudan kaçmayasınız. Sonra da, korkunuza yol açan düşüncenin üzerine "acımasız bir dürüstlükle" gitmelisiniz. Siz çocuğunuzu buna zorlamazsanız, gerçekten yardım etmeyi hiç öğrenemeyecek mi? Bezden kurtulamayacağına gerçekten inanıyor musunuz? Görgü kurallarını hiç öğrenmeyecek mi? Okumayı öğrenmeyecek mi? ... Düşüncelerinizin gerçeği yansıtmadığını bir kez anladıktan sonra, bu düşüncelerden bağımsız olarak hareket edebilirsiniz ve çocuğunuzun o anki tepkilerine cevap verebilirsiniz.

İstismar edilme korkusu, ebeveynler arasında çok yaygındır. Aşağıdaki olay, aile danışma seanslarımdan birinde yaşanmıştı:

3 yaşındaki Pete, annesinin yanında yumurta yiyordu. Birkaç lokmadan sonra durdu, "Anne, sen yedir" dedi.

Sandy bunu yapmakta tereddüt etti. Pete bir süredir kendi kendine yiyebiliyordu. Sandy kendini rahatsız hissetti ve "Kendin yiyebilirsin. Artık 3 yaşındasın" dedi.

"Ama anne senin yedirmeni istiyorum."

Sandy elini uzattı ve "Elimi tut ve seni yedirmemi sağla" dedi. Çocuğu kendi bulduğu çözüme katılmaya zorlamıştı, ama çocuk bunu reddetti.

Sonra o gün bu konu üzerinde konuştuğumuzda, Sandy oğlu tarafından kontrol edilme ve yönetilme korkusundan bahsetti.

"Bu tür endişelerin olmasaydı, onu besler miydin?" diye sordum.

Hemen "Tabii ki" diye cevapladı gülümseyerek. "Onu beslemekten çok keyif alırdım. O kıkırdardı ve birbirimize mutlu bir şekilde bakardık." Korkularına Pete'in değil kendi düşüncelerinin neden olduğunu fark ettiğinde Sandy gücünü yeniden topladı. Bu, oğlunun değil onun elinde olan bir şeydi.

O akşam Pete, annesinden pijamalarını giydirmesini ve uyuyana kadar ona sarılmasını istedi. Sandy bunu yaptı. Oğlu uykuya dalarken gözlerinden yaşlar boşandı. Sonra onu yatağına yatırdı ve "Uykuya dalması genellikle çok uzun sürüyordu. Bu sefer çok farklıydı, çok huzurlu ve sakindi" dedi.

Sandy, Pete'in ilgiye duyduğu ihtiyacı karşılamakta nasıl tereddüt ettiğini anlatmaya devam etti. "O kadar aksi bir çocuk ki. Böyle yardıma muhtaç olmasını ve benim sürekli ona hizmet etmeme alışmasını istemiyorum" diye açıkladı.

"Aksi derken ne demek istiyorsun?" diye sordum.

"Her şeye karşı..." diye başladı Sandy ve durdu. "Ah anlıyorum, aksi olanın ben olduğumu anlatmaya çalışıyorsunuz" diye devam etti.

"Kim değil ki?"

"Onun isteklerine karşı çıkıyorum ve sonra da ona aksi diyorum." Çocuğunda gördüğü şeylerin aslında kendisine ders olması gerektiğini anlayan Sandy güldü. Çocuğuna karşı çıkmaya son vermek istiyordu.

Seanstan sonra Sandy, Pete'in ilgi isteğine cevap vermeye ve korku dolu içsesine kulak vermeden bunu gözden geçirmeye karar verdi. İki gün sonra, Pete'in düşünceli ve neşeli bir çocuk "haline geldiğini", kucaklaşmaktan ve birbirlerine sevgi göstermekten çok hoşlandıklarını bildirdi. "Biliyor musunuz bu çok tuhaf. Çocuğumun benden beklediği sevgiye cevap vermekte tereddüt ediyorum, ama etrafa zarar vermemesi ve eşyalarımı dağıtmaması için bir çizgi çekmekten de korkuyorum. Saldırgan davrandığında otoritemi ortaya koyamıyorum, sonra da ona çok kızıyorum."

"Neden korkuyorsun?" diye sordum.

"Bilmiyorum."

"Peki ne olabilir?"

"Beni dinlemeyebilir; ben de kendimi yenik ve çaresiz hissedebilirim."

"Gerçekten hiç tepki vermeyeceğini mi düşünüyorsun?"

"Aslında tam değil" dedi, "Sanırım kendim için korkuyorum."

"Evet."

"Sevilmeyi hak etmediğimden korkuyorum."

Sandy duraladı ve pencereden dışarı baktı. Gözleri yaşlarla doldu ve "Çocukken annemin beni sevmediğinden emindim çünkü yeterince iyi değildim. İlgi görmeyi hak etmediğimi hissediyordum. Şimdi de kendi çocuğuma sevgimi göstermekten korkuyorum ve kendi adıma bir istekte bulunmaya cesaret edemiyorum."

Sevginizi esirgediğinizi veya çocuğunuza net bir şekilde yön gösteremediğinizi fark ettiğinizde, kendinize şunu sorabilirsiniz: "Ne olabileceğinden korkuyorum?" Bırakın içsesiniz kâğıt üzerinde dile gelsin; sizi çocuğunuzdan ayıran düşünceleri gözden geçirin. Sizi korkutan düşüncelerinizi "dürüstçe" ortaya koyun. Zaman içinde ve sık sık tekrarladıkça, aklınız bu tür eskiden gelen tepkileri, o anki davranışlarınızı yönlendiren düşünceler olarak değil, gözden geçirilmesi gereken malzemeler olarak bir kenara bırakmayı öğrenecektir. Ondan sonra, çok daha kolay bir şekilde çocuğunuzu hem dolu dolu sevebilir, hem de otoritenizi ortaya koyabilirsiniz.

Korkularınız yüzünden sevginizi göstermezseniz, çocuğunuz incinebilir ve çaresiz bir şekilde davranabilir. Onun bu davranışlarını, korkularınızı haklı çıkaran bir ispat olarak görebilirsiniz ve sevginizi daha da az göstermeyi düşünebilirsiniz. Böyle bir durumda, kendinizi durdurun ve o şekilde davranmasının onun da korktuğunun bir ispatı olduğunun farkına varın. Takdirinizi kaybetme korkusu, çocuğunuzun saldırgan ve çaresiz davranışlarda bulunmasına yol açar. Onaylanmamak, onun henüz genç olan aklında değersiz olduğu ve sevilmediği şeklinde bir anlam bulur. Oysa, ebeveynlerinin sevgisine güvenen çocuklar, huzurlu ve değer veren yetişkinler olurlar. Tıpkı hava gibi sevgiye olan ihtiyacımızı ancak bundan mahrum kaldığımız zaman anlarız. Bol sevgi gördüğümüzde ise bunu özümseriz ve sevgiyle serpiliriz. Korkunun gerçek durumu yansıtmayıp sadece bir düşünce olduğunu anladığımızda, korkunun yönlendirmesi olmadan hareket etme özgürlüğünü kazanırız. Bu da bize sunulan sevgiyle dolmamızı ve bu sevgiyi aynı kolaylıkla gösterebilmemizi sağlar.

Yön gösterme korkusundan kurtulmak

Ebeveynlerin çoğu, çocuklarına koşulsuz sevgi gösterebilirler. Bu ebeveynlerden bazıları ise yön göstermekten korkarlar. Ebeveynleri onlara net bir şekilde yön gösterdiği zaman, çocuklar sevildiklerini çok kolay bir şekilde algılarlar.

Ya-Fei beni aradığında çaresizlik içindeydi. 9 yaşındaki oğlunu bazı aktivitelere götüremediğini söyledi çünkü 7 yaşındaki küçük oğlu ne evden çıkmak ne de annesi gittiğinde babasıyla kalmak istiyordu.

"Bir kez evden çıkınca her şey yoluna giriyor. Aslında o mutlu bir çocuk. Ama bunu artık yapamıyorum. Çıkamıyorum. Çıkmayı denediğimde Leo o kadar çıldırıyor ki, eşyaları kırıyor, kendini banyoya kilitliyor ve olay çıkarıyor."

"Gidememenin gerçek nedeni ne?" diye sordum.

"Gidebilirim ama Leo'nun öfke nöbetinden korkuyorum."

"Ve seni engellediğinde bunun ona bir faydası olduğunu mu düşünüyorsun?"

"Aslında öyle değil" diye cevapladı Ya-Fei. "Ne istediğini bilmiyorum."

"Sen ne istiyorsun Ya-Fei?"

"Çocukların ihtiyaçları birbirleriyle çelişiyor. Ben ne istediğimi bilmiyorum."

"Evet" dedim, "senin yüzünden onun da kafası karışıyor ve hayatına bir netlik kazandırmak için çok çabalıyor."

"Yani ona yol gösteremediğimi yansıtıyor sadece, öyle mi?"

"Evet."

Ya-Fei rahatlamıştı ve telefon seansı bittiğinde kafası netleşmişti.

"Eee, nasıl gitti?" diye sordum sonraki seansta.

"Leo'ya, dışarıda çok fazla kalmayacağımızı önceden söyledim. Ağabeyinin bir yere gitmesi gerektiğinde gideceğimizi ve isterse onun da bizimle birlikte gelebileceğini, olmazsa babasıyla veya bakıcıyla birlikte evde kalacağını da söyledim.

Bizimle birlikte geldi. Hiç sorun olmadı. Buna inanamadım. Hatta kendiliğinden yanına bir oyuncak da aldı ve arabanın yanına benden önce gitti."

Çocuğunuza güvenebileceği net bir yön gösterdiğiniz zaman, ona sunduğunuz desteğe dayanarak keşfetme ve büyüme özgürlüğünü kazanır. Ne beklemesi gerektiğini anlamak için mücadele etmez.

Bir çocuk, ailesinin kültürünü ve sevildiğini bildiği zaman, çeşitli şekillerde büyütülmesinde sorun yoktur; kendini ifade etme özgürlüğüne sahiptir ve ne beklemesi gerektiğini bilir. Sevgi ve saygı dolu bir ortamda büyütülen çocuklar, farklı kültürel ve ekonomik koşullardan bağımsız olarak başarılı yetişkinler haline gelirler.

Moses ve Adam, evimde ağırlama ayrıcalığına sahip olduğum iki genç insandı. Moses, öğrenci değişim programı kapsamında bizimle birkaç gün kaldı. Adam ise evde eğitim vererek seyahat eden ve bir yaz boyunca bize misafir olan bir gençti. Her ikisiyle de yıllar boyunca iletişimimiz hiç kopmadı.

Moses bizde kaldığında 15 yaşındaydı. Amerikan yerlisi bir ailenin oğlu olarak katı bir ortama doğmuştu. Özgüvenli, sorumluluk sahibi, nazik ve kendini ifade edebilen bir gençti. İç güzelliğini ve duygusal gücünü dışarı yansıtıyordu. Ailesini mutlu etmişti ve bizlere de kendi kültürünü ve geleneklerini büyük bir hevesle anlatmıştı. Okul arkadaşlarından ne kadar farklı olduğunu anlatıyordu; okul arkadaşlarıyla arasındaki farklılıkları kabul etmekle kalmıyor, bunları gururla karşılıyordu. Ailesinin ona kazandırdıklarına çok değer veriyordu; onun evindeki katı davranış kuralları sürekli sevgiyle destekleniyor ve bu konuda istikrarlı davranılıyordu.

Diğer yandan Adam, özgürlük ve eşitlik olan bir aileden geliyordu. İlişki kurma becerisine ve duyarlılığına hayran kalmıştım. Espri yeteneği sayesinde her türlü gerilimli ortamı kahkahalara boğuyor ve kimse kendini kötü hissetmiyordu. Moses gibi Adam da kendini arkadaşlarından farklı görüyordu. Arkadaş baskısından etkilenmemesinin kendi güçlü yanı olduğuna inanıyordu. Kendisi gibi olmaktan dolayı gurur duyuyordu. Bunu, "Başkalarının benim hakkımda ne düşündükleri hiç önemli değil. Sadece kendimle barışık olmam önemli" şeklinde açıklıyordu.

Bu çocuklardaki güven duygusu netlikten kaynaklanıyor. Çocuğunuzla yaşadığınız hayatı onun için net bir hale getirin ki, enerjisini birtakım şeylerden korkarak veya yönünü bulmaya çalışarak harcamasın.

Bunun yerine hayattan tam olarak keyif alsın ve faydalansın.

Ailenin işleyişi konusunda net olmak şu anlama gelir: Eğer çocuk tam ve eşit haklara sahipse ve kültürün ona sunduğu her şeyden payını alabiliyorsa, o zaman güvende olmak, sizin tavsiyelerinizi almak, başkalarının özgürlüğüne saygı duymak ve kendini kayıp hissettiğinde neye güvenebileceğini bilmek gibi konularda netleşmeye ihtiyacı vardır. Diğer yandan eğer bir çocuk, bireysel özgürlüklerle birlikte ailenin yaşam tarzına uygun belirli sınırlar dahilinde büyütülüyorsa, ailenin nasıl karar aldığı, kendi sosyal hayatının nasıl yürüdüğü, kimin neden sorumlu olduğu ve kendi yolunu nasıl bulabileceği konusunda netleştirilmelidir.

Aile kültürünüz nasıl olursa olsun, bu konuda çocuğunuza karşı dürüst davranın ki, o da güvenli bir şekilde bu modele uyum sağlamayı öğrensin. Savunma mekanizmalarınızı, içtenlikle sevebilme becerinizden ayrı tutarken dürüst davranın. Siz açık ve dürüst olduğunuz sürece, çocuğunuz da hatalarınız karşısında size daha fazla anlayış gösterir.

Yeterince sevilmeme korkusundan kurtulmak

Yaşadığımız en büyük korkulardan biri, yeterince sevilmemek, sevginin bir göstergesi olan bazı şeylerden ve şartlardan mahrum kalmaktır. Bunun nedeni, çocukken kesintili ve koşullu olarak sevgi görmüş olmamız ve insanların koşullu olarak iyilik gördüğü fikrinin tüm kültürümüze nüfuz etmiş olmasıdır. Bu toplumda yetişen bir çocuk, çok fazla ürün ve hizmet alışverişine tanık olur, ama karşılıksız vermeye tanık olmaz. Bu da, ikili ilişkilerde gerilim yaratır: "İyiliğimin karşılığını görebilecek miyim? Bunun bana ne faydası var?" Oysa iyiliklerin her zaman karşılığı vardır, o da vermektir.

Çocukken yeterince ilgi, şefkat ve sevgi görmediyseniz, sevginin mücadeleyle elde edilen bir şey olduğunu öğrenmişsinizdir. Hava benzetmesini yapacak olursak: Eğer koşullu olarak sevgi gördüyseniz, demek ki sevgiye sürekli "soluksuz" kalıyordunuz. Bu yaşadıklarınız, savunma mekanizmalarınızdan ve istediklerinizi elde edemeyeceğinize dair korkularınızdan kurtulmanızı engelleyebilir. Alabilme ve verebilme becerinizi kısıtlar. Zihninizdeki bu korkulu içses o denli yüksek olabilir ki, çocuğunuzla içinde bulunduğunuz anı yaşamakta zorlanabilirsiniz. Oysa, çocuğunuzla birlikte içinde bulunduğunuz ana dönmek, sevgiden mahrum kalmış olmanın zulmünden kurtulmanın en iyi yoludur. Zihninizin size ne söylediğine kulak verin, bunların geçerliliğini değerlendirin ve bu düşüncelere sahip olmadan nasıl bir insan olabileceğinizi keşfedin. Sonra da çocuğunuzla ilgili aklınızdan geçirdiğiniz dersin size herhangi bir faydası olup olamayacağına bakın. Kafanız netleştiğinde de, ilginizi çocuğunuza yönlendirin (S.İ.D.O.T. formülünün S'si ve İ'si).

Tanrı'ya veya kavrayamadığımız o güce sevgi dışında bir yolla ulaşamazsınız. Yaradılış, bir insanı büyütüp olgunlaştırma sorumluluğunu sizin ellerinize bırakmıştır. Bunu yaparken çocuğunuzu kendi yarattığınız bir esere dönüştürmeyin; bu onun kendi varlığının mucizesini yok etmekten başka işe yaramayacaktır. Çocuğunuza saygılı davranın, ebeveyn olarak başka hiçbir kılavuza ihtiyacınız yoktur.

Biz engel olmadıkça sevgimizi dolu dolu ve sınırsız olarak vermemizin önünde hiçbir engel yoktur. Sevginin akışını kontrol altına almak, kapıları kapatıp bir sonraki sefer ne kadar sevgi sunabileceğimize karar vermeye benzer. Sevgiyi kesintisiz sunmak ise iki ucu da açık bırakmaktır. Çocuğunuza bağlılığınız, sizin korkularınızdan daha güçlüyse, sınırlarınızı aşabilirsiniz ve çocuğunuz da gelişebilir.

Kendinize sevgi beslemek (kendini gösterme korkusu)

Sevginizi çocuğunuza kesintisiz olarak aktarabilmek için, öncelikle kendinizi sevmeli ve takdir etmelisiniz. Kendinizi severek başka insanların sizi sevmesini kolaylaştırırsınız ve çocuğunuza verdiğiniz sevgi de artar. Vermek, ancak alacak birisi varsa mümkün olur. Bu nedenle, almak da bir sevgi göstergesidir.

Çocukluklarında sevgiden mahrum kalan veya koşullu olarak sevgi gören insanlar, ebeveyn olduklarında sevgi kapılarını iki yöne birden açmayı başaramazlar. Kendilerini muhtaç hissedip sevgilerini göstermekte zorlanabilirler; sevgiyi hak etmediklerini düşündükleri veya utandıkları için sevilmeyi reddedebilirler. Çocukluklarında koşulsuz sevgi göremeyen yetişkinlerin çoğu, sevginin yerini alabilecek şeylere çok fazla zaman ve para harcarlar; çeşitli yiyecekler, ürünler, TV, başarı ve kendilerini avutabilecek başka şeyler gibi. Kendi değerlerinin farkında olmayan ebeveynler kendilerinden de emin olamazlar ve bu yüzden çocuklarına da net bir şekilde yön göstermekte tereddüt ederler.

Kendinizi düzeltmek ve geçmişin kapılarını kapatmak, çocuğunuza karşı borcunuzdur. Zihninizin sizi nasıl kandırdığını keşfetmek ve kendinizi bu konuda aydınlatabilmek için, bu kitapta önerilen "gözden geçirme" tekniğini kullanın ve kendinizi bu yönde geliştirin. Özsaygınızı yeniden kazanabilmek ve bugünü yaşayabilmek için, bir danışmandan, grup terapisinden, dönüşüm amaçlı etkinliklerden, kitaplardan, sanattan veya size uygun başka bir olanaktan faydalanabilirsiniz. Kendinizi koşulsuz olarak sevmeyi yeniden başardığınızda, sevginizi başkalarına da çok daha rahat gösterebilecek ve hatta sevginizi vererek zenginleştiğinizi anlayacaksınız.

Ebeveynlik, kendinizi tatmin etmekten, başkalarının tatminleriyle mutlu olmaya doğru büyük bir adım atmayı gerektirir. Bu, direnmek yerine o anın size sunduklarını kucaklamaya yönelik bir öğrenme sürecidir. Kendi değerinizden ne kadar çok emin olursanız, kendinize odaklanmaya ve çocuğunuzun tercihlerini reddetmeye o kadar az ihtiyaç duyarsınız. Sahip olduğunuz değere güvenmek ve sevgi görme endişesi duymamak, çocuğunuzu severken sizi özgürleştirir ve onun hayatına yaptığınız katkılardan keyif almanızı sağlar. Başkalarını etkileyerek değer görmeye çalışmaktan veya onların takdirine bağlı kalmaktan bir kez kurtulunca, zor durumlar karşısında, toplum içinde veya anneannenin yanındayken çocuğunuza yönelik davranışlarınızı, ona duyduğunuz sevgi belirler; başkalarını kendinize hayran bırakma endişesi değil.

Çocuklarımızla birlikte yaşamak, olgunlaşmamızı ve kendimizi isteklerimize adamanın ötesine geçmemizi gerektirir, ama kendimizi tatmin etmeye de önem vermeliyiz. Başka bir canlıyı büyütürken, gelişimine ve hayallerini gerçekleştirmesine destek olurken, düşleriniz de doğrudan veya dolaylı olarak gerçekleşmiş gibi olur ama unutmayın ki, çocuğunuzun hayalleri size ait değildir ve sizin gündeminizi bunlar belirlememelidir. Çocuğunuzun hayatına eşlik ederken, siz de beklenmedik şekillerde gelişim göstermeye başlarsınız ve zamanla kendi yolunuzu da bu gelişim doğrultusunda çizersiniz. Bir anne bana annelik sayesinde nasıl kariyer sahibi olduğunu anlatmıştı.

Yeni yürümeye başlayan bir çocuğu ve bir de bebeği olan Dorothy, kariyerini kaybetmekten dolayı üzüldüğü için beni aramıştı. Keman çalmayı, dans etmeyi ve oyunculuğu bırakmıştı. Kendini çocuklarının ihtiyaçlarını karşılamaya adamıştı; onlarla birlikte uyuyor, her ikisini de emziriyor, onları kreşe veya bakıcılara bırakamıyordu. Ayrıca çocuklarına evde eğitim verdirmeyi planlıyordu. Beni aradığı dönemde, sadece haftada bir kez dans derslerine gidebilecek zamanı vardı.

İçinde bulunduğumuz zamana uygun bir şekilde yaşamaktan kaçınmak için genellikle eski ihtiyaçlarımızın arkasına saklanırız. O anda kendisi için istediği şeyin ne olduğunu keşfetmesi için Dorothy'yi zorladım.

"Çocuklarımın keyfini sürmek istiyorum" dedi "ama eski halimi de özlüyorum."

"Eski halini özlemesen çocuklarından daha fazla keyif almaz mıydın?" diye sordum.

"Evet, bu çok rahatlatıcı olurdu" dedi Dorothy hemen. "Bir şeyleri kaçırdığımı düşünmek beni üzüyor. Ama bir şeyleri kaçırmadığımı nasıl bileceğim?"

Dorothy'ye kendini hayatın akışına bırakmasını ve geçmişte sahip olduklarını özlemeyi bırakıp bugüne ilişkin gerçek tutkularını keşfetmesini tavsiye ettim.

Bir sonraki hafta Dorothy arayıp, iş yaparken ve bebek kucağındayken şarkı söylemeye başladığını bildirdi.

Dorothy birkaç yıl sonra şan dersleri almaya ve bir koroda şarkı söylemeye başladı. O güne kadar müzikten hiç bu kadar keyif almamış olduğunu söyledi. Sonra küçük kızı da müzikallere merak sardı ve sonunda anne kız birlikte sahnelere çıkıp şarkı söylemeye, dans etmeye ve oyunculuk yapmaya başladılar.

Onu çok başarılı bulduğumu belirttiğimde Dorothy, "En iyi tarafı da annelik beni pek çok açıdan olgunlaştırdı. Şimdi hayatımın geldiği noktadan çok keyif alıyorum, üstelik hayatın akışına güvenmeyi ve her anın tadını çıkarmayı öğrendim; bu evliliğimi, ilişkilerimi, yaşadıklarımı daha da zenginleştiriyor" dedi.

Buna benzer bir başka hikâye daha:

Oğlunu büyütebilmek için kurulu işinden vazgeçmek zorunda kalan bir baba, parası bittiğinde evden çalışabileceği bir iş kurduğunu çünkü oğlunun hayatının bir parçası olmaktan çok zevk aldığını anlatmıştı. En son konuşmamızda ise, bilgisayar yazılımı alanındaki bu yeni işinin çok iyi gittiğini ve önceki işinden hem çok daha ilginç olduğunu hem de oğlunun da daha 13 yaşında uzman bir programcı haline geldiğini anlattı.

Arkada bıraktıklarımıza üzülmemizin nedeni, sadece geçmişte yaşamaya devam etmemizdir. Şimdiki zamanda sürekli değişim vardır; bunun farkına vardığımızda ve buna dahil olduğumuzda değişim bizi tatmin eder. Karşımıza sürekli yeni fırsatlar çıkar, ama aklımız geçmişe takılıp kalmışsa, karşımıza çıkanları fark etmemiz ve bunlardan keyif almamız pek olası değildir. Bilinmeze doğru gitmek yaşamın doğasında vardır. Geçmişi geride bırakma korkusu, çocuklarımızla birlikte içinde bulunduğumuz günün tadını çıkarmamıza engel olur. Bir kez çocuk sahibi olduğunuz zaman, hayat bir daha asla eskisi gibi olmayacaktır; daha farklı, daha dolu ve sürekli değişim halinde olacaktır. Kendinizi bu akışa yaratıcı bir şekilde bırakır ve değişimden mutluluk duyarsanız, insanoğluna sunulan en keyifli yolculuklardan birinin tadını çıkarabilirsiniz.

Kendinize de bakmalısınız, ama kendinize odaklanmanız gerekmez. Bazı ihtiyaçlarınızı çocuğunuz yanınızdayken ve ilginizi ona yönelterek de karşılayabilirsiniz. Bununla birlikte, çocuğunuza ilgi ve sevgi göstermekten keyif alabilmeniz için kendinize de ilgi göstermelisiniz. Bunu kendiniz için yaparsınız, keyfiniz için. Ebeveynlikten aldığınız keyfi canlı tutabilmek için, kendi başınıza veya bir arkadaşınızla zaman geçirin; kendinize günde sadece on dakika ayırmak bile çocuğunuzun hiç bitmeyen ihtiyaçlarına sinirlenmeden bunlardan keyif almanıza yardımcı olur. Ama en önemlisi, sabırsızlanmanıza veya öfkelenmenize neden olan içsesinizin farkına varmanızdır. Hangi düşüncelerinizin size acı verdiğini ve hangilerinin çocuğunuzu sevip onunla birlikte yaşamanızı keyifli bir hale getirdiğini keşfedin.

Hoşnutluk, hazır olmanın sonucudur; o anda bahçeyle ilgilenmeyi isterken çocuğunuza kitap okuyorsanız, her ikinizi de bu keyiften mahrum bırakırsınız. Anın tadını çıkarmanızı engelleyen tek şey düşüncelerinizdir. Ya bahçeyle ilgilenmek için çocuğunuzu da yanınızda dışarı çıkarın ya da önce ona kitap okuyun ve bahçeyi düşünmeyi sonraya bırakın. Anın tadını çıkarın; çocuğunuza duyduğunuz sevgi ve hayranlığı dolu dolu yaşayın. Aklınız bahçedeyken bunu kaçırırsınız.

Ebeveynler genellikle, çocuklarıyla ilgilenirken bir gün sıkıntı çektiklerini ama ertesi gün aynı şeyleri yaparken bundan çok keyif aldıklarını anlatırlar. Aradaki fark, nerede olmayı tercih ettiğinizle ilgilidir. Diğer bir deyişle, çocuğunuzla birlikte zaman geçirirken sıkıntılı olabilirsiniz (başka bir yerde olmayı istersiniz) veya onun yanındayken çok mutlu olabilirsiniz. Sizi içinde bulunduğunuz andan uzaklaştıran düşüncelerinizi tespit etmek, bunları bir yere yazmak ve sizi nasıl etkilediklerini keşfetmek, hazır olmanıza yardımcı olur.

Ebeveynlerin çoğu, ebeveynliğe tam hazır haldeyken ebeveyn olmazlar. Bunu "yaşayarak" öğreniriz ve bu gerçek de, ebeveynliğin değer vermeyi öğrendiğimiz bir başka yönüdür. Çocuğunuzu kendi sınırlarınıza göre şekillendirmeye çalışıp bu "yolculuk"tan mahrum kalmayın; çocuklarınızla birlikte yaşamak size o sınırları aşma fırsatı verir ve böylece daha sevgi dolu olursunuz.

Bir telefon seansı esnasında Robin böyle bir tercih yaptığını anlatmıştı:

8 yaşındaki Ayla, bir yandan hoplayıp zıplarken bir yandan da hiç durmadan konuşup kelimeleri ve cümleleri tekrarlama huyu edinmişti. Annesi Robin buna dayanamıyordu ve sürekli olarak kızının bu neşeli gevezeliğini susturmaya çalışıyordu.

Robin'e, kızını susturmak istediği anlarda ne hissettiğini sordum.

"Rahatsız oluyorum ve dayanamıyorum. Sessizlik istiyorum. Yalnız kalmak istiyorum."

Robin, ihtiyacının gerçek ve doğru olduğundan emindi; kızının, annesinin hatırı için susmayı öğrenmesi gerektiğine inanıyordu. Kızını kontrol edebilmek için ona yol göstermemi istiyordu.

"Ayla'nın davranışları seni rahatsız ediyor. Onu sınırlandırmak istediğine emin misin?" diye sordum. "Yoksa, kendini bu rahatsızlık duygusundan kurtarıp, kızını dinleme ve onunla mutlu olma özgürlüğünü mü kazanmak istersin?" diye sordum.

"Tabii ki özgür olmayı isterim. Şu anda onu durdurma güdümü kontrol edemiyorum. Hiç yolu yok. İçsesim beni onu durdurmaya zorluyor. Ama bu bir işe yaramıyor. Bana güceniyor ve ben de kendimi suçlu hissediyorum ve aramızdaki bağın koptuğunu düşünüyorum" dedi Robin.

"Kendini içsesine teslim edip çocuğunu susturduğunda, neden korunmuş oluyorsun?" diye sordum. "Konuşmaya devam etse, kendini nasıl hissederdin?"

Robin'in sesi titremeye başladı. "Bunun ne olduğunu bilmiyorum. Sadece ağladığımı biliyorum."

"Evet" dedim, "anlıyorum. Üzülüyorsun."

"Annem hep kendisinden uzak durmamı isterdi. Benden kurtulmak isterdi. Kendimi baş belası gibi hissederdim. Ben de onun gibi oldum. Ben de Ayla için aynısını hissediyorum. Anne olmak istemiyorum. Ama bir yandan da bunu istiyorum. Onu seviyorum" dedi Robin.

"Anne olmayı istemek mi istiyorsun?"

"Evet, ama anne olduğum için kaçmak da istiyorum."

"Çocukluğundaki yalnızlığını yeniden yaşamaktan mı korkuyorsun?

"Evet" diye yanıtladı Robin. "Annemin beni reddettiği anlardaki acıdan. Çocuğumu eski acılarımdan korunabilmek için susturduğumu hiç düşünmemiştim. Şimdi büyümek veya çocuğumu sınırlamak arasında bir seçim yapmak zorundayım." Güldü. "Aslında onu kendi ihtiyaçlarımı karşılamaya ve benim sınırlarıma uymaya zorluyorum. Evet, Ayla'nın gevezelikleriyle mutlu olabilmeyi ve o eski acılarımdan kurtulabilmeyi çok isterdim."

"Annenin seni reddetmesinden kaynaklanan acı veren düşünceleri daha sonra gözden geçirebilirsin" diye tavsiye ettim. "Aslında sen kızını reddetmiyorsun ve muhtemelen annen de aynı durumdaydı. Ama şimdilik Ayla'yla ilgili acı veren düşüncelerine odaklanalım.

İçindeki ses sana 'Buna dayanamıyorum, susması gerek' dediğinde, bir dakika durup bu sesin sana ne dediğini bir düşün; bunu bir yere not et ve gözden geçir. Gerçekten kızını susturmak mı istiyorsun?"

"Hayır, onun özgür olmasını istiyorum."

"Eğer aklından rahatsız olduğuna dair bir düşünce geçmese, o böyle gevezelik ettiğinde nasıl hissedebileceğini hayal edebilir misin?"

"Bilmiyorum. O böyle davrandığında hep bu şekilde düşünüyorum."

"Diyelim ki başardın. Kızın artık söz dinliyor ve her şeyi tekrarlamayı bıraktı. Nasıl hissederdin?"

"Aman Tanrım, berbat! Ah, anlıyorum... yani onun bana rahatsızlık verdiğini düşünmesem, kendisi gibi, özgür, cıvıl cıvıl, mutlu ve kendini ifade edebilen bir çocuk olmasını isterdim."

"Kendi düşüncelerinden kurtulduğunda, o da özgür olabilecek."

"Evet. İşte bu. O düşünceler olmadığında, kızımı seviyorum."

"Kızının gevezelik yapmaması gerektiğine dair düşüncelerinin aslında sana bir ders verdiğini görebiliyor musun?"

"Ah evet. Tekrarlayıp duran içsesimi bir susturabilirsem daha mutlu olacağım. Evet! O sadece olduğu gibi davranıyor ve ben onu böyle de sevebilirim."

Sınırlarınız, sevginizin ve vericiliğinizin önüne geçtiğinde, kendinizi özgürleştirme fırsatınız vardır. Kendinizi, duygusal zindanınızdan kurtaracak kadar sevebilir misiniz? Tıpkı tüm korkularına rağmen harekete geçmesi için çocuğunuzu desteklediğiniz gibi, bunu kendiniz için de yapabilirsiniz. Sevginizi, geçmişteki acılarınızın üzerinde gördüğünüzde, çocuğunuz da aynısını kendisi için yapacaktır.

Daha toleranslı olmak demek, fedakârlık yapmanız ve ihtiyaçlarınızı sürekli olarak çocuğunuza göre şekillendirmeniz anlamına gelmez. İhtiyaçlar ile sınırları ayrıştırmayı öğrendiğiniz anlamına gelir. Kendinizi çocuğunuzu kontrol etme veya kaçma ihtiyacı içinde bulursanız, bu düşüncelerinizi sevgiyle gözden geçirin, ama bunların davranışlarınızı yönlendirmesine izin vermeyin. Düşüncelerinizin, çocuğunuz ve kendiniz için geçerli olup olmadığını anlayabilmek için bir danışmandan veya bir arkadaşınızdan yardım isteyin. Çocuğunuz duygusal sınırlarınıza teslim olduğunuzu gördüğünde, kendini sevmeyi de öğrenemez, bunun yerine zayıflığı ve korkuyu öğrenir. Sizin sınırlarınız doğrultusunda hareket ettiği sürece, kendi duygularından ve başka insanların duygularından korkmayı öğrenir. Çocuğunuz sizden anlayış gördüğü ve kendinize güçlü bir şekilde bakabildiğinizi gözlemlediği zaman, sizin ihtiyaçlarınıza karşı düşünceli, nazik ve verici bir insan olmayı öğrenir.

Sevgi bağıyla bağlanmak, "sevginin" size bir başkası tarafından sunulmasından bağımsız bir şeydir. Hayatınızda sizi besleyen bir yetişkin ilişkisi olması bir zorunluluk değildir ama bir lütuftur. Önemli olan kendinizle olan ilişkinizdir. Mevcut zamanı yaşamak ve kendinizi takdir etmek duygusal tatmin sağlar; böylece çocuğunuza da olduğu haliyle değer verebilirsiniz ve onun büyümesini izlemekten büyük bir keyif duyarsınız.

Kendinizi sevdiğiniz zaman, size sevgi gösterme yükünü de çocuğunuzun omuzlarından almış olursunuz. Çocuğunuzun varoluş nedeni, sizi sevmek, minnet duymak veya sizin hayallerinizi gerçekleştirmek değildir. Onun varlığı doğal olarak hayatınızı zenginleştirir, hayatınıza sevgi ve anlam katar ve bir yön verir, ama çocuğunuzla aranızdaki ilişkiyi bu tür beklentiler üzerine kuramazsınız. Çocuğunuzun karşılamasını istediğiniz bir beklentiniz varsa, onun ihtiyacını değil kendi ihtiyacınızı karşılıyorsunuz demektir.

Bazı ebeveynler, çocuklarına ilgi göstermeyi, kendi hayallerini gerçekleştirmek için onun hayatını kullanmakla karıştırırlar. Bir başkasının ihtiyaçlarına odaklanmak demek, onun kendi yolunda gidebilmesi için gereken her şeyi ona sunmak demektir; onun yolunu kendi hayalleriniz için kullanmak demek değildir. Çocuğunuza ilgi gösterirken kendinize değil, sadece ona odaklanın; çocuğunuza olanaklar sunmayı, kendinizle ilgilenmekten ayrı tutun.

Çocuğunuzun yolculuğuna eşlik etmek çok eğlenceli olabilir, özellikle de sizinle ilgili olmadığı için. Kendinizi bu yolculuğa "bıraktığınızda", zihninizdeki seslerden kurtulup anı yaşayabilirsiniz. Kendi yarattığınız gündemden kurtulduğunuz zaman, bu büyüleyici yolculuk önünüze açılır, tıpkı daha önce görmediğiniz bir yere doğru yolculuk etmek gibi. Çocuğunuz kendi yolunda giderken ona eşlik etmek aslında gerçekten yeni bir kıtaya seyahat etmek gibidir; doğanın sizi içinde bulunduğunuz ana geri getirme şeklidir.

Ebeveynlerimizi memnun etmek

Siz de pek çok insan gibi, takdir kazanmaya şartlanmışsanız, ebeveynlik tarzınızı, kendi ebeveynlerinizin veya başkalarının beklentilerine göre davranma ihtiyacınız üzerine kurmuş olabilirsiniz. Böyle bir etki alanında dahi olsanız, kendi kendinize veya profesyonel yardım alarak özsaygınızı yeniden kazanıp, çocuğunuzla kendi imajınızı veya ebeveynlerinizi düşünmeden ilgilenebilirsiniz. Çocuğunuzu sevmek demek, bir ebeveyn olarak yarattığınız izlenimler uğruna çocuğunuzun ihtiyaçlarından feragat etmemek demektir. Çalışma gruplarımdan birinde bir anne bu konuyla ilgili deneyimini paylaşmıştı:

4 yaşındaki Nathan hâlâ bezle geziyordu. Ebeveynleri ona güveniyorlardı ve bunu mesele haline getirmiyorlardı.

Lily Teyze ziyarete geldiğinde, bu konudaki endişesini dile getirdi ve Nathan'la tuvaleti kullanma konusunda konuşmaya başladı. Bir sabah ona, "Tuvaleti kullanıp bezlenmeden giyinirsen, seni parka götüreceğim" dedi. Nathan, teyzesinden uzaklaştı ve birlikte dışarı çıkmayı reddetti.

Lily Teyze çocuğa doğru yürüyüp, "Haydi ama bunu yapabilirsin. Çok eğleneceğiz ve dönüşte sana şeker de alacağım" dedi.

Her ne kadar Lily'nin yönlendirici tavrını onaylamasa da Nathan'ın annesi Martha, "Sorun yok Nathan, bunu deneyebilirsin. Belki bu bezsiz dışarı çıkmak için iyi bir zamandır, üstelik çok da eğleneceksin" dedi.

Nathan donup kalmıştı. Annesinin kendi tarafını tutmaması kafasının karışmasına ve kendini çaresiz hissetmesine neden olmuştu.

"Eee?" dedi Lily Teyze.

Nathan, destek alacağını umarak tekrar annesine baktı. Sonra ağlayarak odasına kaçtı.

Martha'nın kendine güvenmemesi, çocuğunun ihtiyacıyla çelişmesine neden olmuştu. Kendine en fazla güvenen kişiler bile bazen aileden birini veya hatta yabancı birini memnun etme tuzağına düşebilirler. Bu yüzden kendinizi suçlu hissetmeniz gerekmez, ama bu gibi durumların farkına varmanızda da fayda vardır; böylece önceliklerinizden fedakârlık etmek zorunda kaldığınız durumlar yaşamazsınız. Martha yaptığını fark etti ve tavrını değiştirdi.

Nathan koşarak odasından çıktı ve annesine vurmaya başladı.

"Ah, vurmuyoruz ama" dedi Lily Teyze ama Martha susması için ona işaret etti ve Nathan'a, "Kendinle ilgili kararları kendin almak istediğin için mi üzüldün?" diye sordu.

Çocuk "Evet, evet" dedi. Annesine vurmayı bırakıp kendini yere attı.

"Tercihlerini kendin mi yapmak isterdin?" diye sordu Martha ve şefkatle oğluna dokundu.

Nathan tekmelemeyi bırakıp, "Evet, sen beni sevmiyorsun, senden nefret ediyorum anne!" dedi.

"Lily Teyze, bezlenmezsen onunla birlikte dışarı çıkabileceğini söylediğinde, ona bu konuda seni zorlamamasını söylememi isterdin, öyle değil mi?"

"Evet, sen BENİM annemsin, onun değil" diye hıçkırdı Nathan.

"Haklısın ve istediğin sürece bezle dolaşabilirsin. Kendi bedeninle ilgili kararları senin verdiğini Lily'ye söyleyeceğim."

Lily'ye döndü ve "Nathan'ın kendi kararlarını kendisi vermesi gerekiyor" dedi.

"Peki tamam" dedi Lily, "haydi yine de yürüyüşe çıkalım ve şeker alalım."

"Gitmek istemiyorum" dedi Nathan.

Sonra üçü birlikte öğleden sonrası için yeni planlar yaptılar.

Çocuğumuzu sevmek demek, başkaları üzerinde bıraktığımız izlenimleri umursamadan onun yanında olmak demektir. Bir ebeveyn olarak çocuğunuzun onurunu ve mutluluğunu korumak sizin görevinizdir. Çocuğunuzu onurlandığınızda, diğer insanları da esinlendirebilecek yeni bir yaklaşımı onlara da göstermiş olacaksınız.

Tutarlı olmak

Ebeveynler genellikle çocuklarına verdikleri tepkilerde tutarlı olmaları gerektiğini düşünürler. Tutarlı olmak adına da bazen çocuklarını kırabilecek veya öfkelenmesine, hayal kırıklığına uğramasına neden olacak şeyler yaparlar çünkü tutarsız davranırlarsa çocuğun kafasının karışacağından korkarlar. Oysa tutarlı olması gereken tek şey sevgidir. Davranışlarınız sevginizle tutarlı değilse, çocuğunuzun kafası sadece karışmakla kalmaz, aynı zamanda incinir ve yanlış bir şekilde yönlenmiş olur. Ve siz de sevgi dolu benliğinizden uzaklaşmış olursunuz.

Sevginizi değil, kuralları değiştirin; davranışlarınıza yön veren tek tutarlı rehber sevginiz olmalıdır. Kendinize şunu sorun: "Çocuğum ona olan sevgimi hissediyor mu? Onu azarladığımda, odasını temizlemeye, ödevini bitirmeye, yemeğini yemeye zorladığımda, ona duyduğum sevgiyle mi hareket ediyorum?" Eğer çocuğunuz sizin sözünüzü dinleyip, incinmiş bir halde ve kendini değersiz hissederek odasını temizliyorsa, odasının temiz olması tüm bunlara değer mi? Eğer ödevlerini yapıyor veya evdeki eğitimini sürdürüyor ve iyi notlar alıyorsa ama bu arada sevginize güvenmiyorsa, akademik başarılarının bir değeri var mı? Bir insanı sevmekten ve sevginizden hiçbir şüphe duymamasından daha önemli bir şey var mı?

PENCERE

İşe gitmek için hazırlanıyordum
Yapacağım konuşmaya.
Notlarımı çantama koyuyordum ki
Pencereden
O top girdi
Ve camlar etrafa saçıldı
Milyonlarca küçük bıçak
Tüm odaya dağıldı.
O anda
İçimdeki öfke kabardı ve
Asla düzenli kalamayan bu eve

Duyduğum kızgınlık.
Pencereyi tamir ettirme masrafı
Camın yerini alacak
Mukavva veya kontrplakla
Bir süre yaşama zorunluluğu
Cam parçacıklarını temizleme düşüncesi
Ve üstelik toplantıma gecikeceğim fikriyle
Öfkem daha da arttı.

Dört yaşındaki ufacık ayaklarını
Duyunca merdivenlerden çıkan
Küçücük kolunu görünce
Kapıyı açan
Gözlerini bana doğru kaldırınca
Nemli, araştıran,
O anda değişti her şey
Seni kollarıma aldım,
“Canın yandı mı,
O sadece bir pencere
değiştirilebilir.
Canın yanmadı ya
Önemli olan bu benim için.
O sadece bir cam
Sen benim oğlumsun.
Seni seviyorum.
Haydi süpürgeyi alalım.”[3]

Bruce Linton

Bana genellikle şu soruluyor: “Çocuklarımızın duygularını korumak için hep ‘bıçak sırtında mı’ yürümeliyiz, çocuklar bu kadar kırılgan mı?” Benim cevabım ise şöyle oluyor: “Hayır, sadece sevgiyle hareket etmeliyiz.”

Çocuklar sevgimizden emin oldukları ve kendilerini tam olarak

3. Bruce Linton, Ph.D. “The Window” adlı şiir, *Wife, Son, Daughter: A Father's Poems* (Fathers Forum Press, Berkeley, CA, 1995; ISBN0964944138) adlı kitaptan izinle alınmıştır.

ifade edebildikleri sürece, zor zamanlara katlanabilir ve zorluklarla başa çıkabilirler. Onların ayakları altına sereceğiniz sevgi halısı üzerinde yürüdükleri zaman, sağlam dururlar ve her şeyle baş edebilirler.

3. bölüm

Kendini ifade etmek

Çocuğunuzun duygusal patlamaları

Gözyaşı dökmek, gülmek, duyguları ve düşünceleri kelimelerle ifade etmek tamamen insanlara özgü davranışlardır. Aklımızdakileri ifade ederek duygusal sağlığımızı koruruz ve hayatımıza devam etme özgürlüğünü kazanırız. Her ne kadar bazı insanlar zihinlerinden geçenleri susturup hayatlarına devam etmeyi başarabilseler de, çoğumuz sanki tüm varlığımız zihnimizden geçenlermiş gibi yaşarız; zihnimizin tepkileriyle ve incinmelerle baş edebilmek için bazı araçlara ihtiyaç duyarız. Kendimizi ifade etmek aynı zamanda sevdiğimiz insanlarla iletişim kurmamızı da sağlar. Çocuklar ise sadece duygusal gelişimlerini korumak için kendilerini ifade etmezler; bu yolla aynı zamanda zihinsel ve sosyal gelişimlerini de sağlarlar.

Bir çocuğun duygularını ifade etmesini engellemek, hissetmesini engellemez, sadece ifade ediliş şeklini engeller. Çocuk kendini tam olarak ifade etme konusunda güvensiz ve aciz hissederse, duyguları onu sıkıntıya sokacak kadar birikir. Bu durum da, saldırganlık, depresyon, tikler, zorlanma, öğrenme zorlukları, uyku düzensizlikleri gibi pek çok fiziksel, davranışsal ve gelişimsel tepkiye yol açar.

Çoğumuz, çocuklarımızın gülerek, yaratıcı ve hoş yöntemlerle kendilerini ifade etmelerinden keyif alırız, hatta bunu teşvik ederiz. Bununla birlikte çocuğumuz acı, öfke, kıskançlık, yalnızlık, hayal kırıklığı veya keder hissettiğinde ise, duygularını sağlıklı bir şekilde ortaya çıkarmasını engellemeye çalışırız; dolayısıyla da gelişimini engellemiş ve duygusal sağlığını olumsuz etkilemiş oluruz. Durumu düzeltmek için yollar ararken, çocuğumuzun duygularını ifade etme ihtiyacını fark edemeyiz. Çocuğunuz sıyrılan bir diz, iptal edilen bir ziyaret, kırıcı bir söz veya hayal kırıklığı gibi küçük olaylarda gözyaşlarıyla veya öfkeyle tepki verse bile sizin bu duruma bir çözüm bulmanız gerekmez. Olayı dramatik hale getirmekten ve çocuğun tepkisini daha da artıracak şekilde davranmaktan kaçınmak gerekir. Onu sakin bir şekilde dinleyebilir, duygularını onaylayabilir ve kendisi gibi davranmasına izin verebilirsiniz. Böylece duygularıyla başa çıkmayı öğrenebilir.

Çocuğunuzu tam olarak dinlediğinizde, sıradan duygusal incinmeleri çok hızlı bir şekilde atlatır. Duygularını ya çok hafif bir şekilde ifade edebilir ya da şiddetli bir öfke nöbeti geçirebilir. Ne şekilde ifade edersen etsin, duygularının ilgili ve sevgi dolu ebeveynler/yetişkinler tarafından anlaşıldığını bildiği zaman, gözyaşları ve öfkesi sanki hiçbir şey olmamış gibi diner ve oyununa devam eder. Zihin çocuk üzerinde, yetişkinlerde olduğu gibi büyük bir hâkimiyete sahip değildir; duygularını ifade etmesini engellemediğimiz veya kendi tepkilerimizi olaya eklemediğimiz sürece, çocuk rahatlıkla hayatına devam eder.

Destekleyici bir şekilde onu dinlemenize rağmen, çocuğunuz öfkesini ifade etmeye devam ediyorsa ki, bu nadir bir durumdur, o zaman mevcut olayın ona eskiden olmuş ve zamanında yeterince ilgi göstermediğiniz, acı veren olayları hatırlattığını varsayabilirsiniz. Böyle bir durumda sizin varlığınızda güven bulmaktadır ve eski acılarını bünyesinden atabilmek için ilginizi kullanmaktadır. Daha çok ağlayacak veya öfkelenecektir, ama sizin onu ilgiyle dinlemeniz sayesinde bunu atlatacaktır. Bu bölümde, çocukların geçmişteki acılarını ortaya çıkarmak için mevcut bir olayı nasıl kullandıklarına dair örnekler bulacaksınız.

Çocuğunuzun zihninde duygular yaratmaktan kaçının. Olanlar karşısında kendi tepkilerini değerlendirmesine fırsat verin. Herhangi bir durum karşısında çocuğunuz henüz tepkisini ortaya koymadan, "Ah bu çok üzücü" veya "Üzülmüş olmalısın" gibi ifadelerin ona bir faydası dokunmaz. Sizin yorumunuzu benimseyebilir ve belki de hayatı boyunca olaylar karşısında böyle bir tavır takınabilir. Çocuğunuza güvenin. Duygularını ifade etmek istiyorsa edecektir; istemiyorsa etmeyecektir. Onun duygularını ifade etmesine veya etmemesine siz karar vermemeli veya buna neden olmamalısınız. İfade etmemesi veya nasıl edeceği tamamen çocuğumuza özgüdür. Yaşadığı bir olayı umursamıyor ve hayatına devam edebiliyorsa, ona üzülmeyi öğretmeyin. Eğer kendini ifade ediyor ve ağlıyorsa, olayı daha dramatik hale getirmeden duygularını onaylayın. Çocuklar genellikle kendilerini kısa ve öz bir şekilde ifade ederler ve işleri biter; onların durmalarına izin vermek veya hikâyelerini daha da dramatik hale getirip süreci uzatmak bize kalmış bir şeydir.

Bir danışman olarak, çocukların olayları ne kadar hızlı atlatabildiklerine dair çeşitli hikâyeler duyuyorum. 1. Bölüm'de yer alan hikâyede, Orna'nın yüzme havuzundan çıkmak zorunda kalınca nasıl üzüldüğünü, ama sonra bunu nasıl çabuk atlattığını okumuştunuz. Annesi onu dinlendiğinde ve yaşadıklarını onayladığında, mevcut durumu kabullenmeye nasıl hazır olduğunu görmüştünüz. Ebeveynler kendi endişelerini ortaya koyduklarında, çocuk bu duyguları bir dram halinde onlara geri yansıtır. Ebeveynler, öfke nöbetinin veya üzüntünün serbestçe gelip geçmesine izin vermeyi öğrendikleri zaman, çocuğun bunu rahatlıkla atlatabilmesine şaşırırlar.

Tamara beni arayıp, kızı Sarah'nın sürekli tekrarlanan öfkesine nasıl tepki vermesi gerektiğini danışmıştı. "Kule yıkılınca ağlıyor, muz kopunca bağırıyor. Her şey onu çok kızdırıyor."

Tamara'ya bu gibi durumlarda nasıl tepki verdiğini sordum.

"Hemen durumu düzeltmeye çalışıyorum. Ona yeni bir muz veriyorum, kulesini yeniden yapıyorum veya onu teselli edecek bir yol buluyorum" dedi.

"Her şey kızını gerçekten bu kadar altüst ediyor mu?" diye sordum.

"Öyle görünüyor" dedi Tamara.

"Evet. Bu gibi durumları atlatamayacağını düşünüyorsun ve bu düşüncene inanıyorsun. Peki kendi kendine atlatamayacağından ve her şeyi seni düzeltmeni isteyip istemediğinden emin misin?"

"Hayır."

"Herhangi bir durumla başa çıkamayacağını düşünüp onun yardımına koştuğunda, sen ne hissediyorsun?"

"Ah anlıyorum" dedi kahkahalara boğularak. "Onun öfkesiyle

başa çıkamayacağını hisseden benim aslında. Her şeyden altüst olan benim. Onun başına gelen her şey beni çok üzüyor. Panikliyorum. Her şeyi kendim için düzeltmek istiyorum."

Tamara tepkilerinin çocuğuyla değil kendisiyle ilgili olduğunu anladığında, yardıma ihtiyaç duyan kişinin kızı olmadığını da anladı. Kızının kendi gücünü keşfedebilmesi için o kulenin yıkılması gerektiğini; bir ziyaret iptal edildiğinde veya yerine yenisi konamayacak bir muz koptuğunda çocuğun ağlayabileceğini ve kendisi bunu büyük bir olay haline getirmese, çocuğun aslında o durumu güçlü bir şekilde atlatabileceğini, o durum karşısında bir şeyler hissedebileceğini, bunları ifade edebileceğini ve hayatına devam edebileceğini anladı.

Sarah'nın kendisini çaresiz hissetmesinin ve en ufak bir aksilik karşısında patlamasının asıl nedeni, Tamara'nın onun üzüntüsüne engel olma çabasıydı. Çocuk, ne kadar önemsiz olursa olsun her olayı, duygularını tam olarak yaşayabilmek için kullanıyordu. Yardımına koşulduğunda da kendini çaresiz hissediyordu, amacını gerçekleştiremiyordu. Zorlukları yaşayarak atlatabilirse, kendini güçlü hissedecekti.

Ertesi hafta Tamara büyük bir iş başarmıştı; Sarah resim yaparken bir bardak su resmin üzerine dökülmüş ve her şeyi mahvetmişti. Sarah çığlık atmış ve Tamara da bardağı kaldırıp çocuğu teselli edecek bir şey yapmaya kalktığı anda, onu bu çıkmazdan kurtarmak yerine Sarah'ya ilgi göstermesi gerektiğini hatırlamıştı. Tamara kızına kulak verdi ve onu onayladı.

"Bu benim en güzel resmimdi" diye bağırmış Sarah ve tekmeler atarak, bağırarak kendini kanepenin üzerine atmış.

"Resminin kurumasını istiyorsun" demiş Tamara ve kızının yanına oturmuş.

"Evet, önceki gibi olmasını istiyorum. Neredeyse bitirmek üzereydim."

"Bu kadar güzel bir resmi bir daha yapamayacağından mı endişeleniyorsun?" diye sormuş Tamara.

"Bunun gibisini yapamam" derken Sarah'ın çığlıkları hıçkırmaya dönmüş. Tamara, Sarah'ya sarılmayı teklif etmiş. O bunu reddetmiş ve hıçkırmaya devam etmiş, ama sonra yavaş yavaş annesine sokulmuş.

Birkaç dakika daha ağlamaya devam ettikten sonra susmuş. Tamara bir şey dememiş, ama çocuğuna ilgi göstermiş.

"Sarah'nın düşünmekte olduğunu görebiliyordum ve sakinleşmiş görünüyordu" diye anlattı Tamara. Bir dakika kadar derin derin düşündükten sonra Sarah ayağa kalkmış ve bebeğiyle oynamaya gitmiş. Hatta o gün tekrar resim bile yapmış ve eseri karşısında heyecan duymuş.

Tamara, Sarah için gerçekleri değiştirmeye çalışmak yerine onun gerçeklerle yüzleşebilmesine destek olup büyük bir adım atmıştı. Sarah'yı içinde bulunduğu durumdan çekip çıkarmak yerine, onun yaşadıklarını paylaşmış ve onaylamıştı. "Boş ver, yenisini yaparsın" diyerek kızının duygularını inkâr etmek yerine, ona kulak vermiş ve Sarah'nın endişelerini onaylamıştı. Geçerli duygular gerçekler demek değildir. Sarah bundan sonra duygularını yadsıyarak değil, kaybettikleriyle barış içinde olarak yeniden resim yapabilecek. Duygularını ifade etme özgürlüğünü elde edince, rahatlıkla hayatına devam edebilecek. Mutluluğu gerçeklerle barışık olduğumuz zaman hissedebiliriz; gerçeklere karşı çıkarak veya olayların telafi edilmesini bekleyerek değil. Bir çocuk tercih yapabilme gücüne sahipse, halinden hoşnut olmayı da öğrenir.

Bizim varlığımızla huzur bulan bir çocuk, yoğun duygular yaşamanın insan olmanın bir parçası olduğu sonucuna varır. Duygularıyla barışık bir çocuk iç huzuru bulur; zorluklardan ve bunların getirdiği duygulardan korkmasına gerek olmadığını bilir. Bu deneyimlerden geçmeye hazırdır, bunları güçlü ve sorumlu bir şekilde çözümler. Fırtına geçtikten sonra da net ve etkin bir şekilde davranabilir. Geriye baktığında kendini, zihninin ona anlattığı olumsuz "hikâyeler"e aldırmayıp çok daha güçlü hisseder; tıpkı 12 yaşındaki Luke'un yaptığı gibi:

Luke bir aile toplantısı nedeniyle bizim evdeydi. Bir önceki akşam ikimiz zihin, düşüncelerin nasıl oluştuğu, bunlara nasıl itaat ettiğimiz ve istemediğimiz şeyleri yaptığımız konusunda sohbet etmiştik.

Luke ve erkek kardeşi Timmy mutfak masasında oturuyorlardı. Bir anda ikisi birden piyanonun başına koştular ve birbirlerini piyanonun taburesinden iterek bağrışmaya başladılar.

"Şimdi ben çalacağım dedim; ben bunu söyler söylemez sen hemen piyanoya koşup yerini aldın. Sıra bendeydi" dedi Timmy.

"Sen söylemeden önce zaten ben çalacaktım" diye cevap verdi Luke.

"Hayır, dediğim gibi sen hemen koştun. Hâlâ yemek yiyordun aslında."

"İlkönce benim aklıma geldi, o yüzden sen konuşurken piyanonun başına ilk ben geldim."

Sonra Luke birdenbire piyanonun başından kalktı. Diğer odaya giderken beni gördü. Gülümsedi ve "Kendimi yakaladım. Timmy'nin canını sıkmam için zihnimden geçen o aptal düşünce yüzünden oldu. Aslında gerçekten piyano çalmak istemiyordum" dedi.

Bu kadar genç yaştaki bir çocuğun dürüst düşünceleri kendi özbenliğinden ayırt edebilmesi az rastlanır bir durumdur. Böyle bir özfarkındalığı, çocuğunuza örnek olarak ve ona uyum göstererek teşvik edebilirsiniz, onun kendini ifade etme şekline karşı çıkarak değil.

Hissetme cesareti

Ağlayan veya öfkeli bir çocuğa ilgi gösterirken, kendinizi rahatsız hissedebilirsiniz ve hatta panikleyebilirsiniz. Çocuğunuzun o durumla baş edebilme becerisinin çok üzerinde acı çektiğini düşünebilirsiniz. Oysa bu algınız tamamen sizin rahatsızlığınızla ilgilidir. Yani çocuğunuzu üzüntüsünden veya öfkesinden kurtarma, yaşadığı hayal kırıklığını teselli etme, içinde bulunduğu durumun önemini hafifletme çabanız, tamamen kendi endişelerinize karşı bir tepkidir, çocuğunuzun endişesine değil. Bu davranışınız, onun duygusal anlamda güçlü olma ve zorlukları çözebilme becerisine yardımcı olmaz. Yaşadığı duygusal fırtınaları kontrol altına alabilecekse bunları yaşaması gerekir.

Çocuğunuzun tatsız duygularını ifade etmesini engellemek istediğinizde, amacınızın ne olduğunu kendinize sorun. Onun her zaman mutlu olmasını istiyor olabilirsiniz çünkü çektiği acı sizi rahatsız edebilir ve onun için de aynısının geçerli olduğunu düşünebilirsiniz. Toplum içindeyken bir "olay" yaşandığında, bir ebeveyn olarak "iyi görünme" endişesi duyabilirsiniz. Çocuğunuzu durdurma ihtiyacı hissetmenizin nedeni, aceleniz olması veya onun patlaması yüzünden şaşkına dönmüş bir haldeyken kafanızı netleştirme ihtiyacı duymanız olabilir. Ancak, çektiği acıyı ifade etmesini engellediğinizde, çocuğunuz kendini şaşkın ve yalnız hissederek acısını içine gömer. Bu arada siz de aranızda güçlü bir bağ kurma ve çocuğunuzun üzüntüsünün nedenlerini öğrenme fırsatını kaçırmış olursunuz. Bu durumda sadece duygularından kaçmayı ve onları başkalarından saklamayı öğrenir; rahatsızlık veren durumlar karşısında zayıf olduğuna dair bir duygu geliştirir. Aslında tüm iyi niyetlerimize rağmen çoğumuz çocuklarımıza, acı veren duyguların korkutucu olduğunu ve bunlardan kaçınmak gerektiğini öğretiriz.

Bazı ebeveynler, çocuklarının duygularını ifade etmeleri konusunda herhangi bir sorunları olmadığını ve çocuklarının istedikleri gibi öfkelenmelerine izin verdiklerini söylerler. Oysa benim burada önerdiğim bu değil. Kayıtsız olmak ve çocuğun bahanelerini göz ardı etmek, sevgi ve ilgi göstermekle aynı şey değildir. Çocuğunuz kendini şiddetli bir şekilde ifade ederken "soğukkanlı" kalıyorsanız, çocuğunuzun yanında değilsiniz ve duygularınızı bastırıyorsunuz demektir. Bunun sonucu, ona engel olmakla aynıdır, çünkü sizin kayıtsızlığınız ona duygularını ifade etmemesi gerektiğini anlatır.

Çocukları yaşadıkları duygusal kargaşadan uzaklaştırmanın ne kadar etkisiz olduğunu daha iyi kavrayabilmek için, annenizin ölmek üzere olduğunu veya eşinizin size boşanma davası açtığını öğrendiğinizi hayal edin. Çaresizlik içinde, konuşmak, ağlamak ve öfkenizi dışa vurabilmek ihtiyacıyla bir arkadaşınızın desteğini istersiniz. Siz duygularınızı henüz anlatmaya başlamışken, arkadaşınız tavsiyelerde bulunsa veya "Haydi sinemaya gidelim, böylece aklını dağıtabilirsin" diyerek sizi avutmaya çalışsa, onun çalan telefonları veya araya giren başka şeyleri umursamadan size odaklanmasını ve ilgiyle dinlemesini istersiniz.

Çocuklar da aynı ihtiyaçları duyarlar. Eğer siz çocukken yaşadığınız duygusal kargaşalardan çeşitli tesellilerle "kurtarıldıysanız" veya kendinizi ifade etme konusunda güvensizlik hissettiyseniz, çocuğunuzun üzüntüsünü paylaşmak sizi rahatsız edebilir. Diğer yandan, düşüncelerinizin ve duygularınızın farkında olarak üzgün veya kızgın çocuğunuza kulak verirseniz, siz de duygularınızdan kaçmak yerine onları yaşayabilme becerisi geliştirebilirsiniz. Ondan sonra da bazı duyguları tetikleyen düşünceleri keşfedebilir ve zihninizin nasıl çalıştığını anlamaya başlayabilirsiniz. Nedenleri (düşünceler) ve etkilerini (duygular ve tepkiler) anlayarak içgörü kazanabilir ve kendiniz hakkında netleşebilirsiniz. Endişelerinizi öğüterek kendinizin farkına varabileceğinizi bildiğiniz zaman, korkmadan hissedebilme becerisini geliştirebilirsiniz.

İnsanların acı veren duygulardan korkmalarının asıl nedeni, bunları ifade etmelerine izin verilmemiş olmasıdır. Duyguların inkâr edilmesi, bunların daha da korkutucu ve güçlü görünmelerine neden olur ve bu yüzden de yetişkinlerin çoğu duyguları çok ciddiye alırlar. Oysa çocuklar, kendilerini güvenle ifade edebileceklerini bildikleri zaman, duyguların insan olmanın bir parçası olduğunu kabullenebilirler. Acı veren duygular hissetmenin bir sorun olduğunu çocuklarımıza öğretmesek, onlar bu tür deneyimleri hayatın bir parçası olarak görürler; duyguların korkulacak veya kaçınılacak bir şey olmadığını düşünürler ve bunları olay haline getirmezler. İfade edilebildikleri sürece duygular gelip geçicidir. Bu şekilde insan, korkulardan ve acılardan sakınmaya çalışmadan, mantıklı seçimler yapabilir.

Aşağıdaki örnekler, ebeveynlerin çocuklarının kendilerini ifade etmelerini engellemek üzere uyguladıkları bazı stratejileri ve bunlardan kaçınmanın yollarını gösteriyor.

İnkâr etmek

İnkâr, çocuğun kendini (ve bir kişinin kendini) ifade etmesini engellemede en çok kullanılan yöntemdir; çoğumuzun alışkanlıkla başvurduğumuz bir yoldur çünkü bize de aynısı yapılmıştır. İnkâr, bazen sessiz kalarak ve kaçınarak, bazen de sözlerle ve avutarak yapılır. Örneğin, Lena 3 yaşındayken uzun saçlı ve sakallı adamlardan korkuyordu ve annesi bunu ilk başlarda anlayamamıştı.

Bir gün Lena arabanın arka koltuğunda oturuyordu; babası, uzun koyu renk saçları ve gür bıyıkları olan bir arkadaşını gördü ve arabayı durdurdu, adam arabaya yaklaştığında bütün yüzü camı kaplamıştı. Lena bir süre sessiz kaldı ve sonra endişeli bir şekilde, "Artık gidebilir miyiz?" diye sordu. Annesi düşünmeden uzun saçlı adamın "iyi biri" olduğunu söyledi.

Lena kendinden emin bir şekilde, "Hayır, değil!" dedi. Rahatsızlığını net bir şekilde ifade etme ihtiyacı içindeydi ve annesinin bunu inkâr etmesine izin vermeyecekti.

"Ah anladım" dedi annesi, hatasını fark ederek. "Ondan hoşlanmadın."

"Hayır" dedi Lena. "Gitmek istiyorum."

Adamı geride bıraktıklarında Lena, "Aslında o kadar korkunç biri değil. Sadece ondan hoşlanmadım" dedi.

Lena hissettiklerini sorgulayabilmişti çünkü kimse onun duygularını inkâr etmemiş veya geçiştirmemişti. Kendi kendini anlayabilmesi sayesinde muhtemelen sakallı adamlarla ilgili endişelerinden kurtulmuştur.

Alışkanlıktan kaynaklanan inkâr edici sözlerinizin neler olduğunu anlarsanız, bunları söylemeden önce farkına varabilirsiniz. Çocukların duygularını ve ifadelerini inkâr eden bazı sözler aşağıda örneklenmiştir:

- "O kadar da kötü değildi."
- "Bunun nesi seni bu kadar rahatsız ediyor?"
- "Burada yanlış bir şey göremiyorum."
- "Dünyanın sonu değil."
- "Oh, bu bir şey değil. Her şey yolunda."
- "Bir şey olmadı."
- "Tamam. Sorun yok."

Bu tür yorumlar, çocukları incitmese bile kafalarını karıştırır çünkü söyledikleriniz iç dünyalarında yaşadıklarıyla çatışır. Korkan veya incinen bir çocuk için, bir şeyler olmuştur, her şey yolunda değildir ve yaşadıkları onu rahatsız etmiştir. İnkar etmek yerine, onu onaylamayı deneyin; böylece çocuğun yaşadıklarını teyit etmiş veya onun için faydalı bir bilgi sağlamış olursunuz. Mesela çocuk düşüp ağladığında ona sarılıp, "Dizin acıdı mı?" veya "Böyle kalacağından mı korkuyorsun?" diyebilirsiniz. Eğer gözyaşları içinde başıyla onaylarsa, "Şimdi ne kadar acıdığını biliyorum ama az sonra geçecek" diyerek onu rahatlatabilirsiniz. Çocuğun sıyrılan dizini iyileştirmek gerekir, ama gözyaşlarını veya çığlıklarını engellemeye çalışmak yanlıştır. Bizim görevimiz, ona faydalı bilgiler sunmak ve duygularına kulak vermektir (S.İ.D.O.T.'un D'si). Ne kadar istiyorsa o kadar ağlayabileceğini ve duygularının önemli olduğunu bilmesini sağlayabiliriz. Onaylayıcı tepkimiz (S.İ.D.O.T.'un O'su), sevecen tavırlarımızdadır; onun dramına ortak olmadan onu dinleyebilmemizdedir. Dram, çocuğun kendi kendine anlattığı öyküdür; mesela, "Bir daha asla yürüyemeyeceğim" gibi. Onun zihninin yarattığı hikâyeyi pekiştirmek istemeyiz. Korkularına kulak verip sakin bir ses tonuyla onayladığımızda ve ona faydalı bilgiler verdiğimizde, yaşadıklarını atlatabileceğinden emin olduğumuzu hisseder.

İnkâr etmek bazen, endişe içermeyen yorumlarda gizlidir ve bunlar çocuğun duygularını kendine has bir şekilde hissetmesini ve kendi içsesine güvenmesini engeller. Çocuk, "ıı ıh istemiyorum" dediğinde biz, "ama çok lezzetli" dersek, onun verdiği bir kararı geçersiz saymış oluruz. 6 yaşındaki bir çocuk yemeğe bir göz atıp istemediğini belli ederse ve yemek yerine bir muz isterse, verdiği karara saygı duymalıyız. Ergen yaştaki bir çocuk, satın aldığınız ceketi "havalı" bulmuyorsa, onun bu konudaki düşüncesi onu ikna etmeye çalışarak yadsınmamalıdır. Yeni yürümeye başlayan çocuğunuz oyun parkındaki kaydırağın tepesine çıkmış ve orada korku içinde kalakalmışsa, "Korkma. Bunu yapabilirsin" şeklindeki sözleriniz, onun aşağı kadar kayacağı mesafeyi düşünerek hissettikleriyle çelişir. Aslında o, kaydırağın tepesinde durumu değerlendirirken ve bir karar vermeye çalışırken özgüveni oluşmaktadır. Bunu ona bırakıp sadece izleyin, sakin olun ve ona güvenin. Sizinle konuşursa, nasıl hissettiğini anladığınızı ona gösterin: "Korktuğunu ve aşağı kadar kaymakta tereddüt ettiğini anladım. Acelemiz yok. Kendine zaman tanı. Bu tamamen sana kalmış" diyebilirsiniz. Sonra, elinden tutma, başka tarafa bakma veya onu aşağı indirme kararını ona bırakın.

Aşağıda, çocukların tercihlerini inkâr eden bazı tipik ifadelere yer veriliyor. Burada da kendi sözlerinizin farkına varmak, bunları saf dışı bırakmanızda ilk adımdır:

- "Yine de bir denesen."
- "Neden hemen yapmıyorsun?"
- "Şunu dene, daha iyi."
- "Bu süprüntüyü istemezsin, değil mi?"
- "Çok fazla oynadın" (Oynamaya devam etmek istediğinde mesela).
- "Yoruldun artık" (Koşmaya devam etmek istediğinde mesela).
- "Artık acıkmışsındır" (Yemek istemediğinde).
- "Ama Susan'la oynamayı çok seviyorsun" (Arkadaşını reddettiğinde mesela).
- "Bunu yapabilirsin" (Kendinden emin olmadığında mesela).
- "Korkma/utanma/üzülme."
- "Ağlamana gerek yok."
- "Ama üşüyeceksin" (Paltosunu çıkardığında).

Çocuğunuz kendisi için tehlikeli olabilecek bir tercih yaptığında bile, bu kararına yol açan duygularını anlamak çok önemlidir. Örneğin; çocuğunuz kedinin peşinden vızır vızır trafik akan bir caddeye doğru koşarsa, çığlık atıp onu kolundan yakaladığınızda, "Jumbo'nun kaçacağından mı korktun?" diye sorabilirsiniz. Sizin ani müdahalenizin çocuğunuzda yarattığı duyguların farkına varmak da son derece önemlidir: "Çığlık atıp seni hızla yakaladığımda şaşırdın mı?" Ve size cevap verdiğinde, ona sarılıp duygularınızı onunla paylaşmalısınız: "Caddeye doğru koştuğunu görünce çok korktum. Seni güvenle kollarıma alınca rahatladım."

Ebeveynler, çocukları tehlikeli bir adım attığında onları azarlama eğilimdedirler. Öfkelerini ifade ederek, çocuğun bu tehlikeli hareketi bir daha yapmayacağını umarlar. Oysa, bir çocuk için ebeveynlerinin öfkesinden korkmak tehlikelerden sakınmak için bir neden değildir ve etkisi de uzun sürmez. Çocuğunuzun, tehlikeleri anladığı ve güvende olmayı istediği için kendine dikkat etmesini istersiniz. Sizin duygularınız onu harekete geçirecektir ve ona duyduğunuz güvenden ilham alacaktır. Bir aileye danışmanlık verirken, Connie'nin, kızının tehlikeli davranışlarına nasıl tepki verdiğini ve kendini ifade ederek onunla nasıl bağ kurduğunu öğrenmiştim.

2 yaşındaki Jill, amcasının evindeki şömineyi izlerken çok heyecanlanıyordu. Daha önce hiç şömine görmemişti ve babası da şömineden neden uzak durması gerektiğini ona açıklamıştı. Amcası, kâğıtların üzerine odunları yerleştirip ateşi yaktığında, onu güvenli bir mesafeden izlemişti. Amcasının işi bittiğinde, hep beraber yemeğe oturmuşlardı.

Jill'in sandalyesinden aşağı kayıp, elinde bir gazete sayfasıyla ateşe doğru yaklaştığını kimse fark etmemişti. Annesi Connie birden, "Jill, hayır!" diye çığlık attı ve çocuk gazeteyi ateşe atmadan fırlayıp onu yakaladı.

Jill ağlamaya başladı. Connie, babasının sözünü dinlemediği için Jill'i azarlamak üzereydi ki, Jill'in hıçkırıkları tepkisini yeniden gözden geçirmesi için ona zaman tanıdı. Çocuğuna öfkesini göstermek yerine, "Elinde kâğıtla ateşe doğru yaklaştığını görünce çok korktum. Kendini yakacağından korktum" dedi.

Jill "Ateşte kâğıt var" diye protesto etti. Annesinin ani hareketinden dolayı korkmuş gibi görünmüyordu, ama yapmak istediği şeye engel olduğu için üzülmüştü.

Connie duruma onaylayıcı bir tavırla yaklaştı. "Biliyorum. Sen kâğıdı ateşe atmak üzereyken ben sana engel oldum. Ateşin daha da büyümesini mi istiyordun?"

Connie Jill'i ateşin yanında güvenli bir şekilde tuttu ve Jill, "Anne kâğıdı sen at" dedi.

Connie kâğıdı buruşturdu ve dikkatle ateşe attı. Jill'e ateşten uzak durmasını ve eğer ateşi büyütmek isterse anneden veya babadan yardım istemesini söyledi.

Çocuğunuzu kararlarını alması için olabildiğince özgür bırakın. Diğer yandan, özgürlüğünü kısıtlamanız gerektiğinde de, bunu saygılı ve nazik bir şekilde yapın ve tercihinizin nedenlerini ona açıklayın. Çocuğunuzun tercihleri veya istekleri size ters gelse bile, eğer zararsızsa, onu yönlendirme güdünüzü kendinize saklayın.

S.İ.D.O.T. formülünü uygulayın: Kendi tepkilerinizi çocuğunuzun yaşadıklarından ayrı tutun ve sessizce düşüncelerinizin geçerli olup olmadığını gözden geçirin; çocuğunuza ilgi gösterin, onu dinleyin, onaylayın, teşvik edin ve ona faydalı bilgiler verin.

Çocuğunuz cevapları kendi kendine bulduğunda, hayal kırıklıklarıyla yüzleşmeyi de öğrenir çünkü bunların kurbanı değil sebebidir. Suçlayabileceği veya gücenebileceği kimse yoktur. Başına gelenlerden kendisi sorumludur ve neyin işe yarayıp neyin yaramadığını ilk elden öğrenir. Sizin sevecen ilginiz karşısında duygularını ifade edebildiği sürece, bu tür deneyimler, özgüvenli ve becerikli bir insan olma yolunda ilerlerken onun için değerli adımlar olacaktır.

Avutmak

Avutmak da, duyguları inkâr etme ve bunlardan kaçınma stratejilerinden biridir. Üzgün bir çocuğa şeker veya eğlenceli bir aktivite önermek, ona duygularından kurtulması gerektiğini anlatır. Sıyrılan bir diz veya kaybedilen bir oyuncak çocuğa acı verir ve onu üzer. Bu acı, tatlı yiyerek veya heyecan verici bir şey görerek yok olmaz. Çocuklar avutulmaya çalışıldıklarında, hissettiklerinin yanlış olduğu mesajını alırlar. "Annem acımı ifade etmemi istemiyor. Acı hissetmemem veya bunu ifade etmemem gerekiyor. Hemen başka bir şeyle ilgilenmem gerekiyor. Duygusal rahatsızlığımdan kurtulmalı ve asla risk almamalıyım çünkü düşmek kötü bir şey." Bu mutluluk getirmez, tam tersine zayıflığa ve korkaklığa yol açar. Çocuğumuzu avutmaya çalıştığımızda, gerçeklerin kötü olduğu ve üstesinden gelinmesi gerektiği fikrini aşılamış oluruz; alttaki gizli mesaj, "Yanlış olan bir şey var" şeklindedir. Oysa mutluluk, gerçeklerle yaşamayı öğrenerek ve sorunları, olabileceklerden korkarak değil, hayatı zenginleştiren bir özgürlük içinde çözerek gerçekleşir.

Çocukları avutmak, gelecekte uyuşturucu kullanmalarına, aşırı miktarda ağrı kesici almalarına ve her zaman kolay cevaplar bulma eğiliminde olmalarına yol açabilir. Zorluklar karşısındaki toleransları düşük olduğu için hemen bunalıma giren yetişkinler haline gelebilirler. Rahatsızlık veren durumlardan kaçınmaya çalıştıkça, dopdolu ve hareketli bir yaşam kurabilme özgürlükleri kısıtlanır.

Çocuklar, acıları ve zorlukları yaşamın bir parçası olarak gördüklerinde, bu gibi durumlar karşısında dayanıklılık gösterebilirler. Bu nedenle, müdahale etme, durumu düzeltme, avutma veya tavsiyede bulunma ihtiyacı duyduğumuz anlarda, kendimize hâkim olmamız ve bu güdümüzün farkına varmamız gerekir. Her ne kadar çocuğumuz için en iyisini yapma isteğiyle hareket etsek de, müdahale etmemek çocuğumuz için daha iyi olacaktır.

Geçiştirmek

Geçiştirmek, çocuğun kendini istenmeyen bir şekilde ifade etmeyeceğini umarak bu hallerini fark etmemiş gibi davranmaktır. Ebeveynler, çocuğun kendini ifade etme şekline ilgisiz kalarak, bunu "pekiştirmeyeceklerini" ve dolayısıyla da zamanla yok olacağını umarlar. Sonuçta ortaya çıkan soru her zaman şudur: Duyguların ve bunların ifade edilme şekillerinin niçin ortadan kalkmasını istiyoruz? Sonuçta en çok istediğimiz şey, hayatı hissederek yaşamaktır; insanlar, güçlü duygular yaratan şeyler için çok fazla zaman ve kaynak ayırırlar çünkü güçlü duygular olmadan kendimizi boşlukta hissederiz ve canımız sıkılır. Ayrıca, çocuğunuzun duyguları sizin duygularınızı da tetikler ve ruhunuzu besleme fırsatı bulursunuz; kendinizi tanırsınız (S.İ.D.O.T.'un S'si) ve bu şekilde netleşerek çocuğunuzu da daha iyi tanıyabilirsiniz.

Eğer çocuğunuzu geçiştirdiğinizi fark ederseniz, kendinize karşı sabırlı ve bağışlayıcı olup başkalarının sizin için belirlediği o eski yolda ilerlemeye bir son verin. Acı veren duyguları geçiştirilen bir çocuk, maalesef duygularını ifade etmekten vazgeçer ve hatta hiçbir şey hissetmemeye başlar; duyguları uyuşur ve duygusal bağlantı kurması zorlaşır. Daha sağlıklı bir çocuk söz konusuysa, o zaman kışkırtıcı şekilde davranıp aranızdaki iletişimi kızıştırarak ilginizi çekmeye çalışır. Dahası, bir ebeveyn çocuğunu geçiştirdiğinde, çocuğun ihtiyaçları karşılanmamış olur ve bu da, daha fazla strese yol açar, beraberinde birçok zorlu davranışsal semptomlar da yaratır. Çocuğunuzun duygusal patlamaları karşısında ona ilgi göstermeli ve ihtiyaçlarını önemsemelisiniz (daha ileride de görebileceğimiz gibi, o andaki isteği bunlar bile olmayabilir).

Korkutmak

Korkutmak da, bir çocuğun duygularını ifade etmesini engellemede başvurulan stratejilerden biridir. İnkâr etmek, geçiştirmek ve avutmak çocuğun kendini ifade etmesini engellemek için yeterlidir çünkü o duygusal olduğu anlarda, ebeveynlerinin onu onaylamadıkları mesajını alır. Öfkesi, kızgınlığı veya gözyaşları, azarlama, hakaret içeren yorumlar veya cezayla karşılanıyorsa, hissettiği korku muhtemelen güvensizliğe ve itaatkârlığa veya öfkeye veya saldırganlığa dönüşecektir.

Çocuğa duygusal özgürlük vermek demek, ölen kedisi için yas tuttuğunda, kırılan bir oyuncaktan dolayı öfkelendiğinde veya giymek istediği giysiler konusunda olay çıkardığında da onu sevmek demektir. Çocuğunuzun önce hissetme ve sonra hayatına devam edebilme gücüne değer verdiğiniz zaman, bunları doğal kabul eder. Duygular karşısındaki kendi korkunuzu keşfedin ve bundan kurtulun ki, çocuğunuz sizin yanınızda içini boşaltmak için kendini güvende hissetsin. Ancak bu şekilde hissedebilme cesaretini kazanır ve hayatına devam edebilir.

Bazı insanlar acı veren duyguların geçip gitmesine izin verip, bunları ifade etmeden de hayatlarına mutlu bir şekilde devam edebilirler. Bu, duyguları bastırmaktan daha farklı bir şeydir. Duyguları bastırmak, acının insanın içine gömülmesidir; oysa acının geçip gitmesine izin vermek, insanın bu düşüncelerle ve bunların doğurduğu duygularla güçlü bağlar kurmamasıdır. Eğer siz de, duygularını ifade etmeden geçip gitmelerine kolayca izin verebilen insanlardan biriyseniz, çocuklar da dahil olmak üzere insanların çoğunun, duygularını onaylayıcı bir tavır karşısında önce ifade edip ondan sonra bunlardan kurtulabildikleri ve hayatlarına ancak bu şekilde devam edebildikleri gerçeğini anlayışla karşılamalısınız. Bununla birlikte sizin rahat tavrınız, çocuğunuzun da kendi duygularını önce yaşayıp sonra kurtulabileceği gelip geçici şeyler olarak algılamasına yardımcı olacaktır.

Duyguları önemsemek, bunlara saplanıp kalmak demek değildir; tam tersine duygularımız, özgürce serbest bıraktığımızda gelip geçerler ve hayatımıza devam edebilmemiz için bizi özgür bırakırlar. Hayatın her anını dolu dolu yaşamak acıları dağıtır ve bir sonraki aşamaya net bir şekilde geçiş yapabilmemizi sağlar.

Ağlamak

İnsanlara büyük bir duygusal beceri bahşedilmiştir; yoğun duygularla baş edebilmemiz için bizlere ağlama becerisi verilmiştir. Çocuklar ağlamayı doğal bir yöntem olarak kullanırlar ve bizim de onların bu iletişim biçimlerini anlamamız ve rahatlamak için gözyaşlarını kullandıklarında onları desteklememiz gerekir. Bir bebeğin ağlamasına cevap verdiğimiz zaman, ona kendi hayatı üzerinde kontrolü olduğunu, bize güvenebileceğini ve önemli olduğunu öğretiriz. Bebek yürümeye ve bir çocuk haline gelmeye başladığında, gözyaşları yanında kelimeler ve işaretler de kullanmaya başlar.

Ebeveynlerin çoğu, bebeklerinin duygusal ifadelerini ayırt etmekte zorlanırlar. Aslında çoğu zaman bebeklerin ağlaması karşılanması gereken birtakım ihtiyaçlarını anlatmak içindir. Bununla birlikte, bazen bebekler bile sadece ihtiyaç duydukları için ağlarlar.

Ebeveynlik derslerimden birinde, bebeklerin ağlamasıyla ilgili bir soru geldi. Teresa, bebeğinin dindirilemez ağlamaları nedeniyle büyük bir hayal kırıklığı yaşıyordu.

"Onu yatıştırabilmek için her şeyi yapıyorum: Emziriyorum, sallıyorum, oynuyorum ve sesler çıkarıyorum, suyu açıyorum ve onu yıkıyorum... Ama akşam olduğunda sadece ağlamaya ve acı çekermiş gibi bağırmaya başlıyor, hiçbir şey onu yatıştırmıyor."

Bu dersten sonra Teresa bebeğinin duygularını anlamak için çaba sarf etmeye karar verdi.

"Önce, memeden atlıkarıncaya kadar bütün numaraları denedim. Sonra onu kollarıma aldım ve ağlamasını dindirmeye çalışmaktan vazgeçtim. Beni yönlendiren şeylerin neler olduğunu anlamak için kendimi dinledim ve fark ettim ki, yatıştırılması gereken kişi benim çünkü bebeğim ağladığında kendi kendime kötü bir anne olduğumu ve bir şeylerin yanlış olduğunu söylüyordum.

Ara ara durduğunda ağlamasının dindiğini sanıyorum. Ama sonra yeniden ağlamaya başlıyor. Bu sefer ilk kez ağlamaya ara verdiğinde, dedim ki 'Evet biliyorum, biliyorum'. Onu sallamadım. Ağlamasının dinmesini beklediğime dair ona hiçbir ipucu vermedim ve o da ağlamaya devam etti. Her sustuğunda onu onayladığıma dair bir şey söyledim."

"Ağlama süresi kısaldı mı?" diye sordu annelerden biri. (Bu anne de bebeğinin ağlamasını dindirecek yollar arıyordu.)

"Hayır" dedi. "Tam tersine onun mutlu olmasını ummaktan vazgeçip onu onayladığımı hissedince her zamankinden daha fazla ağladı. Ama ağlaması kesildiğinde, yorgun bir şekilde uykuya dalmak yerine gayet uyanık, zinde ve mutluydu. Sonra uykuya daldığında da, bir daha ağlamadı ve gece boyunca sadece bir kez uyandı, önceleri beş ila yedi kez uyanırdı."

Nate, akşamları annesinin sevgi dolu kucağında birkaç hafta daha ağlamaya devam etti. Akşam ağlamaları zamanla azaldı ve sonra da sona erdi.

Bebeğin verdiği ipuçlarına mutlaka tepki verilmelidir. Ağlamak onun için bir iletişim biçimidir. Tüm ihtiyaçları karşılandıktan sonra, herhangi bir fiziksel rahatsızlığı yoksa veya hasta değilse, onun ağlama ihtiyacına cevap vermemiz gerekir. Bir ihtiyacını karşılayamadığımız için ağlıyor olabilir; ama yine de bununla ilgili hiçbir fikrimiz yoksa, hayal kırıklığı yaşar ve ağlama ihtiyacı duyar. Sadece kendi algılarımıza dayandığını bildiğimiz sürece, onun ne hissettiğini tahmin edebiliriz. Bebek olmanın getirdiği çaresizlik yüzünden mi ağlıyor? Anne rahminin rahatlığını mı özlüyor? Bizimle konuşmak istiyor, ama dilinin bağlı olduğunu mu fark ediyor? Belki de daha önce üzerine eğilen kocaman bir yüzden korktuğu için ağlıyor... vb gibi.

Bebeğin ihtiyacının ne olduğunu bilemediğiniz zamanlarda, hissettiklerini ne şekilde ifade edeceğine dair yaptığı tercihi onaylamalısınız; ağlamaya karar verdiyse bunun doğru olduğunu ve ona duyduğunuz sevgi, şefkat ve anlayışla yanında olduğunuzu bilmesini sağlayın. Ağlayan bebeğinizi her zaman kucağınıza alın. Niçin ağladığını anlayamasanız bile, bebeğinizin kucağa alınmaya her zaman ihtiyaç duyduğu bir gerçektir; özellikle de stresli olduğu zamanlarda. Sizinle bağ kurabilmesi, sizi kendisi için harekete geçirebilmesi veya ona tüm ilginizi vermenizi sağlayabilmesi gerekir. Çocuğunuz sizden ilgi görmeyi başardığı sürece, iletişim kurabilmek için daha sakin yollar bulacaktır. Basit bir ipucu vererek veya bir şey söyleyerek ihtiyaç duyduğu ilgiyi görebiliyorsa, niçin büyük bir olay çıkarsın ki?

Sürekli bedeninize yakın tuttuğunuz sürece bebeğiniz basit fiziksel ihtiyaçları için ağlamaz. Onun yerine, size ufak ipuçları verir ve siz hemen cevap verdiğinizde de iletişim kurmak için ağlamaya ihtiyaç duymaz. Bebeğinizi kucağınızda taşırsanız ve yanınızda uyutursanız, basit bir ihtiyacını anlatmak için nadiren ağlar. Bu şekilde bakılan bebekler ağladıklarında ise, bu onların hasta olduklarını veya canlarının acıdığını göstermez, büyük ihtimalle sadece ağlama ihtiyacı içindedirler.

Çocuklar büyüdükçe, ipuçları vermek veya ağlamak yerine, kelimeleri kullanmaya başlarlar. Diğer yandan, fiziksel ve duygusal acılarını ifade edebilmek için hayatları boyunca gözyaşlarını kullanmaya devam ederler. Yetişkinler çok şiddetli olmayan acılarını sadece sözcüklerle ifade edebilirken, çocuklar kolaylıkla gözyaşlarını kullanırlar.

Çocuğunuz büyüdükçe, neden incindiğini tam anlamıyla anlamaya başlarsınız ve böylece onun duygularına çok daha fazla anlayış gösterebilirsiniz. Örneğin; planları iptal olduğu için ağlayan bir çocuğa, "Parka gitmek için bu kadar bekledin ama yağmur başladı" diyebilirsiniz. Ağlarken ona sarılın, o bunu atlattığında sizin de bunu fark etmenizi sağlayacaktır. Sizi iterse, ona yakın durun, ilgili davranın ve yanında olun. Ebeveynler bazen bana çocuklarının ağlama ihtiyacı duymayacak kadar mutlu olmalarını istediklerini söylerler. Oysa, ağlamayan çocuklar yetiştirme çabası, sevgi, yemek ve hava kadar temel bir ihtiyacı inkâr etmek anlamına gelir. Barajda toplanan nehir suyu gibi, gözyaşları da, saldırganlık, tikler, uyuma, yeme bozuklukları ya da başka bozukluklar şeklinde çıkış yolları arar. Gözyaşlarının akması gerekir ve bizler de bunları bastırmayıp kabul ederek faydasını görebiliriz. Güçlü insanlar, hayatlarında hiç acı çekmemiş değillerdir; bilakis acılarını *yaşayıp* bunlardan daha güçlü bir şekilde çıkabilmeyi başarmış kişilerdir.

Aşağıdaki örnek, danışmanlık verdiğim ailelerden birinde, gözyaşlarının iyileştirici gücünün ciddi semptomlarda bile nasıl işe yaradığını gösteriyor.

7 yaşındaki Tony, ablasına hemen her gün vurmaya başlamıştı. Ebeveynleri, Tony'nin saldırganlaşmakla birlikte her zamanki neşeli halinden sabırsız ve öfkeli bir kişiye dönüştüğünü de söylemişlerdi. Tony'nin ilgiye duyduğu ihtiyacı daha fazla karşılamaya çalışıyor, saldırganlığını da cezalar vererek ve azarlayarak kontrol altında tutmaya çalışıyorlardı. Sonuçta Tony vurmayı bırakmıştı, ama tişörtünü çiğnemeye başlamıştı ve gözlerini istemdışı kırpıştırıyordu.

Ebeveynlerine Tony'nin üzüntüsünü veya korkusunu belli edip etmediğini veya ağlayıp ağlamadığını sorduğumda, uzun süredir hiç ağlamadığını söylediler. Bir sonraki seansta Tony'nin ablası Becky, "Tony ağlayınca en yakın arkadaşı onunla alay ediyor" dedi.

"Peki incindiğinde ne yapıyor?" diye sordum.

Becky bir an düşündü ve "Ah, gözyaşlarını tutabilmek için gözlerini kırpıştırıyor" dedi.

Sonra Tony'yle Ya Gerçekler Ya Cesaret oyununu oynamaya başladım. Tercihi Gerçekler olduğunda, "İstediğini elde edemediğin zamanlarda üzülüyor musun?" diye sordum.

Oyuna sadık kalabilmek için bu soruma olumlu cevap verdi.

"Peki, kimse anlamasın diye gözyaşlarını mı tutmaya çalışıyorsun?" diye sordum.

"Evet" dedi ve başını salladı.

"Anlıyorum" dedim. "Peki, gözyaşlarını tutmanın tuvaletini tutmak gibi bir şey olduğunu biliyor muydun?"

Tony bu şaşırtıcı yorum karşısında biraz düşündü. Kocaman kahverengi gözleriyle bana bakarak "Gerçekten mi?" dedi. "Tuvalete gitmeyince ne oluyor?" diye sordu ve bunu hemen kendisi cevapladı: "Ama bunu yapamazsın."

"Evet" dedim. "Yapamazsın çünkü vücudunun sağlıklı kalması gerekir."

"Gözyaşlarımı tutunca hastalanır mıyım?"

"Hayır" dedim (aslında bu doğruydu). "Ama onları da tutamazsın. Sadece duyguların başka çıkış yolları arar."

"Nasıl?"

"Gözyaşların nasıl mı çıkış yolu arar? Kontrolün dışında yaptığın bir şey var mı? "

"Oh, yani öfkelenmek ve gözlerimi kırpıştırmak gibi mi?"

"Evet, bunlar senin bulduğun bazı yollar."

"Vay be, bundan sonra ağlayacağım. Bu daha iyi bir şey. Gözlerimi kırpıştırmaktan nefret ediyorum."

Tony'nin ebeveynleri, ertesi gün Tony'nin aldığı bir hediyeden dolayı hayal kırıklığına uğradığını ve annesinin de onaylayıcı desteğiyle onun kollarında on beş dakika boyunca ağladığını bildirdiler. Göz kırpıştırması yok olmuştu. Ebeveynleri, Tony'nin kendini fiziksel yollarla ifade etme ihtiyacını karşılayabilmek amacıyla onu karate dersine yazdırdılar ve Tony de buna bayıldı. Tişörtünü çiğnemeye bir süre daha devam etti, ama sonra bu da son buldu. Tony öfkesini ifade etmek için vücudunu kullanmaya hâlâ devam ediyordu, ama bu da daha azalmıştı. Ebeveynlerinin onaylayıcı tavrı ve güveni sayesinde, savunmasız olma ve hissedebilme konusunda kendini güvende hissetmeye başlamıştı.

Çocuklar gözyaşlarını veya duygularını içlerine atmaya başlayınca, sergiledikleri birtakım semptomlar veya eski semptomların yeni versiyonları yeniden ortaya çıkabilir. Çocuğumuzu iyi tanıyorsak onun verdiği sinyalleri okuyabiliriz ve içinde biriktirdiği endişeleri ortaya çıkarabilmesi için kendini güvende hissetmesini sağlayabiliriz.

Biz her ne kadar çocuğumuzun bastırdığı duygularının birikmesini önlemeye çalışsak da, ancak işler kontrolden çıktığı zaman olup biteni anlamaya başlarız. Bu insani bir durumdur ve çocuklar da bununla yaşayacaklardır. Dolayısıyla, çocuğunuzun herhangi bir ihtiyacına bir süredir cevap veremediğinizi fark ederseniz, bunu olayların normal bir akışı olarak kabul edin; onun ihtiyacını karşılayabilmek ve hem sizin hem de çocuğunuzun üzüntüsünü ortaya çıkarabilmek için sakin bir şekilde bir sonraki adıma geçin.

Ayrılma kaygısı ve ağlama ihtiyacı

Bazen acıları gözyaşlarıyla ifade etmek biraz ileri götürülebilir. Bir seferinde bir arkadaşım, yeni yürümeye başlayan oğlumu danışmanlık seansına giderken niçin yanımda götürdüğümü sormuştu. Onu evde bırakırsam korkacağını ve çaresizlik hissedeceğini söylemiştim (emzirmem gerektiği de bir yana). Arkadaşım yine de babasının onun yanında olduğunu ve geçmişten gelen terk edilme acılarını içinden atabilmesi için ağlamanın ona iyi geleceğini iddia ederek, onu yanımda götürmemem gerektiği konusunda ısrar etti.

Oğlumun ağlayıp içinden atabileceği geçmişten gelen terk edilme acıları yoktu ve ben de ona bu tür bir deneyim yaşatmak istemiyordum. Sonuç olarak da, ihtiyaç duyduğu sürece onu danışmanlık seanslarıma ve sonraki seyahatlerime yanımda götürdüm. Benden ayrı kalmaya hazır olduğunda, ağlamasına da gerek kalmamıştı; ayrı kalmaya kendisi karar verdi ve bu konuda gayet sakindi. Çocuğumun duygusal ifadelerinin, bana yakın olma ve kendini güvende hissetmeye yönelik gerçek ve acil ihtiyaçlar olduğunu bildiğim için, onun bu ihtiyaçlarına cevap vermeyi seçmiştim. Çocuğumuzun geçmişten gelen ve iyileştirilmesi gereken bazı acılar taşıdığını bilsek bile, arkadaşımın önerdiği gibi onu ağlatacak durumlar yaratmanın bir gereği yoktu. Kendini ifade etmenin güvenli olduğunu bildiği sürece, eski acılarını ortaya çıkarabileceği fırsatlardan zaten faydalanacaktı. Bu bölümün ilerleyen sayfalarında bir çocuğun "geçmişteki acılarını nasıl ortaya çıkardığına" dair bir örnek bulacaksınız.

Bazı şartlar ayrı kalmayı kaçınılmaz kıldığında (hastaneye yatmak veya başka tür felaketler gibi) ve bunu engelleyemediğimizde çocuğumuzun korkularını ve gözyaşlarını destekleyerek ona ilgi gösterebiliriz; hayatın getirdiği bu tür şartlar karşısında çocuğumuza onaylayıcı ve tasdik edici bir tavırla yaklaşabiliriz, ama bu tür olayları hiç yoktan yaratmanın da bir gereği yoktur. Diğer bir deyişle, ağlayan bir çocuğa onaylayıcı tavır göstermek gerekir ama gözyaşlarına sebep olmak gerekmez.

Ayrılık kaçınılmaz olduğunda, bizim görevimiz çocuğu hissettikleri yüzünden avutmak değildir; bilakis yaşadıklarını anlayışla karşılamak gerekir ki, doya doya ağlasın ve yaşadığı deneyimin önemli olduğunu anlayabilsin. Benzer şekilde, bir süre uzak kaldıktan sonra eve döndüğünüzde öfkeli bir çocuk bulursanız, onun kendini ifade etme şeklini engellemeye veya onu teselli edecek hediyeler getirmeye çalışmamalısınız. Sadece onu anladığınızı, ona önem verdiğinizi göstermelisiniz; ona sarılıp dinleyerek sizin de onu ne kadar özlediğinizi ve sevdiğinizi gösterebilmelisiniz. Çocuğunuz ayrı kalmanın acısıyla ağlayacak ve/veya sizin anlayışlı ve sevecen ilginiz sayesinde korkularını ve öfkesini ifade ederek bunlardan kurtulabilir. Sizin sarsılmaz desteğiniz sayesinde yaşadıklarını atlatabileceğini bilir.

Öfke nöbetleri: Bir ihtiyaçları olduğu için mi yoksa ağlama ihtiyacından mı ağlarlar?

Öfke nöbeti geçiren bir çocuk, kendini çaresiz hisseder, kendi kendini yönetme ve onurunu koruyabilme ihtiyacı duyar. Kendi hayatını kendi istediği şekilde yürütmelidir. Bazen öfke nöbetleri belirli bir konuyla ilgilenmenizi gerektirir; bazen de çocuğun kaçınılmaz durumlar karşısındaki yoğun duygularını ortaya çıkarma ihtiyacından kaynaklanır ve sizin sevgi dolu ilginize ihtiyaç duyar. Çocuğunuz öfkelenerek kendini rahatlattığı zamanlarda siz öfkesinden kurtulabilmesi için onu sakinleştirmeye ve onunla konuşmaya çalışırsanız, kendini iyileştirme sürecine engel olursunuz; çocuğunuzu kontrol ettiğiniz zaman sinirlenmesine neden olursunuz.

Çocuğunuzu kontrol edip öfkelenmesine neden olduysanız, kendi içinize bakın ve çocuğunuzun yanında olmasını istediğiniz kişiyi içinizde arayın. Sizin gibi nazik ve sevecen bir ebeveyn, çocuğunu kontrol etmek ve kızdırmak istemez. Herhangi bir sonuç getirmeyen sözler ve davranışlar, kendi içsesinizden kaynaklanır. Aklınızdan geçenler nedir? "Ona söylediğim anda oyunu bırakabilmeli..." Gerçekten mi? Siz harika vakit geçirdiğiniz zamanlarda kalbinizin dışında başka bir sese kulak verir miydiniz? Çocuğunuzun canı sıkıldı veya eşiniz istedi diye bir partiden derhal ayrılır mısınız? Bu tür düşünceler nazik ve dürüst mü? Çocuğunuzun sergilediği öfke nöbeti aslında sizin içinizde değil mi? Kontrol etme ihtiyacınız kontrolden çıkmış durumda ve başka birini etkilemek ile çocuğunuza cevap verebilmek arasında bölünmüşsünüz. Bu düşünceler olmadan çocuğunuzla aynı durumu yaşasanız, nasıl davranacağınızı bir düşünün. Zihninizdeki konuşmalar olmadan kendinizi aynı durumda hayal edin ve çocuğunuza nasıl davranacağınızı düşünün.

Öfke nöbetleri kaçınılmaz değildir ve bunları önlemek bebek bakımına benzer; bebeklere yönelik onaylayıcı tavrın çocuğa da yönlendirilmesini gerektirir. Bebeğinizi her zaman kucağınıza alın ki, uysal iletişim becerileri geliştirsin. Bebeğinizi kucağınızda sallamak ve onunla birlikte uyumak, bebeğinizin veya yeni yürümeye başlayan çocuğunuzun ağlamadan ve sinirlenmeden size işaret verebilmesini sağlar. Sonra da, isteklerini sakin bir şekilde ifade etmek ile duygularını ağlayarak anlatmak arasındaki farkı anlar. Konuşmaya başladığında da, ihtiyaçlarını size öfke nöbeti geçirerek değil, sözcükleri kullanarak anlatır. Bir çocuk, bebekliğinde verdiği işaretler gibi söylediklerinin de ebeveynleri tarafından anlaşıldığını bildiği zaman, ilgi görebilmek için bağırıp çağırmaya ihtiyaç duymaz. Eğer böyle bir çocuk öfke nöbeti geçiriyorsa, onu dinlemenize veya yanlış giden bir şeye hemen ilgi göstermenize ihtiyaç duyuyordur.

Çocuğunuz uysal bir şekilde iletişim kurmasına rağmen sizinle arasında bir bağ kuramadığı için öfke nöbeti geçiriyorsa, bu kafanızı karıştırabilir. Ama bu, bir ebeveyn olarak kendinizi yetersiz veya suçlu hissetmenizi gerektirmez. Bu gibi durumlar, ebeveynlerinin tüm hassas ve nazik olma çabalarına rağmen hemen her çocukta görülebilir.

Eğer çocuğunuz değiştirilemez bir durum karşısında öfkelendiğinde endişeleniyorsanız, sırf onun öfke nöbetini dindirebilmek için istediğini vermeye, durumu değiştirmeye, tavizde bulunmaya ve hatta mantığa aykırı her şeyi yapmaya kalkışabilirsiniz. Ama böyle davranarak onun verdiği mesajı alamazsınız ve onun kendini rahatlatmasına engel olursunuz. Bu tür tepkileriniz zamanla çocuğunuza, öfke nöbetlerini ve gözyaşlarını kendini rahatlatmak için değil istediklerini elde etmek için kullanmayı öğretir. Ve bu yanlış anlaşılmadan dolayı suçlayabileceğiniz kimse yoktur. Bu insani bir durumdur; hem ebeveyn hem de çocuk kendi akıllarındaki stratejilere göre hareket ederler ve ellerinden geleni yaparlar. Ebeveynler, çocuklarının onları "yönlendirdiğini" düşünebilirler. Oysa çocuk, tamamen iyi niyetle ona sunulan ipuçları doğrultusunda davranır.

Çocuğunuz değiştirilemez bir durum karşısında öfkelendiği zaman paniklememek için, S.İ.D.O.T. formülünün S adımını uygulayın; sessizce iç konuşmanızı yapın ve davranışlarınızı yönlendirmemesi için düşüncelerinizi gözden geçirin. Düşünceleriniz muhtemelen "Onu mutlu etmeliyim", "Nesi var?", "Ben çok kötü bir anneyim", "Nerede yanlış yapıyorum?", "Zavallı yavrum, bu çok kötü", "Başkaları görse, benim ebeveynlikten anlamadığımı düşünür" vb şeklinde olacaktır. Bunları bir yere not edin ve zihninizi kâğıt üzerinde okuyun.

Bu tür düşünceler, doğru olduklarına inandığınız sürece, çocuğunuzun geçirdiği öfke nöbetiyle savaşmanıza neden olur. Bunu yapınca da çocuğunuzla ve kendinizle olan bağınız zarar görür. Bu düşünceleri gözden geçirdiğinizde, bunların gerçeklerle veya çocuğunuzla bir ilgisi olmadığını fark edersiniz. Bunlar sadece bir insan olarak miras aldığınız endişelerdir. Bu düşünceler olmasa, çocuğunuzu koşulsuz sevebilir ve tüm ilginizi ona yöneltebilirsiniz.

Düşüncelerinizi gözden geçirdiğiniz zaman, bunların sadece sizinle ilgili olduklarını fark edeceksiniz ki, bu da çok doğaldır çünkü bunlar *sizin* düşüncelerinizdir. Bir şeylerin ters gittiğini, büyük bir felaket olduğunu veya başka insanların gözündeki imajınızın bozulduğunu düşünen sadece sizsiniz. Çocuğunuzun öfke nöbetini bu düşüncelere dayandırıp sadece kendiniz için sona erdirmek isteyen de sizsiniz. Kendi içinize baktığınızda, bu düşüncelerin sizin için doğru olup olmadığını dahi bilmediğinizi görürsünüz. Bunlar otomatiktir. Aklınızdan bu düşünceler geçmeden nasıl tepki vereceğinizi bilebilseniz, çocuğunuzun öfke nöbeti tamamen zararsız görünebilir; çocuğunuza çok daha sevecen bir şekilde tepki verebilir ve onunla bağ kurabilirsiniz.

Öfke nöbeti, bastırılmış güçlü duyguları ortaya çıkarmanın etkili bir yoludur ve dolayısıyla da bir rahatlama sürecidir. Çocuğunuzun elde edemediği bir şeyi elde etmek için başvurduğu ağlama veya öfke nöbetlerini, çocuğunuzun verdiği sakin işaretlere cevap vererek ve ona karşı baskıcı davranmayarak kolaylıkla önleyebilirsiniz. Çocuğunuz kendisini rahatlatan bir öfke nöbeti geçirdiğinde, onu başka tavizlerle durdurmaya çalışırsanız, sorun çözülmeden kalır çünkü onun gerçek ihtiyacına cevap verememiş olursunuz.

Kontrol etmenin bedeli

Bir çocuk zorla sınırlandırıldığında, karşı çıkar, öfkelenir ve sonunda da öfker nöbetlerine veya saldırganlığa yönelir. Bu, bazen çocuğun söz dinlemesini de sağlayabilir ve ebeveynler böyle bir durumda çocuğun "iyi" bir çocuk olduğunu zannederek yanılırlar. İtaatkâr bir çocuğun içinde biriktirdiği stres, çeşitli duygusal rahatsızlıklarla ortaya çıkabilir; ergen yaşlarda veya yetişkin olduğunda uyuşturucu kullanımı, saldırganlık, yeme bozuklukları, depresyon ve diğer sorunlar gibi.

Öfkenin ardında yatan temel duygu çaresizliktir. Çocuğun kendini çaresiz hissetmesini önlemek için gücünü elinden almamamız, tercih yapma ve kendi kendini yönetme özgürlüğünü korumamız gerekir. Bununla birlikte, baş edemeyeceği kadar bir gücü de sırtına yüklememeliyiz ki, bu da genellikle başkalarının üzerine uygulanan güçtür. Gücünü elinden aldığımızda çocuk çaresizlik duygusu yaşayacağı gibi çok fazla güç verilmesi de çocuğu bunaltır.

Bu gibi durumlarda, çocuğumuzun güvenliği ve iyiliği için deneyimlerimizle ona faydalı olabiliriz. Nadiren hızlı hareket edip açıklamaları sonraya bırakmamız gerekse de, çoğunlukla buna gerek yoktur. Çocuğumuz tehlikeli veya düşüncesizce bir şey yapmaya kalktığında, ona tercihlerini daha güvenli ve düşünerek yapmasını sağlayacak bilgiler vermeliyiz. Bu şekilde, çocuğunuzu incitecek ve sizi ondan daha üstün bir konuma koyacak müdahalelere, sınırlara ve kontrol etme ihtiyacına gerek kalmaz.

Çocuklar, tercihlerini yaptıklarında ve kararlarına sahip çıktıklarında kendilerini daha güçlü hissederler. Bununla birlikte, bağımsız olmak diğer insanlar üzerinde kontrol sahibi olmaktan farklı bir şeydir ve bu çocuklar için çok korkutucudur. Çocuğunuzun duyguları karşısında paniklerseniz, gücünü sizin üzerinizde kullanır; ancak, bu tür bir güç kullanımı onu şaşkına çevirir ve daha fazla öfkelenmesine yol açar.

Çocuğunuzu kendi tercihlerini yapabilmesi için bilgilendirdiğiniz zaman, her istediğini yapamayacağını da daha kolay kabullenir: Bisikletini caddenin ortasında kullanmamak, tabakları kırmamak, ateşle oynamamak, başkalarını incitmemek, eşyaları sağa sola fırlatmamak veya arabada giderken emniyet kemerini takmak gibi. Bunları, kontrol altında tutulmak yerine yapıcı bir iletişimle kavradığı için doğal olarak o da daha düşünceli ve güvenli şeyler yapar, çünkü istediği budur.

Çocukların doğasında doğru şeyleri yapma, uyum sağlama,

güvende olma ve bizleri mutlu etme isteği vardır. Çocuğunuz size direnç gösteriyorsa, onunla iletişim kurarken onu kontrol etmişsiniz demektir; ona siz direnç göstermişsiniz demektir. Çocuğunuzla ilgili yargılarınız, sizin için faydalı bir rehberdir; bunları kendi gelişiminiz için kullanın, siz düzeldikçe çocuğunuz da düzelecektir. O sadece sizin davranışlarınızı yansıtır. Onun direnç gösterdiğini düşünüyorsanız, siz de direnç gösteriyor olmalısınız. Uyumsuz davranıyorsa, kendinize ona ne kadar uyum gösterdiğinizi sormalısınız. Kontrol etme ihtiyacınızı tetikleyen düşüncelerinizi bir yere not edin ve bunları gözden geçirin; bu otomatik tepkilerinizi gün ışığına çıkardığınızda, zamanla olmayı arzu ettiğiniz ebeveyn haline gelirsiniz.

Aşağıdaki iki örnek, güvenlikle ilgili bir sorunun, birinde kontrol ederek diğerinde ise güvene dayalı insanca bağlar kurarak nasıl iki farklı şekilde ele alındığını gösteriyor:

> Babası Amber'a, bahçelerinden akan nehrin kıyısında asla yalnız başına oynamamasını söylemişti. İki hafta sonra, 3 yaşındaki Amber suya biraz daha yaklaşabileceğini ve içine taş atabileceğini düşündü. Bunu yaptığında annesinin çığlıklarıyla şaşkına döndü: "Hayır Amber! Oradan hemen uzaklaş!"
>
> Amber geri çekildi, korkmuş ve utanmıştı. Annesi onu azarlamaya devam etti ve bunu bir daha yaparsa onu cezalandırmakla tehdit etti.

Amber belki de bir daha nehir kenarına yalnız gitmeyecektir, ama bunu yapmamasının nedeni, durumu anlaması, ebeveynlerine ve kendine güvenmesi veya güvende olmak istemesi değildir. Nehirden uzak duracaksa, bunu ebeveynlerinin onaylamayacağı ve cezalandırılacağı korkusuyla yapacaktır. Eğer bir gün çok öfkelenirse ve intikam almak isterse, şansını deneyebilir ve nehre girerek veya "yasak" olan başka bir şey yaparak ebeveynlerini "cezalandırmak" isteyebilir. Veya ebeveynlerinin onayı olmadan kendi başına hareket etmek istediğinde, "yasak" olan bir şeyi yapmaya kalkışabilir. O veya bu şekilde, ebeveynlerinin baskıcı tavırlarına daha da maruz kalacak ve tepkisini öfke nöbetleriyle, saldırganlıkla veya kendine zarar vererek ifade edecektir.

Çocuklar, bilgilendirildiklerinde ve ebeveynlerinin yanında kendilerini güvenli hissettiklerinde, kendileri de güvende olmak ve kendilerine dikkat etmek isterler. Ebeveynler çocuklarına kurallar koymayıp çocuğun en yakın dostu olmayı başarırlarsa, çocuk kendini güvende hisseder.

Babası Julian'a, yeni taşındıkları evin yanında akan nehirde oynamak isteyip istemediğini sordu ve çocuk da bunu istediğini söyledi. Nehir kenarına birlikte gittiler, babası 3 yaşındaki Julian'e nehrin tehlikelerini açıkladı. Nehre yapraklar ve taşlar atarak tehlikeleri anlattı, insanların suya düştüklerinde nefes alamayacaklarını açıkladı. Sonra birlikte ayaklarını suya soktular, suyun hızını hissettiler. Birlikte oynayıp çok eğlenceli zaman geçirdikten sonra, babası Julian'e nehrin kıyısında oynamak istediği zamanlarda annesini veya babasını da çağırmasını rica etti.

Ertesi gün Julian, annesinden kendisiyle birlikte nehre gelmesini istedi. Annesi, "Şu anda gidemem, ama telefon konuşmam biter bitmez gideriz" dedi. Yirmi dakika sonra anne oğul birlikte nehir kenarına gittiler. Bu tür nehir maceraları bir süre hemen hemen her gün tekrarlandıktan sonra, Julian ilk başlardaki ilgisini kaybetmeye başladı ve ebeveynleriyle nehir kıyısındaki oyunları seyrekleşti. Oraya asla yalnız başına gitmedi çünkü ebeveynlerine ve onların sayesinde edindiği mantığına güveniyordu.

İkinci örnekte gördüğümüz gibi güvene dayalı bir ilişkide Julian'ın kendini çaresiz hissetmesi için bir neden yoktu çünkü üzerinde kontrol uygulanmıyordu. Aynı zamanda ebeveynlerine meydan okumak gibi bir isteğe de kapılmamıştı. Julian, ebeveynlerinin ona sunduğu bilgileri hayatının tüm evrelerinde kullanmaya devam edecek ve birlikte verdikleri kararları bozmak, güvensiz veya düşüncesizce hareket etmek gibi istekleri olmayacak.

Çocuğunuzu elinizden geldiğince bilgilendirmeye, onu tam olarak anlayamadığı ve güvenli bir tercih yapmakta zorlanacağı durumlarda bırakmamaya çalışın. Çocuğa güvenli bir fiziksel ve sosyal ortam yaratırsanız onun da güvenli ve düşünceli şekilde hareket etmesini sağlarsınız.

Çocuk, ağlama nöbetlerini istediklerini elde etmek için kullanıyorsa

Bir çocuk herhangi bir şeyi elde etmek için duygusal ifade yöntemlerine başvuruyorsa, kendi deneyimlerine dayanarak iki ihtimali varsayıyor demektir: Ya istediğini başka bir şekilde elde edemeyeceğini ya da isteklerini veya avunacağı başka bir şeyi elde edebilmek için çok fazla ve uzun süre bağırması gerektiğini düşünüyordur. Sonuçta, onu son derece rahatsız eden iki ruh haline girer: Ebeveynlerinin kontrolü nedeniyle kendini çaresiz hisseder ve gözyaşları ebeveynlerinin paniklemesine neden olduğunda da afallar.

Duygular her ne kadar geçerli olsa da, davranışların temelinde duyguların olması şart değildir. Başka bir çocuğun yüzüne kum attığı için uyarılıp üzülen bir çocuğun da, sıranın başına geçemediği için hayal kırıklığına uğrayan bir çocuğun da hissettikleri duygular kendilerince haklıdır ve bunları ifade etmeye, ebeveynleri tarafından duyulmaya ve onaylanmaya ihtiyaç duyarlar. Fakat bu, çocuğumuzu başkalarının üzerine kum atmaya teşvik etmemiz veya sıranın başına geçebilmesi için onun haklarını korumamız anlamına gelmez. (Çocuğumuzun hareketlerinin karşılanmamış bir ihtiyacından kaynaklanıp kaynaklanmadığını keşfetmemiz gerekir.)

Çocuğunuz, sıranın başına geçebilmesi için başka bir çocuğu önünden çekmediğiniz veya parktaki küçük çocuğa kum atmasına izin vermediğiniz için kızabilir. Eğer hayatı boyunca kendini hep çaresiz hissettiyse ve hayatını yönetme özgürlüğünü elde edemediyse, bu kızgınlığı bir öfke nöbeti olarak patlak verebilir. Veya sizin üzerinizdeki gücü altında eziliyorsa ve canının istediğini yapma hakkına sahipse, ona liderlik yapmanızı sağlayabilmek için hiddetlenebilir.

Çocuğumuzu ne kadar kontrol altında tutmaktan kaçınsak da, bazı durumlarda hemen müdahale etmemiz gerekir ve o an bunun üzerinde konuşmak için zaman da yoktur. Böyle bir durumda çocuğunuz incinebilir, umutsuzluğa kapılabilir veya öfkelenebilir. Aşağıdaki örnek, bir çocuğun ağlayarak gerçekleri değiştiremese bile kendisine kulak verildiğini ve anlayışla karşılandığını bildiği zaman özgürlüğünü nasıl elde ettiğini gösteriyor:

5 yaşındaki Dave, 9 yaşındaki ablası Lila'nın odasında onun yanında olmak istiyordu. Lila ise yalnız kalmak istiyordu. Dave yalvardı ve Lila da tek bir şart altında bunu kabul etti; önceden yaptığı gibi onu itmeyecekti. Dave söz verdi.

Kısa bir süre sonra Dave ağlayarak dışarı çıktı. "Lila dışarı çıkmamı söyledi çünkü onu ittim."

Sonradan anlaşıldığı üzere Lila, Dave'in odayı terk etmesini istemeden önce kendisini itmemesi konusunda onu birkaç kez uyarmıştı.

Dave, annesinin önünde kendisini yerlere attı ve bağırarak ablasını bir daha itmeyeceğini ve odaya girmek istediğini söyledi.

Annesi onun hissettiklerini anlayışla karşıladı. "Ablanla oynamak istiyorsun. Kendini tutamayıp onu ittin. Seninle boğuşmasını mı istiyordun?"

Dave ağlayıp tekmeler savurarak, "Geri dönmek istiyorum" dedi.

Annesi ise, "Anlıyorum. İstediğin kadar ağlayabilirsin, ben senin yanında olacağım" dedi. Dave'in ağlama nöbeti hemen sona erdi ve gidip bisikletine bindi.

Dave'in ağlamaya ihtiyacı yoktu, sadece durumu değiştirmeyi umuyordu. Bunun olamayacağını anladığında ise, başka bir faaliyete yöneldi. Bir çocuk ağlayarak bir şey elde etmek istediğinde, kendisine ilgi gösterileceğini bilmesi, olaya derhal bir son verir çünkü ağlamanın bir işe yaramadığını anlar.

Çocuğunuzun ağlama nedeni imkânsız bir şeyi elde etmek olduğu bile, duygularını ifade etme ihtiyacından da kaynaklanabilir. Bu gibi durumlarda yapmamız gereken, çocuğun ağlaması kendiliğinden dinene kadar onu dinlemek ve anlayış göstermektir. O zaman rahatlar ve başka bir şeye ihtiyacı kalmaz; ama eğer devam eden bir ihtiyacı varsa, bu konudaki konuşma ağlama nöbeti sona erdikten sonra yapılmalıdır.

Çocuğun o anda istediği şey genellikle gerçek ihtiyacını göstermez; bir ebeveyn olarak ağlama nöbetinin ardında yatan dürtüyü keşfetmeniz gerekir ki, bu da genellikle bir şeker veya sıranın önünde olmak değildir. Örneğin; sıranın önüne geçmek için ağlayan bir çocuk, güvende olma, kendini önemli ve değerli hissetme ihtiyacında olabilir. Arkadaşlarını ilk sırayı çocuğunuza vermeleri için zorlayarak, derinde yatan sorunu çözemezsiniz, bilakis daha da derinleştirirsiniz. Derinlerde yatan ihtiyaç ele alınmalıdır; aksi halde ağlama nöbetleri güvensizlik duygusuyla beslenerek daha da artar. Çocuğun tek ihtiyacı öfkesini ifade etmekse, bunu yaptıktan sonra başka bir şeye ihtiyaç duymaz. Diğer yandan, sevgiye, ilgiye ve bağımsızlığa ihtiyacı varsa, o öfkesini tamamen ifade ettikten sonra, her ikiniz de daha netleşebilir ve pratik çözümler bulabilirsiniz. Aşağıdaki olay bu duruma örnektir:

4 yaşındaki Sheila, hastanede yatan dayısı John'u ziyaret etmek üzere ebeveynleriyle birlikte evden çıktı. Yolculuk birkaç saat sürdü ve hastaneye vardıklarında Sheila derin bir uykuya dalmıştı. Sheila'nın yorulduğunu düşünen ebeveynleri onu uyandırmadılar. Annesi ağabeyini ziyaret etmek için hastaneye girdi, babası ise arabada Sheila'nın yanında kaldı. Bu kısa ziyaret sona erdiğinde, Sheila hâlâ uyuyordu.

Sheila uyandığında hava kararmıştı ve neredeyse eve varmak üzerelerdi. Sheila etrafına bakındı. "John Dayı'ya gitmemize ne kadar kaldı?" diye sordu.

Ebeveynleri artık eve dönmek üzere olduklarını söylediklerinde Sheila bir ağlama nöbetiyle patladı. Ebeveynleri ertesi hafta yine gitmeyi teklif ettiler, ama sundukları çözümler o anda Sheila'nın ihtiyacını karşılamıyordu. "Hayır, onu şimdi görmek istiyordum!" diye bağırırken etrafa tekmeler atıyordu. Annesinin ilgisi altında, yol boyunca öfke nöbeti devam etti. Annesi gerçekleri kabul edip Sheila'nın duygularını anlayışla karşılamıştı. "John Dayı'yı göreceğin için heyecanlıydın ama bunu kaçırdın. Uyumaya devam etme veya uyandırılma kararını kendin vermek istiyordun" dedi.

Öfke nöbeti sona erdiğinde Sheila sakinleşmişti. Eve geldiler ve gelecekte karar alırken Sheila'yı da nasıl dahil edeceklerini ve kendini yönetme hakkını ona nasıl verebileceklerini konuştular. Ertesi hafta sonu John Dayı'yı yeniden ziyarete gittiler ve artık sakinleşmiş olan Sheila bunu heyecanla bekliyordu. Ve bundan sonra, bir yere gittikleri zaman Sheila uyuya kalması durumunda, uyandırılıp uyandırılmama isteğini önceden ebeveynlerine söyleyecekti. Hep birlikte vardıkları anlaşmaya göre, eğer Sheila isteğini önceden bildirmeyi unutursa, ebeveynleri onu her halükârda uyandıracaklardı.

Bu gibi durumlarda ebeveynlerin kafası karışır ve çoğu da çocuklarının öfke nöbetine bir son verebilmek için yaratıcı çözümler bulurlar: O gece geri dönerek bir otelde kalıp, ertesi sabah tekrar hastaneye gidebilirlerdi. Eve dönerken yolda lezzetli bir yemek yemeyi teklif edebilirlerdi. Yeni bir oyuncak alabilirlerdi.

Bu tür çözümlerde amaç, çocuğun ağlamasını dindirebilmek ve böyle nahoş deneyimi yaşamak zorunda kalmamaktır. Kendi kendimize çocuğun çok sarsıldığını, bunun bizim suçumuz olduğunu ve çocuğumuzun bu hayal kırıklığıyla baş edemediğini söyleriz. Oysa olup bitenler geri döndürülemez. Ebeveynler suçlu değildir, ellerinden geleni yapmaya çalışırlar ve masumdurlar; çocuk da onu aksine inandırmadığımız sürece aslında o kadar da sarsılmamıştır. Yukarıda bahsedilen türdeki çözümler Sheila'nın ihtiyaçlarını ve duygularını tatmin edebilirdi. Ama onu asıl öfkelendiren ziyareti kaçırması değildi; kendisiyle ilgili kararları verme hakkının elinden alınmış olmasıydı. Ve incinen onurunu hiçbir ziyaret, dondurma veya oyun parkı onaramazdı. Bununla birlikte, ebeveynlerinin onu dinlemeleri, gerçekleri kabul etmeleri ve özgürce ifade ettiği öfkesini anlayışla karşılamaları, Sheila'nın hissettiği yoğun duyguları atlatabilmesine ve geleceğe yönelik çözümleri gözden geçirebilmesine olanak tanımıştı. Sadece 4 yaşında olduğu için, düşüncelerini gözden geçirip öfkesinin imkânsız bir şeyi istemesinden kaynaklandığını bile fark etmemişti. Geçip gitmesine izin verildiği için bu dram da ortadan kalkmıştı. Kaçırdığı ziyareti dram haline getirmediği için ertesi haftayı heyecanla bekleyebilmişti.

Çocuğunuzun öfke nöbetine kulak verin ve onun yaşadıklarını kabul edin, ama onu duygularından uzaklaştırmaya veya avutmaya çalışmayın. İşler ters gittiğinde paniklemeye ve acısını dindirecek bir avuntuya gerek olmadığını bilmesi gerekir. Güçlü duygular hissedebileceğini ve hayal kırıklıklarıyla, düşmelerle veya başka tür acılarla duygusal anlamda yüzleşebileceğini anlaması gerekir.

Ebeveynlerin liderliği

Bazı ebeveynler çocuklarının ağlamasında olduğu gibi, öfke nöbetlerinin de iyileştirici etkisi olduğunu düşünürler ve çocuğu, ihtiyaçlarından ve bağımsız olma isteğinden mahrum bırakırlar. Çocuğun tercihlerine saygı duymak yerine, "Bırak hiddetlensin, bu onun için iyi" derler. Çocuğunuzun öfkelenme ihtiyacına saygı gösterin ama buna siz neden olmayın. Eğer yerine yenisini verebiliyorsanız, kopan bir muzu değiştirmekte veya güç savaşına girmeden çocuğa sağlıklı bir şeker vermekte bir sakınca yoktur. Merhametli, cömert ve saygılı olmaya çaba gösterin.

Bir keresinde bir baba bana, "Ama pes edersem, bana saygı duymaz" demişti. Merhametli olmak "pes etmek" demek değildir. Ebeveynin "saygı görme" ihtiyacı da derinlemesine gözden geçirilmesi gereken düşüncelerden biridir. Kendimizi olgunlaştırmak, başka birisinin bize verebileceği herhangi bir şeye ihtiyaç duymamakla ilgilidir. Kendinize ve başkalarına saygı gösterin ki saygıyı öğreten kişi siz olasınız.

Bir çocuğun içten gelen saygı duygusu, kontrol altında tutulduğunda değil, sevgi ve merhamet gördüğünde gelişir. Bizler genellikle teslimiyetçiliği saygıyla karıştırırız. Oysa itaat saygı değildir; öfkeyle karışık korkunun ifade edilme şeklidir. Dolayısıyla, insanın kendini ifade etmesini engeller. Bir ebeveynin çocuğu tarafından sömürülme korkusu, genellikle geçmişten gelen kişisel bir acısından kaynaklanır. Çocukla bir ilgisi yoktur; onu sevme ve ona güvenmenin önünde duran bir engeldir. Ebeveynleri tarafından dinlenen ve hayatı yetişkinlerin kontrolü altında engellenmeden akabilen bir çocuk, ebeveynlerini kullanmaya ihtiyaç duymaz. Onları sever, onlara hayranlık duyar ve yanında olacaklarına her zaman güvenir.

Çocuklar çaresizlik hissettiklerinde ve bir şeyleri elde etmek için öfke nöbeti geçirdiklerinde, aslında sizin onlara liderlik yapmanızı isterler. Özgür ve bağımsız olmaya ihtiyaç duyarlar, ama kendilerini duygusal yollarla ifade ederek ebeveynlerini korkutabileceklerine de inanmak istemezler. Böyle bir güçle baş edebilecek donanıma sahip değildirler; bu nedenle bir çocuk, ağlamalarının ve çığlıklarının anne/babasını korkuttuğunu fark ettiği zaman, kendini kaybolmuş hisseder ve rehberliğe ihtiyaç duyar. Çocuklar, güvenebilecekleri liderlere ve kalplerini açabilecekleri iyi birer dinleyici olan ebeveynlere ihtiyaç duyarlar. Diğer bir deyişle çocuğunuz, onun duygularını bunalmadan özümseyebilmeniz için sizin gücünüze güvenir.

Çocuğunuzun, isteklerini elde edebilmek için öfke nöbetine tutulmasını engellemek istiyorsanız, *onun hıncını artıran iki durumu değiştirmeniz gerekir:*

1) Kontrol etmeyi bırakın; çocuğunuzun hayatını sakin ve kendi bildiği şekilde yönetmesine olanak tanıyın.
2) Çocuğunuz değiştirilemez durumlar karşısında üzüldüğünde, ona gerçekleri duygusal ifade yöntemleriyle değiştirme gücünü vermeden, duygularını anlayışla karşılayın.

Çocuklar hayal kırıklığı ve hüsrana uğradıklarında, ebeveynlerinin liderliğine ihtiyaç duyarlar. Dile getirmedikleri soru genellikle şöyle bir şeydir: "Babam niçin öfkelendiğimi dinleyecek kadar beni seviyor mu, yoksa bu yoğun duygularım karşısında beni yüzüstü bırakıp durdurmaya mı çalışacak?" Küçük çocuklar, kendilerini "deliye dönecek" kadar güvende hissetmek isterler ve onları sevgiyle karşılama gücüne sahip olduğunuzu bilmek isterler.

Çocuğunuzun öfke nöbeti karşısında paniklerseniz, bunu bir araç olarak kullanmayı öğrenmekle kalmaz, aynı zamanda duygularından korkmayı ve çok ciddiye almayı öğrenir. Kendi duygularından korkabilir çünkü sizin de kendi duygularınızla baş edemediğinizi görür: "Duygular korkunç şeyler olmalı; onlardan kaçınmalıyım." Duygular karşısındaki tamamen dramatik olan bu tepki, duygulara abartılı bir önem katar, onları korkutucu ve güçlü hale getirir. Diğer yandan, çocuklarımızın duygularını dramatik hale getirmeden sakin ve anlayışlı bir şekilde yaklaştığımızda, duygularını güvenli bir şekilde hissedebilmelerine olanak tanırız. Duygular yaşanmalıdır ki, onlara takılıp kalmadan hayatımıza devam edebilelim. Gerçek acılara yol açan şey, direnç göstermek ve inkâr etmektir.

Avutmak ve kandırmak, çocuğun duygularını yaşayıp bunlardan kurtulmasına yardımcı olmaz. Kendisini rahatlatacak bir ağlama nöbeti geçiriyorsa, istediği şeyi elde etse bile tatmin olmaz; üzüntüsü için başka nedenler bulur veya imkânsız bir şey ister. Çocuğunuzun öfkesini başarılı bir şekilde dindirseniz bile, kendi yaratıcı yöntemleriyle ve muhtemelen aynı gün içinde yine bir olay çıkarır. Eğer, "Ona ne verirsem vereyim, yine de üzülecek başka bir şey buluyor" diyorsanız, çocuğunuz muhtemelen yoğun duygularını ifade etme ihtiyacındadır. Çocuğunuzun çığlıkları karşısında istediği her şeyi ona verebilmek için taklalar atıyorsanız, onun gerçek amacını engellemiş olursunuz ve sıkıntısının altında yatan gerçek nedeni öğrenemezsiniz.

S.İ.D.O.T. formülünü kullanın; çocuğunuzun karşılanmamış ihtiyaçları açık bir şekilde ortaya çıkacaktır:

S- Çocuğunuzun öfke nöbetini durdurmanızı söyleyen içsesinizi Sessizce dinleyin ve bu sesi içinde bulunduğunuz durumdan ayrı tutun. Bu sese takılmamayı başarabilirseniz, devam edin. Başaramazsanız, bu düşüncelerinizin konuyla ilgisi olup olmadığını gözden geçirin. "Çocuğumun öfkesi dinmeli" veya "Böyle bir hüsranla baş edemez" şeklinde düşünüyorsanız, bunu gerçekten bilip bilemeyeceğinizi kendinize sorun. Sonra da, bu düşünce olmadan öfkeli çocuğunuzun yanında olduğunuzu hayal edin. Sizi bile şaşırtabilecek bir sükûnete kavuşacağınızı fark edeceksiniz. Çocuğunuzla ilgili stres yaratan düşüncelerinizin sizi de temsil ettiğinin farkına varın; çocuğunuzun öfke nöbeti yüzünden siz de kendi içinizde bir öfke nöbeti yaşıyorsunuz. Bu arada, çocuğunuz da sizin onu dinlemenize ve sakin bir şekilde yol göstermenize ihtiyaç duyar.

İ- Kendi içinizde biraz netleştikten sonra, İlginizi çocuğunuza yöneltin.

D- Öfkesini dinleyin.

O- Duygularını onaylayın.

T- Duygularını ortaya çıkarması ve sorununu çözebilmesi için onu Teşvik edin.

Çocuğunuzu tam olarak dinlediğinizde, onunla aranızdaki bağı korursunuz, rahatlarsınız ve gerçek ihtiyacını anlayabilirsiniz; bir önceki örnekte Sheila'nın ebeveynlerinin yaptığı gibi. Annesi Sheila'yı dinlememiş olsaydı, vicdan azabına kapılıp, hastaneye geri dönebilirlerdi veya Sheila'yı başka bir şekilde avutmaya kalkışabilirdi. Bunun yerine, Sheila'ya kulak verdi ve onun gerçek ihtiyacının kendi kararlarını verebilmek ve olaylara dahil edilmek olduğunu anladı.

Olaya bakış açımızın kendi yarattığımız dramla gölgelenmesine izin vermeden, çocuğumuzu dinleyerek söylediklerinin ardında yatanları keşfetmeliyiz. "Dayımı görmek istiyordum" cümlesi çocuğun en önemli ihtiyacı gibi gözükebilir, ama ona asıl derinden acı veren tercih yapamamış ve olaylara dahil edilmemiş olmasıdır. Çocuğun öfkesi, kendi kendini yönetme özgürlüğüne duyduğu ihtiyacı ifade eder. Sheila bağımsız olma ve dahil edilme ihtiyacı ebeveynleri tarafından dinlendiği için, o günkü ziyareti kaçırmış olmasını kabullenebilmiştir. Çocuğunuza güvenin ve başka bir ihtiyacıyla karıştırmadan ağlama ihtiyacına saygı gösterin.

"Kurban" psikolojisini önlemek

Ağladıkları veya üzgün gözüktükleri için devamlı avutulan çocuklar bundan başka bir ders çıkarırlar: "Yeterince kederli gözükerek istediklerimi elde edebilirim" veya "Üzgün olmak insanların ilgi göstermesini sağlıyor." Çocukluklarında bu stratejiyi benimsemiş çoğu insan, bunu yetişkin ilişkilerine de taşır; "Ne kadar kederli olduğumu gösterebilirsem, bana daha iyi davranır ve istediğimi yapar" şeklinde düşünürler.

Çocuklar ve yetişkinler, kendilerini kurban gibi görmeleri yüzünden istediklerini elde edebileceklerini düşünerek kötü durumlara düşerler. Kendini acındırmak insanın geçmişinden gelir ve gücü başkalarına devretmekle ilgilidir; içinde bulunduğumuz durumu yaşamamızı ve güçlü olmamızı engeller. Çocuğunuz kendini kurban olarak görmeyi de, mevcut durum içinde güçlü bir şekilde hareket etmeyi de sizden öğrenir. Mutluluğun başkalarına veya şartlara bağlı olduğunu öğrenirse, kendini çaresiz hisseder; yapabileceği hiçbir şey yoktur. Kendilerini kurban olarak gören kişiler, sürekli düşüş halindedirler çünkü zihinleri kurban oldukları konusunda haklı olmak ister.

Kendisini kurban olarak gören öfkeli çocuğunuzun yanında kendinizi rahatsız hissederseniz, onun sizin liderliğinize güvendiğini kendinize hatırlatın. Onun yaşadığı drama kapılıp gitmenizi istemez; bu tıpkı, boğulmakta olan bir insanı tutup sudan çıkarmak yerine onunla birlikte boğulmaya benzer. Güçlü tarafını (kurban olmayan) ortaya çıkarmanız için size güvenir. Bir çalışma grubunda yaşadığım aşağıdaki örnekte, çocuğun üzüntüsü karşısında ebeveynlerinin ona liderlik yapamamasının ne kadar tehlikeli olabileceği görülebilir.

6. yaş gününden birkaç gün önce Nina, 11 yaşındaki ağabeyi Ron'un kendisine bir hediye aldığını keşfetmişti. Ron kardeşine doğum günü partisinde sürpriz yapmak istiyordu, ama Nina beklemek istemiyordu. Hediyeyi hemen alabilmek için bağırmaya ve ağlamaya başladı. Nina'nın çığlıkları evde yankılanırken babası Jack bundan rahatsız oldu. Ron'un odasına dalıp hediyeyi hemen kardeşine vermesini istedi.

Ron hediyeyi kaptığı gibi öfke içinde kardeşine fırlattı. O noktada Nina'nın ağlaması durdu, Ron ise odasına gidip kapıyı arkasından çarparak kapattı.

Nina'nın duygusal patlaması, Jack'in kontrolünü kaybetmesine neden olmuştu. Nina'nın çığlıklarını bir an önce susturabilme telaşıyla, iki çocuğunun da ondan bekledikleri liderlik ve duygusal desteği onlara sunamadı. Oğlunun, kardeşinin hediyesini doğum günü partisi esnasında verme kararına saygı göstermemişti; dolayısıyla hediyeyi istediği zamanda verme zevkinden onu mahrum etmişti. Ayrıca kızına da altından kalkamayacağı bir güç vermiş oldu; duygusal bir düşüş yaşadığı anda elinden tutacak kimse yoktu. Aslında Nina'nın o anda ihtiyaç duyduğu şey, babasının yaşadığı sabırsızlığa anlayış göstermesiydi ki, o anda yaşadıklarını kabullenebilsin. Dahası, her iki çocuk da mutsuz olmanın ve bağırmanın istediklerini elde etmek için birer araç olduğunu öğrenmiş oldular.

Masum bir şekilde elinden gelenin en iyisini yapmaya çalışan Jack'in müdahale yöntemi, kendisinden başka kimseye yarar sağlamamıştı ve bunun da bir bedeli vardı. Sükûnete ihtiyacı vardı ve o anda kızı kadar sabırsızdı. O da "hediyesini" anında istemişti; onun istediği "hediye" kızının çığlıklarının son bulmasıydı. Kızının çığlıklarının kurbanı olmuştu ve aradığı huzur, oğlunun bir başka kurbana teslim olmasına bağlıydı. Bu olayda herkes birer kurbandı ve hiçbiri de gerçekten huzura kavuşamamıştı.

Bu durumda daha etkin bir ebeveyn tepkisi ne olabilirdi? Öncelikle Jack, çocuklarının kavgasına karışmaktan kaçınabilirdi; zihninden geçenleri dinleyip bu düşüncelerin kendi endişeleri ve kafa karışıklığıyla ilgili olduğunu fark edebilirdi. Ron, kardeşinin hediyesini doğum gününden önce vermemiş olurdu ve Nina'nın bağırması da bir süre sonra kendiliğinden sona erebilirdi veya yaşadıklarını gelip babasına anlatabilirdi. İkinci olarak, Jack, Nina'nın öfkesine ve derdine kulak vermeyi teklif edebilir ve "Anlıyorum. Ağabeyinin hediyesini görmek için sabırsızlanıyorsun. Heyecanlandığın için iki gün sana çok uzun geliyor" diyerek onun duygularını anlayışla karşılayabilirdi. Nina'nın, hediyesini bir an önce açma isteğini anlayışla karşılamakla birlikte, Ron'un duygularını ve kararını da anlayışla karşılayarak onun içinde bulunduğu zor durumu önemsediğini gösterebilirdi. Böylece Nina, yaşadığı yoğun duyguların anlayışla karşılandığını ve bunlarla baş edebileceğini hissedebilirdi; Ron da babasının güvenini ve takdirini kazandığını bilirdi. Nina üzüntüsünün nedenini bile açıklayabilirdi ki bu, hediyesini hemen alması gerektiğiyle ilgili düşüncesiydi. Bu düşüncesi olmasa, onu bekleyen sürprizden dolayı heyecan duyabilirdi.

Nina saatlerce bağırsa ne olurdu? Zen Budizm'i bu soruyu şöyle cevaplar: Babasının sevecen ilgisi altında uzun bir süre boyunca bağırıp ağlayacaktır. Çocuklar bazen üzüntülerine takılıp kalırlar çünkü ağlama ihtiyacı içindedirler; bazen de farkında olmadan ebeveynlerini taraf tutmaya veya güçlü bir lider olmaya zorlayabilirler. Bazı durumlarda ise, çocuk sadece ebeveynlerini veya onların arasındaki ilişkiyi yansıtan bir aynadır. Geçirdiği öfke nöbetinin nedeni her ne olursa olsun, çocuğun duygularını anlayışla karşılamak rahatlamasını ve netleşmesini sağlar.

Tehlike arz etmediği ve nazik bir şekilde müdahale etmeniz gerekmediği sürece, olayların akışını değiştirmemek sizin için faydalıdır. Jack'in evinde yaşanan olay, Ron'un Nina'nın hediyesini doğum günü partisinde verecek olmasıydı. Bir çocuğa gerçeklerle uzlaşabilme gücünü kazandırmak, gerçekleri istediği gibi (ne kadar üzgün olursa olsun veya sesini ne kadar çok çıkarırsa çıkarsın) değiştirebileceğini öğretmekten çok daha büyük bir hediyedir. Hayatın gerçekleri, insanların istekleri doğrultusunda değişmez. İstenmeyen şartları gücümüzü kullanarak değiştirirsek, çocuğumuzu, onu güçlendirebilecek zorluklardan ve hayal kırıklıklarından mahrum bırakmış oluruz. Diğer bir deyişle, bir çocuğun gerçeklerin değiştirilmesinden çıkardığı sonuç şudur: "Sen bununla baş edemeyecek kadar zayıfsın" ve "Yanlış olan bir şeyler var ve değiştirilmesi lazım." Bu bir kurbanın bakış açısıdır. Diğer taraftan, çocuğa odaklanarak onu dinlediğinizde, bundan "Sana güveniyorum. Bu zorluğu atlatabileceğin gibi bunu kabullenebilecek ve çözümleyecek güce de sahipsin" şeklinde bir mesaj alır. Böylece, hayatın beklenmedik olaylarından korkmak yerine hayatı sevmeyi öğrenir.

Çocuğunuz, kendi kendini yönetme hakkına saygı duyduğunuz sürece, hayal kırıklıklarına tahammül edebilir ve zaman zaman isteklerinin önüne çıkan engellerle baş edebilecek duygusal becerileri kazanır. İsteklerini duygusal ifade yöntemleriyle elde etmeyi öğrenmiş olan çocuklar, ebeveynleri onların acısına bir kez kulak vermeye başladıkları zaman büyük bir rahatlama hissederler.

Çocukların öfkesine kulak vermek

Öfke, suçlayıcı bir duygudur ve kişinin kendi benliğinin dışına odaklanmasına neden olur; onu içten düşüncelerinden ve duygularından uzaklaştırır. Öfke, kişinin kendini kurban olarak görmesinin bir sonucudur. Bir çocuk, kaybettiği bir oyuncak yüzünden, oyununu bölen yağmur nedeniyle veya bir oyunu kaybettiği için öfkelenebilir. Bundan dolayı bir başkasını suçlayarak kendini güçsüz duruma getirir, çünkü ne geçmişi değiştirebilmekte ne de diğer insanları kontrol edebilmektedir; aslında mutluluğun kendi dışındaki güçlere bağlı olduğunu ve bu konuda yapabileceği hiçbir şey olmadığını ilan etmektedir. Dışarıya odaklanması nedeniyle, kendi içine bakıp kontrol edebileceği duygularını fark edemez.

Kızgın bir çocuk, onu gitmek istediği maça götürmekte geciktiğiniz için sizin kötü bir insan olduğunuz fikrine odaklanarak maçın büyük bir bölümünü kaçırmaktan kaynaklanan üzüntüsünü savuşturmaya çalışır. Oysa, maçı kaçırmanın üzüntüsü, zamanı geriye sarıp babasının davranışlarını kontrol edememenin getirdiği çaresizlik duygusundan çok daha az acı vericidir. Olayın gerçekliği, çocuğun zihninin yarattığı suçlayıcı dramdan çok daha hafif bir durumdur. 1. Bölüm'deki TV programını kaçıran Lizzie'nin hikâyesinde, Lizzie, öfkeli halinden (annesini suçlama ve yanlış olan şeye odaklanma) kurtulup, içinde bulunduğu durumu kabullenebildiği zaman, markette beklemek ve TV programını kaçırmak konusunda huzura ermişti: "Programı kaçırdım, o kadar." Gerçek durum onun kafasında yarattığı hikâye kadar kötü değildi ve bunu kolaylıkla kabullenebilmişti.

Çocuğunuza, öfkelenmesine neden olan düşüncelerini fark etmesini ve suçlayıcı olmayan duygular hissetmesini sağlayacak sorular sorarak yardımcı olabilirsiniz. Acı veren düşünceler genellikle gerçeklerin yadsınması şeklindedir; "Böyle olmamalıydı" veya "Sopamı kırmamalıydı" gibi veya "Eve gitmek istiyorum" (mesela arabanız olmadığında ve bir başkasının sizi götürmesini bekliyorsanız) gibi veya "Birinci olmak istiyorum" gibi imkânsızı istemek şeklinde.

Öfkeli çocuğunuza, kendisiyle bağlantı kurabilmesini ve suçlayıcı olmayan duygu ve düşüncelere odaklanmasını sağlayacak sorular sorun. Örneğin; çocuğunuz, "Bizi çok erken aldılar" deyip birini suçluyorsa, "Parkta daha fazla kalmak istediğin için hayal kırıklığına mı uğradın?" diyerek onun dile getirmediği duygularını onaylayabilirsiniz. Veya çocuğunuz kardeşinin futbol antrenmanına gitmek zorunda kaldığı için onu suçluyorsa, "Kardeşinin futbol antrenmanı yerine kütüphaneye gitmek istediğin için mi kızgınsın?" diye sorabilirsiniz. Eğer çocuğunuz, duygusal sözlerinizle ona patronluk tasladığınızı düşünüp kendini kapatıyorsa, bu sözleri kullanmayın. Sadece olayı ve çocuğunuzun isteklerini tarif edin: "Parkta daha fazla mı kalmak istiyordun?" ve "Oh, anladım futbol maçına değil, kütüphaneye gitmek istiyordun" gibi. Sonra da çocuğunuzun yaşadıklarını kendisinden dinleyin ve ona karşı çıkmayın.

Çocuklar ilgilerini kendi içlerinde yaşadıklarına ve duygularına yönelttikleri anda, gerçekleri kolayca kabullenirler veya bunu yapamasalar bile, yapıcı çözümler bulacak veya bulunan çözümlere yapıcı şekilde tepki verecek kadar yaratıcı davranırlar.

Öfkeli bir çocuğu teskin etme çabalarımızın nedenlerinden biri de, onu dinlemenin çok uzun süreceğini zannetmemizdir. Aslında çocuğu dinlemek, bu sadece onu rahatlatmadığı zaman uzun sürer. Çocuk ne kadar haklı olursa olsun birilerini suçlamak onu rahatlatmaz; suçlamasını haklı çıkarmak ise durumu sadece daha da ateşlendirir. Kişinin kendi dışındaki güçlere odaklanması kendini çaresiz hissetmesine neden olur; ne kadar çok öfkelenirse, kendini çaresiz bir kurban olarak görmenin yarattığı o acı veren boşluğa daha da fazla gömülür.

Geçmişte kalan ve kontrol edemeyeceğiniz durumlarla uğraştığınızı unutmayın (sıyrılan bir diz, gelmeyen anneanne). Çocuğunuz için yağmuru dindiremezsiniz; bunu yapabilseniz bile çocuğunuza bir faydası dokunmaz. Ayrıca insanları da değiştiremezsiniz; dolayısıyla çocuğunuza kendi duygularını sahiplenmesi konusunda yardımcı olursanız, onu insanlarla ilişki kurmaya daha iyi hazırlarsınız. Hayatı boyunca insanları kendi beklentileri doğrultusunda değiştirmek için uğraşıp durmaz. Bunun yerine, insanlarla birlikte yaşamayı öğrenir ve aldığı kararlarla insanları kontrol edebileceğini düşünmez.

Çocuğunuzun özfarkındalık geliştirebilmesi için, ona öfkelenmesine yol açan düşüncelerini, bunların ne anlama geldiğini ve korkularını keşfetmesini sağlayacak sorular sorun. Çocuğa duygularının nedeni olarak kendisini (olayları değil) görmesini sağlayan türdeki sorular, faydalı sorulardır. Kendi düşünme sürecinin farkına vardığında ve bunun sonucunda ortaya çıkan duygularıyla bağlantı kurabildiğinde, kafası netleşir ve daha yapıcı çözümler bulabilir (ve bu sizin de netleşmenizi sağlar).

Çocuğunuza, öfkelenmesine ve diğer acı veren duygular hissetmesine yol açan düşüncelerini keşfetmesinde yardımcı olabilmek için, aşağıdaki şu basit soruları sorabilirsiniz:

"Sence bunun anlamı nedir?"
"Senin elinde olsa, nasıl olurdu?"
"Olabilecek en kötü şey nedir?"
"Nasıl olmalıydı?"

Çok küçük bir çocuk bile, kendi kendine söylediği ve öfkelenmesine neden olan sözleri gözden geçirerek netleşebilir. Küçük çocuklarla daha net bir dilde konuşmanız gerekir:

"Sana 'aptal' dediğinde gerçekten öyle olduğunu mu düşündün?"

"Sana 'aptal' demeseydi, şu anda nasıl hissederdin?"

"Şu anda olabilecek en kötü şey nedir?"

"Sana 'aptal' dememesi gerektiğini mi düşünüyorsun?"

Çocuğunuz ona acı veren düşüncelerini bir kez gözden geçirdiği zaman ona, bu düşünceleri olmasa aynı durumda neler hissedeceğini sorabilirsiniz. O zaman, olaylardan dolayı değil, olaylarla ilgili düşünceleri yüzünden öfkelendiğini anlayacaktır. Her ne kadar istenmeyen olaylar yaşansa da, bunlarla yaşamak, zihnimizin o olayla ilgili yarattığı korkutucu ve acı verici düşüncelerle yaşamaktan daha kolaydır. Suçlama ve dram olmadığında, çocuk, mutluluğu başka insanlara dayandırmaz ve kendi gücünün farkına varır. İnsan, katı gerçekler karşısında imkânsızı istemesinden kaynaklanan acı veren düşüncelere takılıp kalırsa keder duyar. Çocuklara, acılara takılıp kalmanın fayda getireceğini öğretmediğimiz sürece, bu gerçeği çok daha hızlı kavrarlar.

Aşağıdaki örnekte, "Bu senin için ne anlama geliyor?" sorusunun, bir çocuğun derinlerdeki duygularını ve bunların nedenlerini fark etmesinde nasıl yardımcı olduğunu göreceksiniz. Annesi düşüncelerinin geçerliliğini anlamasında yardımcı olunca, çocuk da kendi kattığı anlamın hissettiği acıya ve çaresizliğe yol açtığını keşfetmiştir:

12 yaşındaki Mario, küçük kardeşleri yüzünden çileden çıkmıştı. Ailenin tek ebeveyni olan annesi Beth'e, kardeşlerinin onu sürekli rahatsız ettiklerini ve davranışlarının ceremesini hiçbir zaman çekmedikleri için çok öfkelendiğini söyledi. Beth, "Kardeşlerinin seni rahatsız etmelerine engel olmamı mı istiyorsun?" diye sordu.

"Evet sanırım" diye başladı Mario ve aynı öfkeli tonla, "Bir şeyler yap, bilmiyorum. Hiçbir şey yapmıyorsun. O kadar rahatsız ediciler ki" diye devam etti.

Beth, Mario'nun suçlamaya, intikam almaya ve cezalandırmaya odaklandığını ve ona sorduğu sorunun bir faydası olmadığını fark etti. Çünkü önerdiği çözüm, Mario'nun kardeşleriyle arasındaki ilişki konusunda kendisinin farkına varmasını değil, Beth'in bir anne olarak kardeşlerine bir şeyler yapması gerektiğini ima ediyordu.

"Benim bunu önemsemediğimi mi düşünüyorsun?" diye sordu. (Bu daha önce önerdiğim dört faydalı sorudan biridir.)

"Evet. Ve beni sevmediğini de."

"Ah canım, bu çok üzücü" dedi. "Müdahale etmediğim için seni gerçekten önemsemediğimi mi düşünüyorsun?" (Geçerliliğini kontrol ediyor.)

"Hayır. Önemsediğini biliyorum."

"Bunun beni umurumda olmadığını düşünmüyor olsaydın, nasıl hissederdin?" (Çocuğun kendi kattığı ve acı duymasına neden olan anlamı saptamaya çalışıyor.)

"Bilmiyorum. Çok rahatsız ediciler, ama aslında ben bu durumla baş edebilirim."

"O zaman seni asıl inciten şey, umurumda olmadığını düşünmen, öyle mi?"

"Hmm, evet galiba" dedi Mario ve ağlamaya başladı. Sonra başka bir şey yapmaya gerek kalmadan gülmeye başladı ve "Şey, beni sevdiğini biliyorum tabii" dedi. Beth de ona sarıldı.

"Ben de onları rahatsız ediyorum" diye devam etti Mario. "Sanırım onlardan biraz uzak kalmaya ihtiyacım var. Beni rahatsız ettikleri zaman, bununla ben ilgilenebilirim."

O akşam bir aile toplantısı yaptılar ve kardeşlerin arasındaki anlaşmazlıkları nasıl çözebileceklerini ve Mario'nun yalnız kalma ihtiyacına nasıl saygı gösterebileceklerini tartıştılar. Ortaya bazı öneriler çıktığında, Mario, "Tamam, bırakalım artık. Sizinle aramdaki ilişkiyi ben halledebilirim çocuklar. Sadece annemin beni umursamadığına dair aptalca bir fikre kapılmıştım" dedi.

Gerçek olay nadiren asıl meseledir. Mario kendi kendine, annesinin onun tarafını tutup olaya müdahale etmediği için, onu önemsemediğini söyleyerek öfkelenmişti. Öfkesinin kardeşleriyle ilgisi yoktu. Eğer annesinin onu sevmediği veya umursamadığı yönündeki düşüncesine takılıp kalsaydı, kardeşleriyle arasındaki anlaşmazlıkları çözmede başarılı olamayacaktı; kardeşleriyle arasındaki ilişkiyi çözebilse, annesiyle ilgili zihninde yarattığı "hikâye" çürüyecekti. Mario kendi çıkardığı anlamın sorumluluğunu almayı başardığında, kardeşleriyle arasındaki sorunu kolayca çözebildi. Daha sonra Beth bana, sevgisini ifade etme konusunda kendisinin bir uyanış yaşadığını söyledi. Mario'yla fazla zaman geçirmediğini fark etmişti ve onunla daha fazla baş başa kalmaya karar vermişti.

Suçlama eğiliminden özfarkındalık aşamasına geçmek, gerektiği zaman acıları dindirmek için harekete geçmeyeceğimiz anlamına gelmez. Tam tersine, insanın kafasının netleşmesi yapıcı çözümler bulmasını sağlar. Örneğin, bir çocuk dans derslerinden nefret ettiği için öfkelenmişse, bu konuda bir şeyler yapmak isteyebilir. Ona acı veren şeyin ne olduğunu keşfettiği zaman ise, dersi bırakmak, gruptaki konumunu değiştirmek veya bu konuyu öğretmeniyle konuşmak gibi yapması gerekeni kendisi bulur. Çocuğu içinde bulunduğu zor durumdan çıkarmak yerine, bu durumu, kendisinin farkına varabilmesini ve kararlı bir şekilde harekete geçmesini sağlayacak bir malzeme olarak kullanın. Netlik kazandığınızda siz de pek çok şey öğrenirsiniz ve yapmanız gereken bir şey olup olmadığını bilirsiniz.

Çocuğunuzun öfkesini geçersiz kılacak bir şey söylemekten kaçının; mesela, "Aşırı tepki gösteriyorsun" veya "Neden bu kadar kızgınsın? O kadar da önemli değil" gibi. Öfkesi geçersiz kabul edilen bir çocuk, kendisiyle ilgili olumsuz bir imaj geliştirir ve giderek daha kırgın ve güvensiz olur. Genellikle daha da savunmacı olur ve yapıcı çözümleri görmekte zorlanır. Yukarıdaki hikâyede, eğer Beth Mario'nun duygularını geçersiz saysaydı, onun gözünde daha da umursamaz biri haline gelecekti ve çocuk annesinin onu umursamadığı yönündeki düşüncesine daha da fazla inanacaktı.

Öfkeli bir çocuğun, kendisini keşfetmesini teşvik edebilmek için tepkinizi kendinize saklamalı ve çocuğu düzeltmekten veya kontrol etmekten kaçınmalısınız. Kontrolü elden bırakabilme beceriniz, güçlü olmakla ilgili bir davranıştır çünkü kendinizi zihninizin tepkilerine teslim etmezsiniz; bunun yerine, çocuğunuza odaklanırsınız, tepki vermekten yaratıcı olmaya, zayıflıktan güçlü olmaya doğru geçiş yaparsınız. Gerçek güç zorlayıcı değil, sevecen olmaktır.

Geçmişten gelen acıları ele almak

Yetişkinler gibi çocuklar da bazen, geçmişteki olayların verdiği acılardan kurtulabilmek için bunları yeniden gündeme getirme ihtiyacı duyarlar. Geçmişinden gelen bir acı, mevcut zamanda meydana gelen bir olayla yeniden tetiklendiğinde, çocuk bu acısını farkına varmadan yeni yaşadığı olayla yeniden ortaya çıkarır. Küçük çocuklar mevcut zamanda yaşadıkları bir üzüntünün geçmişteki bir olayla nasıl ilintili olduğunun farkına varamazlar veya bilinçli olarak kendi terapilerini kendileri tasarlıyor da olabilirler. Çocuklar, onları seven bir dinleyiciden ilgi gördüklerinde, duygularını ifade etmelerini sağlayacak ortamları yaratmakta çok marifetlidirler. Aşağıdaki hikâye buna bir örnektir:

Michelle'in evinde Michelle ile sohbet ediyorduk. Bu arada Michelle'in 7 yaşındaki oğlu Billy ve 3 yaşındaki kızı Thea dışarıda oynuyorlardı. Birden Thea'nın bağırdığını duyduk. Ne olduğunu anlamak üzere dışarı çıktığımızda, Thea'nın bisikletinin çimenlerin üzerine devrildiğini gördük. Billy kardeşinin bisikletini yere attığını söyledi.

Michelle sinirlendi ve "Bisikletleri etrafa fırlatabileceğini mi zannediyorsun?" diyerek çocuğu azarladı.

"Ama sen de bunu yaptın" diye bağırdı Billy.

"Bu sen de yapabilirsin anlamına gelmiyor" diye bağırdı Michelle de.

Billy'nin geçmişte onu rahatsız eden bir olayı böyle zeki bir yolla yeniden canlandırmasına hayran kalmıştım. Michelle, oğlunun bu aniden ortaya çıkan "terapi seansına" nasıl tepki vereceği konusunda yardımımı istedi. Ben de elimi Michelle'in omzuna koyup "Bu her ne ise, tamamen Billy ile ilgili" diyerek onu sakinleştirdim.

Billy kartlarını ortaya koydu. Annesine bakıp "Minnesota'ya yaptığımız gezide, sen de benim bisikletimi yere fırlattın ve kırıldı" dediğinde ağlamak üzereydi.

Michelle Billy'nin öfkesini anlayışla karşıladı ve "Bisikletini yere fırlattım. Üzülmeni ve sinirlenmeni anlıyorum. Sana ait olan şeylere saygı gösterilmesini istiyorsun" dedi.

Billy devam etti: "Dedeme sinirlendiğin için benim bisikletimi yere fırlattın. Bu hiç de adil değil!"

Oğlunun bu olayla ilgili içinde biriktirdiği duyguların sel gibi akmasını anlayışla karşılayan Michelle, onu dinledi ve hiç itiraz etmedi. "Haklısın" dedi, "adil davranmıyordum. Öfkemi senin bisikletini fırlatarak ifade ettim." Bunun üzerine Billy kendini çimenlerin üzerine attı ve hıçkırmaya başladı. Sonra, o gün için planladığımız programı kastederek "Tamam, artık parka gidebiliriz" dedi ve "terapi seansı"na bir anda son verdi.

Billy öfkesini gözden geçirmeye bile ihtiyaç duymamıştı çünkü annesinin karşı çıkmadığını görmüş ve kendiliğinden suçlayıcı olmayan duygulara (üzüntüsüyle ve gözyaşlarıyla) geçiş yapmıştı. Çocuklar, onların düşüncelerine karşı çıkmadığımız zaman, olayları genellikle hızla atlatırlar. Çocukların ifade biçimleri, hareketleri ve davranışları, duygusal dengelerini korumaya yöneliktir. Bu olayda yaşananların tersine, genellikle çocuğun bir hikâyeyi yeniden yarattığını anlamamız mümkün olmaz. Sağlıklı bir çocuk, duygusal anlamda arınmanın yolunu, bazen oyunlarda, bazen yemek masasında, bazen yatma saati geldiğinde, bazen de parkta oynarken kendiliğinden bulur. Genellikle de bundan tatmin olur çünkü bunu kendi kendine yapmıştır ve geçmişteki acılarını bünyesinden atabilmiştir.

Ebeveynlerin kendilerini ifade etmeleri

Çocukların doğasında kendilerini ifade etmek vardır ve duygularını gizlemek istemezler. Onların bu doğal özelliğini daha da geliştirebilmek için siz de kendi duygularınızı paylaşarak onlara örnek olmalısınız. Hassasiyetimizi göstermek çocuklarımızla aramızda bağ kurabilmemizi sağlar; diğer yandan katı sınırlar koymak onlardan kopmamıza neden olur ve onlara yalnızlığı ve güvensizlik duymayı öğretir.

Bazı ebeveynler, duygularının çocuklarını incitebileceğinden korkarlar. Oysa, insanları duygularınızı gizlemeden, sözlerinizle incitmekten kaçınmalısınız. Duygularımızın sorumluluğunu başkalarına yüklersek, emirler yağdırıp bunları yerine getirmediklerinde de kızarsak onları incitiriz.

Duygularınızı ve tercihlerinizi dile getirdiğiniz zaman, söyledikleriniz kimseyi kırmaz. Çocuklar masayı darmadağınık bıraktıklarında, "Bu evde kendimi köle gibi hissediyorum" veya "Takdir görmüyorum" derseniz, çocuğunuz muhtemelen buna karşı gelecek ve üzülecektir. Bu sözler, sanki çocuğunuzun sizin duygusal ihtiyaçlarınıza cevap vermesi gerekirmiş gibi bir suçlama içerir. Oysa, "Yemekten sonra masayı tek başıma toplamaktan hoşlanmıyorum. Bu işte birinin bana eşlik etmesini isterdim" derseniz, kimseyi suçlamamış ve sadece isteğinizi dile getirmiş olursunuz. Çocuğunuz sizin duygularınızdan dolayı kendini sorumlu hissetmediği zaman, sözlerinizden incinmez. İhtiyacınızı ders verir gibi ifade etmeyin: "Bana yardımcı olmalısınız" veya "Üstünüze düşen işleri yapmayı öğrenmelisiniz" gibi ifadeler dürüst bir iletişim biçimi değildir. Dürüstçe konuşun: "Yardımına ihtiyacım var. Masayı toplamak ister misin?" gibi.

Bu şekilde iletişim kurduktan sonra, çocuğunuzun ne yapacağı veya yapmayacağıyla ilgili kararına saygı gösterin. Siz ona hizmet etseniz bile, sizin ihtiyaçlarınızı karşılamak onun görevi değildir. Masanın toplanmasını isteyen kişi sizsiniz. O bunu umursamıyor. Kendini tercih yapmakta özgür hissetmelidir; sizin tepkinizden korkmadan veya kendini sizi memnun etmeye mecbur hissetmeden, mutlu ve tatmin olacak şekilde tamamen kendi isteğiyle hareket etmelidir. Onun tercihi sizin beklentilerinizle çatışıyorsa, ona yine de saygı gösterin ve ikinizi de mutlu edebilecek çözümü birlikte bulmaya çalışın. Beklenti içinde olmak, hayatın akışını olduğu gibi kabullenmenizi ve çocuğunuzu koşulsuz sevmenizi engeller. Mevcut durumu "tamam" diyerek kabullenirseniz, eşinizle, çocuklarınızla ve diğer insanlarla aranızdaki ilişkiler zenginleşir. Daha da önemlisi, eğer çocuğunuz size yardım etmemeyi seçerse, kendi acı veren düşünceleriniz hakkında daha fazla bilgi edinebilmeniz için size bir fırsat tanımış olur. "Bana yardım etmesi gerekir" şeklinde düşünüyorsanız ve o da yardım etmiyorsa, bundan bir ders çıkarabilir ve kendi içinizde özgürlüğe kavuşabilirsiniz. Bu beklentiniz olmasaydı nasıl bir insan olurdunuz?

Ebeveynler bu tür tavsiyeleri duyduklarında genellikle itiraz ederler. "Ama gitmek için hazırlanması lazım" veya "Yatma saati geldiğinde yatması gerekir" ve "Bunun hepsini kendim yapamam" gibi kaçınılmaz gözüken şeyleri dile getirirler. Eğer kendinizi, çocuğunuzu duygusal açıdan özgür bırakacak şekilde ifade ederseniz, o sizin itaatkâr nesneniz olmaktan çıkar ve ortağınız olur. Böylece, "zorunlu" olarak algıladığınız şeylerin değiştirilebilir olduğunu keşfedebilirsiniz. İşlerinizi eşiniz evde çocukların yanındayken yapabilirsiniz veya bulduğunuz çözümü çocuğunuz için eğlenceli bir hale getirebilirsiniz; yatma saati, yemek saati, ev işleri ve anlaşmazlığa yol açan diğer konularda faydalı çözümler bulabilirsiniz. Bazen işleri yalnız yapmak daha az zamanınızı alır ve daha rahattır. Kendinizi içten bir şekilde ifade ettiğinizde, çocuklarınıza uzlaşmayı ve işbirliği yapmayı öğretme şansınız daha fazladır. İçten davranabileceğiniz tek kişi kendinizsiniz.

Çocuğunuzu değil *kendinizi* ifade edin. Çocuğunuzu suçladığınızda, ona ders veya emirler verdiğiniz anda ondan kopmaya başlarsınız. Çocuğunuzdan size itaat etmesini beklediğiniz zaman o buna direnir, ama kendinize özen gösterdiğiniz zaman çocuğunuz sizi duyar ve kendisiyle ilgili tercihler yapar. O zaman onun tercihlerine saygı gösterebilirsiniz çünkü siz onun rolünü değil, kendi rolünüzü oynarsınız.

Çocuğunuzun sizin ihtiyacınıza cevap verebilme becerisi, tamamen sizin kendinizi ifade etme şeklinize bağlıdır. Ona hissettiklerinizden dolayı sorumlu olduğunu ima ederseniz, o kadar mahcup olur ve siner ki, bu yükün altında ezilir ve sizin beklentilerinizi anlayamaz hale gelir. Duygularınızın sorumluluğunu çocuğunuza yüklediğinizi gösteren bazı tipik cümleler şunlardır:

- Beni ... hissettiriyorsun.
- Takdir edilmediğimi hissediyorum.
- Beni sinirlendiriyorsun.
- Beni çileden çıkarıyorsun.
- Seni ... halinle başa çıkamıyorum.
- Sen bu kadar gürültü yapınca başım ağrıyor.
- Beni çıldırtıyorsun.
- Seninle başa çıkamıyorum.
- Daha şimdiden yoruldum, ... yapmaktan asla vazgeçmiyorsun.

Bazen hiçbir şey söylemeden bile, sadece yüz ifademiz ve beden dilimizle de suçlayıcı olabiliriz. Suçlamak üzere kullandığınız ifadelerin ve sözlerin bir listesini yapın. Suçlayıcı davranmanıza neden olan ifadelerinizin farkına varırsanız, bunları kullanmaktan kaçınabilirsiniz.

Ebeveynler bazen çocuklarını kendi yoğun duygularından korumak isterler. Oysa, patlamak üzereyken çocuğunuza "iyi" olduğunuzu söylerseniz, ona güçlü duyguları bastırmak, gizlemek veya bunlardan korkmak gerektiğini öğretmiş olursunuz. Bununla birlikte, niçin üzüldüğünüzü hayal etmeye çalışan ve doğası gereği bencil olan çocuğunuz, muhtemelen buna kendisinin neden olduğunu zannedecek, insanın kendini kötü hissettiği zamanlarda dürüst davranmaması gerektiği sonucuna varacak veya yaşama sevincini zedeleyen başka çıkarımlarda bulunacaktır.

Eğer kendi sıkıntılarınızı gündeme getirmeden çocuğunuzun yanında olmayı başarabiliyorsanız, bunları illaki ortaya çıkarmanız gerekmez. Bununla birlikte, eğer kendinizi ifade etmek zorunda hissediyorsanız, duygularınızı güvenli bir şekilde paylaşın. Çocuğunuzu gereksiz detaylarla korkutmayın veya ona terapistiniz gibi davranmayın. Diğer yandan, duygularınızı paylaşırken çocuğunuzun güvenli bir şekilde üzerinde düşünebileceği bazı detaylara da yer verebilirsiniz.

Herhangi birini suçlamadan veya şikâyet etmeden sadece kendi duygularınız hakkında konuşmaya özen gösterin. Örneğin; eve geldiğinizde patlamak üzereyseniz, "Şu anda bankada olan bir olay yüzünden çok öfkeliyim. Bağırmak istiyorum" diyebilirsiniz. Veya bir arkadaşınızın hastalandığını öğrendiyseniz, "Arkadaşım Tova çok hasta. Korkuyorum. Yalnız kalmaya ve terapistimle konuşmaya ihtiyacım var" diyebilirsiniz. Bazen, "Bunun seninle bir ilgisi yok. Bunu kendim halledebilirim" şeklinde bir ek yorumda bulunmanız da gerekebilir. Bu tür basit açıklamalar çocuğun kendini suçlu hissetmesini önler. Kendini güvende hissedeceği için de muhtemelen size ilgi ve özen gösterecektir.

Yoğun duygularınızı ortaya çıkarma ihtiyacınızı fark etmeniz çok önemlidir. Size zaman ayırabilecek veya ilgi gösterebilecek bir eşiniz veya arkadaşınız varsa, bunları onunla paylaşın. Bir terapiste gitmeniz gerekiyorsa, gidin; durumunuzdan şaşkına dönen çocuğunuza, yoğun duygularınızı terapistinizle konuşacağınızı veya bunları kendi başınıza çözümleyeceğinizi söyleyin. Eğer bunu kendi başınıza yapacaksanız, 1. Bölüm'de anlatılan kendini keşfetmeye yönelik bilgilerden yararlanın.

Çocuğunuza kendini ifade etme konusunda örnek olan tek şey, onunla aranızdaki ilişki biçimi değildir. Eşinizle, diğer yetişkinlerle ve çocuklarla aranızdaki etkileşim de çocuğunuz için model oluşturur. Hassas ve yoğun duygularınızı, kimseyi incitmeden ortaya çıkarmayı öğrenin. Çocuklar ağlamamıza, duygu karmaşası içinde bocalamamıza ve diğer zor duygularımızı dile getirmemize şahit oldukları zaman, doğal olarak yapılarında var olan, yoğun duygularını ifade etme özgürlüklerini koruyabilirler ve duygusal açıdan güçlenip özgürleşirler.

Çocuğunuzu kendi güçlü duygularınızdan korumanıza gerek yoktur; sadece duygularınızı gösterirken bunları çocuğunuzla veya başkalarıyla ilgili yargılarınızla ilişkilendirmeyin. Yargılayıcı veya suçlayıcı davranırsanız hatanızı fark edin ve telafi edin. Bir çocukla paylaşılmaması gereken tek şey, onu kendisinin veya bir aile bireyinin güvenliği konusunda korkutabilecek, ebeveynlere özgü endişelerdir; mesela "Canı yanacak diye korkuyorum" gibi bir ifade veya çocuğun özalgısını zedeleyebilecek, "Başarılı olamayacağından endişeleniyorum" veya "O kadar çabuk hastalanıyor ki, onun için korkuyorum" gibi ifadeler.

Duygularınızın sorumluluğunu başkalarına yüklemeden kendinizi ifade ettiğinizi gören çocuğunuz, kendini ifade etmenin kendisi için de güvenli ve kabul edilir olduğunu öğrenir. Bunu yaparak kendini tanır ve güçlü bir şekilde kendi yolunu çizebilir; duygularını ifade etme becerisi kazanır ve hayatına devam edebilir. Çocuklarımızı hayatın getirdiği zorluklardan koruyamayız, ama gerçekleri sevme konusunda onlara örnek olabiliriz ve kendilerini ifade etme özgürlüğünü onlara sunabiliriz ve bu da duygusal açıdan sağlam olmanın temel taşıdır.

4. bölüm

Duygusal güvenlik

Sizden korktuğu için değil, kendisi öyle istediği için nazik ve yapıcı bir şekilde davranan çocuğunuzla hayatı paylaşın

Çocuklar, ancak kendilerini ifade etme konusunda güvende hissettikleri zaman, stresten kurtulabilir ve duygusal sağlıklarını koruyabilirler. Dolayısıyla, güvende hissetme ihtiyacı, kendini ifade etme özgürlüğüyle yakından ilişkilidir. Çocuğunuz kendini duygusal yollarla ifade ettiği zaman ona karşı nazik ve saygılı davranıyorsanız, sizin de duyarlı bir insan olduğunuzu ve diğer insanların sizin yanınızdayken kendilerini güvenli bir şekilde ifade edebildiklerini gözlemleyebiliyorsa, o zaman kendini güvende hissedecektir.

Çocuklar deneyimlerinden bazı sonuçlar çıkarırlar: Kendini hata yapacak kadar güvende hissediyor mu, yoksa yaptıklarından dolayı utanç mı duyacak? Ağlarsa sizden saygı ve ilgi görecek mi, yoksa küçük mü düşürülecek? En derin korkularını size anlattığında onu şefkatle dinleyecek misiniz? Etrafınızdaki diğer insanlar kendilerini güvenle ifade edebiliyorlar mı, hatalar yapabiliyorlar mı? Bir çocuk "yanlış" bir şey söylememek veya yapmamak için sürekli tetikte ise, ebeveynlerinin onu yargılamalarından, küçümsemelerinden, tavsiyelerde bulunmalarından veya fikrini değiştirmeye çalışmalarından korkarak kendini ifade etme konusunda güvensiz hisseder. Ebeveynlerinin koşulsuz sevgisinden emin olmadığında, kendini içten bir şekilde ifade edemez.

Amacımız, hiçbir şeyden korkmayan bir çocuk yetiştirmek değil (bu zaten imkânsız, ayrıca da tehlikelidir), onun doğal endişelerinden kurtulabilmesini sağlamaktır ki, duygusal dengesini koruyabilsin. Sürekli endişe içinde olmak çocuğun düşünme, öğrenme, ilişki kurma ve gelişme becerisine zarar verir. Ev, çocuğun kendini güvende hissettiği ve kendisini ilgiyle dinleyen ebeveynlerine duygularını açtığı yerdir. Böylece çocuk, üzüntülerini veya acısını içine atmadan bu duygularından kolayca kurtulur.

Biz ne kadar çabalarsak çabalayalım çocuklarımız kendilerini yine de biraz tehdit altında hissederler çünkü bu, insan olma deneyimini yeni yeni yaşamaya başlayan ve hayatta kalabilmek için yetişkinlere bağımlı olan küçük insanların doğasında vardır. Bir ebeveyn olarak siz, çocuğunuzun sığınağı ve koruyucusu durumundasınız; büyüyene kadar onun güveneceği ve yanında olduğuna inandığı kişi sizsiniz. Hem onun hem de sizin duygusal sağlığınız için, çocuğunuza güvenebileceği bir yandaşı gibi davranın. Onun duygularına, tercihlerine ve düşüncelerine değer verdiğinizi hissetmelidir. Danışma seanslarımdan birinde, bir baba oğlunu dinleyerek ona nasıl güven verdiğini anlatmıştı:

5 yaşındaki Herbie parktaki kaydırakta kendi kendine oynarken iki oğlan çocuğu yanına geldi. O anda Herbie kaydırağın dibinde ayağa kalkmak üzereydi. "Bizimle birlikte atlıkarıncada oynar mısın?" diye sordu çocuklardan biri Herbie'ye.

Herbie sessizce onlara baktı ve hareket etmedi. Sonra babası Robert'ın yanına gitti ve yüzünü babasının paltosuna gömdü.

Çocuklardan biri Robert'a, "Neden konuşmuyor?" diye sordu.

"Sanırım yalnız başına oynamak istiyor" diye cevap verdi Robert.

Çocuklar oradan ayrıldılar. Baba oğluna sarıldı ve "Şimdi kaymaya devam etmek istiyor musun?" diye sordu.

Herbie, "Eve gitmek istiyorum" dedi.

"Haydi gidelim" dedi Robert ve ayağa kalktı; el ele yürüyerek uzaklaştılar.

Robert, oğlunun tercihini tahmin etmeye çalışarak, "Oyun parkında yalnız oynamayı mı seviyorsun?" diye sordu.

"Evet."

"Diğer çocukların seninle konuşmalarını istemiyor musun?"

"Hıhı."

"Evet, ne hissettiğini anlıyorum. Ben de bazı şeyleri genellikle kendi başıma yapmak isterim."

"Betsy başka çocuklarla oynamayı seviyor" dedi Herbie, ablasından bahsederek.

"Evet, biliyorum. Sen daha çok bana benziyorsun. Çocukken ben de kendi başıma oynamayı severdim ve başka çocuklarla konuşmak istemezdim. Kendin için doğru olan şeyleri yapabilmek iyi bir şey."

"Baba?"

"Efendim Herbie?"

"Şu anda benim için en iyi şey ne biliyor musun?"

"Ne?"

"Eve gidip kalan pizzamı bitirmek."

Herbie'nin babası, oğlunun fikrini değiştirmeye, onu ikna etmeye veya tercihinin iyi olmadığını ima etmeye çalışmamıştı. Ona saygı göstermiş, kendisinden bahsederek onu anlayışla karşıladığını belirtmiş ve böylece çocuğunun duygusal anlamda güvende hissetmesini ve aralarında içten bir bağ oluşmasını sağlamıştı. Bu şekilde destek gören bir çocuk, kendine güvenmeyi öğrenir ve babasına açılabilir. Çocuğunuzun koşulsuz sevginize güvendiği, duygularını ve düşüncelerini sizinle paylaşmaya istekli olduğu bir ilişki geliştirmelisiniz.

Çocuğun zihninde onu içten bir şekilde desteklemediğinize dair en ufak bir şüphe oluşursa, sizinle ilişki kurabilmesi zorlaşır. Sizi kızdırmamak veya eleştirilerinize maruz kalmamak için, samimi olmayan tepkiler verir. Eğer daha önce size açılmayı denediğinde çok meşgul olduğunuzu, ona ilgi göstermediğinizi veya dinlemek yerine öğüt vermeyi tercih ettiğinizi deneyimlediyse, duygularını size anlatmayı reddedebilir. Veya isteklerinizi hemen karşılamaya çalışabilir ama bunu, size yardım etmeye veya talimatlarınıza uymaya istekli olduğu için değil, kendi gibi olmaya cesaret edemediği için yapar. Bu gibi tepkiler, çocuğun kendi duygularını tanıma ve bunlara güvenme becerisini zamanla yok eder; düşünme ve ilişki kurma becerisinin gelişmesini engeller.

Birçok insan, bu sahteliğin farkına ancak yetişkin olduklarında, yıllar sonra varır. Danışmanlık seanslarımdan birinde bir anne bana çocukluğunda hep en iyi öğrenci olmaya çalıştığını anlatmıştı. "Başka seçeneğim yoktu" dedi. "En iyisi olmak ve bundan çok hoşlanıyor gibi davranmak zorundaydım. Çünkü en iyisi olmazsam, sevilmeyeceğimi ve değer görmeyeceğimi düşünüyor, içten içe kendimi çaresiz hissediyor ve korkuyordum."

Bir başka anne de, kız kardeşiyle arasındaki rekabet yüzünden babası tarafından kabul görebilmek için her zaman onunla aynı fikirdeymiş gibi davrandığını anlatmıştı. "Ne kadar öfkeli olsam ve aslında başka bir çözüm istesem de, babam kız kardeşimle aramdaki kavgayı çözmek için bir öneri getirdiğinde bunu kabul ediyordum." Çocuklar sizin onayınızı almayı o kadar isterler ki, sevgi ve saygı içermeyen herhangi bir hareketiniz kendilerinden şüphe duymalarına neden olur. Onlara değer verdiğinize ve saygı duyduğunuza güvenmek isterler. Ayrıca size ters gelse veya sizi rahatsız etse bile, sıkıntılarını ifade etme yöntemlerine de değer verdiğinizi bilmek isterler. Çocukları sadece şefkat göstererek büyütmek, o kadar da sık rastlanan bir durum değildir. Çocuğunuza en iyi şekilde davranmaya çalışırken, hem onun hem de kendinizin yanılma payını da kabul etmelisiniz. Dürüst olun ve çocuğunuzun duygularını size anlatabilmesi için ona güvence verin; çocuğunuzun gözünü korkutabilecek davranışlarınızın farkında olursanız, aranızdaki güven bağı zayıfladığında, bunu yeniden güçlendirebilirsiniz.

Daha önce de anlatıldığı gibi, çocukların duygularını ve tercihlerini inkâr etmek veya yargılamak, onları en çok endişelendiren şeydir. Bir çocuk, söylediklerinden veya yaptıklarından dolayı utanç duyuyorsa, kendini kapatabilir ve sadece sizin istediğiniz gibi davranmaya çalışır. Onun bu itaatkâr tavırları sizi öylesine yanıltabilir ki, daha büyük problemler ortaya çıkana kadar onun yaşadığı zorlukların farkına varamayabilirsiniz.

Bir çocuğu utandıran ve gözünü korkutan bir diğer şey de "mizah" gibi sergilenen iğneleyici davranışlardır. Çocuğunuzla ilgili yaptığınız gamsız yorumlar, aranızda güvensizlikten oluşan bir duvar örer. İncinen bir çocuk, içi ne kadar burkulsa da yaptığınız espri karşısında mutluymuş gibi davranır. Joseph ve dedesiyle ilgili şu hikâyeyi hatırlıyorum:

6 yaşındaki Joseph, lokmalarını ağzı açık bir şekilde çiğneyerek

neşe içinde akşam yemeğini yiyordu.

Joseph'in dedesi Ted kıkırdayarak, "Hey Joseph gözlerim kapalı olsa bile yemek yediğini anlardım ve gözlerimi açınca da dişlerini sayabiliyorum" dedi.

Joseph bir şey söylemedi.

Babası Sam, oğlunun kendini güvende hissetmesine yardımcı olmaya çalışarak, "Bu yorumla ilgili ne hissettiğinden pek emin değilim" dedi. Sonra da, "Bununla ilgili bir şey söylemek ister misin?" dedi.

"Ben sana şaka yapınca kendini nasıl hissettin?" dedi dedesi de.

Joseph gözlerini kaldırmadan, "Oh çok komik" dedi.

Sonra danışma seansındayken Joseph, "Bu gibi şakaları seviyormuş gibi yapıyorum. Aslında bunlardan nefret ediyorum. Kendimi kötü hissediyorum. Benimle dalga geçiyor ve sonra da buna 'şaka' diyor" dedi.

"Neler hissettiğini dedene niçin söylemiyorsun?" diye sordu babası.

"Çok kızacağından veya seninle tartışacağından korkuyorum baba" diye cevap verdi Joseph. "O, esprilerinin hoşuma gitmesi gerektiğini düşünüyor."

Bir çocuk, kendisi için hoş olmayan bir duruma hızla son verebilmek için, karşısındaki yetişkin kişiyi memnun etmekten dolayı mutluymuş gibi davranır. Mizah altında yapılan küçültücü davranış çocuk için zaten yeterince acı vericidir. Bunu bir "şaka" olarak kabul eder görünmek, çocuğu başka incitici davranışlardan kurtarır. Oysa, sindirilen bir çocuk ona duyduğumuz sevgiyi hissedemez. En çok sevdiği insan birdenbire içten duygularını paylaşacak kadar güvenemediği bir insan haline gelince, çocuğun kafası karışır. Zaman içinde de özgüveni zedelenir ve "Sorun bende olmalı. İstedikleri gibi bir insan olamıyorum" şeklinde bir sonuca varır.

Çocukların kendilerini güvende hissettikleri bir ortam yaratırken, hata yapmaktan korkmayın. Korkuyla davranırsanız, çocuğunuz endişelerinizi hisseder ve bu da sadece kendinden daha fazla şüphe duymasına neden olur. Çocuğunuzun kırılganlığı konusunda aşırı derecede endişelenmeniz, onun insan olmakla ilgili gerçekleri kabul edebilme, acılara tahammül edebilme, bağışlayabilme ve hata yapmayı kabullenebilme becerilerine zarar verir. Ebeveynlerinin ilgisi altında duygularını tam olarak ifade edebildikleri sürece çocuklar, zor durumlarla baş edebilirler. Aslında ebeveynlerin "hataları", sürekli tekrarlanmadığı veya çocuğu taciz etmediği sürece, çocuk için gelişme fırsatı bile sunabilir. Bununla birlikte, ebeveynlerin zor durumlarda yaptıkları hataları kabul etmeleri, çocuğun incinen duygularını anlayışla karşılamaları ve bunu telafi etmeleri gerekir.

Sizin duygularınız ve çocuğunuzun güvenlik duygusu

Kendini ifade etme özgürlüğü tüm çocuklar ve ebeveynleri için aynı değildir. Çocuğunuz kendini nasıl ifade ederse etsin ona karşı ilgili ve şefkatli olmalısınız. Diğer yandan çocuğunuz sizin için aynısını yapamayabilir çünkü sizin yoğun duygularınız onu korkutabilir ve bunları kişiselleştirebilir. Çocuğunuz sıkıntılarınızı üstlenmeye hazır değildir. O bir ebeveyn veya bir terapist değildir; öfke patlamalarını sindiremez veya acı çeken ebeveyninin duygularına hak veremez. Dolayısıyla, çocuğunuzu korkutabilecek veya incitebilecek duygularınızı, sizi dinleyebilecek ve bunu yapmaya istekli bir yetişkinle paylaşın.

Çocuğunuzla, onu korkutmayacak veya ona sorumluluk yüklemeyecek duygularınızı paylaşabilirsiniz. Ancak, onunla konuşmadan önce, rahatsız edici düşünceler veya duygular barındırmadığından emin olun; ondan sonra başka birine yönelik suçlama veya yargılama içermeyen ifadeler kullanarak duygularınızı çocuğunuzla paylaşabilirsiniz. Diğer bir deyişle, başka birinin hatalarına değil kendinize odaklanın. "Gömleğim buruştuğu zaman çok sinirleniyorum" şeklindeki bir ifade kimseyi tehdit etmez. Ama "Onun giysilerime özen göstermediğini düşünüyorum" şeklindeki bir ifade, bir başka durumda çocuğunuzun sizin hissettiklerinizden dolayı kendini suçlu hissetmesine yol açabilir. Çocuğunuza güvence sağlamanın yanında suçlayıcı davranmaktan da kaçınırsanız, hissettiklerine sadece kendisinin neden olduğunu ve dolayısıyla da bir kurban değil güçlü bir insan olduğunu anlar.

Eğer siz, samimi düşüncelerinizi ve isteklerinizi dile getirme konusunda kendinizi güvende hissetmediğiniz bir aile ortamında yetiştiyseniz, çocuğunuz için güvenli bir ortam yaratma konusunda zorlanabilirsiniz. Bunun nedeni, çocuğunuz yoğun duygularını ifade ettiği anda, geçmişinizden gelen kendini ifade etme korkunuzun, farkında olsanız da olmasanız da tetiklenmesidir. Doğal olarak geçmişte kalan acılarınızı hatırlamak istemezsiniz ve bu nedenle de çocuğunuzun kendini ifade etmesini engelliyor olabilirsiniz.

Ancak, inkâr etmekten coşkuyla kabullenmeye doğru ilerlerken, bazen rahatsızlık hissetmeye de istekli olmalısınız. Kendinizi rahatsız olmaktan korumak adına, çocuğunuzun kendini ifade etmesini engelleyemezsiniz. Bunun yerine, eğer çocuğunuz kendini ifade ederken rahatsız oluyorsanız, S.İ.D.O.T. formülünü uygulayın: Kendinize hâkim olun, yaklaşmakta olan tepkinizin farkına varın ve bu tepkinin (S) Sessizce zihninizden akıp geçmesine izin verin (zamanınız varsa bunu gözden geçirin, yoksa bu işi sonraya bırakın); sonra (İ) İlginizi çocuğunuza yöneltin ve onu (D) Dinleyin. Çocuğunuzun hislerini (O) Onaylayın ve kolay bir çözüm bulmaktan kaçınarak ve çocuğunuza güvenerek onu (T) Teşvik edin.

Daha sonra tepkisel düşüncelerinizi bir yere not edin ve bunların geçerliliğini, olayla ilgisini ve bu düşünceler olmasa nasıl bir insan olabileceğinizi ve bu düşüncelerin sizinle nasıl bir ilgisi olduğunu gözden geçirin. Bu işi kendi kendinize yazarak veya sizi dinleyecek bir yetişkinle birlikte yapabilirsiniz, böylece kendinizi keşfetmeye doğru bir adım atabilirsiniz. Bu şekilde, çocuğunuzu korkutacak ve onunla ilgisi olmayan tepkiler vermeye ihtiyaç duymayacaksınız. Güvenli bir aile ortamı, birbirinizi incitmeden samimi ilişkiler kurabilmeniz için her birinize olanak tanır ve birbirinizi incitecek olduğunuzda da bu konuda açık bir şekilde konuşabilmenizi sağlar. Aslında çocuklarımızı yetiştirirken kendimizi de yetiştirme fırsatını buluruz.

Bazı ebeveynler, acı dolu duygularını ifade ettiklerinde çocuklarının onları dinlediğini önemsediğini söylerler. Oysa bu rolü üstlenen küçük bir çocuk, korku ve suçluluk hissediyor olabilir. Ebeveyninin zor durumlarla başa çıkamadığından korkabilir veya ebeveyninin üzüntüsüne kendisinin neden olduğunu düşünebilir ve bundan utanç duyabilir. Her ne kadar üzüntümüzü veya neşemizi çocuğumuzdan saklamamız gerekmese de, çocuğumuzun teselli eden kişi durumunda kalması, stresi her an patlayabilecek muhtaç, zayıf ve yetersiz bir ebeveynle karşı karşıya olması, onu korkutur. Kendini güvende hissedebilmesi ve size güvenebilmesi için, onun duygusal sınırlarına saygı gösterebileceğinize inanması gerekir. Kendini özgürce ifade edebilen bir çocuk, olgunlaştıkça sizi dinleme ve size ilgi gösterme becerisini geliştirir.

Korku kaynaklı davranışların farkına varmak

Günlük ilişkilerinde az da olsa güvensiz hisseden çocuklar genellikle benzer davranışlar sergilerler. Bu korku kaynaklı davranışlardan herhangi birine şahit olduğunuzda, çocuğunuzun duygusal anlamda kendini güvende hissetmediğini varsayabilirsiniz. Çocuğun korktuğunu ve utandığını gösteren en yaygın davranışlar aşağıdaki gibidir:

- Kendini güvende hissetmeyen bir çocuk, kabul edilemez davranışları gizli gizli yapar. Örneğin; ağabeyini ebeveynlerinin görmediği zamanlarda rahatsız eder. Diğer yandan kendini güvende hisseden bir çocuk, ağabeyini ebeveynlerinin tepkisinden endişelenmeden rahatsız edecektir. Hatta büyük ihtimalle, ihtiyaçlarına cevap vereceklerini umarak bunu ebeveynlerinin yanında yapacaktır.
- İşler çığırından çıktığında (kaybedilen bir oyuncak, kırılan bir tabak veya adil olmayan bir oyun gibi), utanç duyan bir çocuk yalan söyleme eğiliminde olur, çünkü olanlar karşısında ebeveynlerinin vereceği tepkiden korkar. Bu konuda yüz yüze gelindiğinde de, yere bakarak sessizce konuşur veya bir şey söylemez. Veya olanları yüksek sesle "kendi açısından" anlatıp sizi ikna etmeye çalışır. Diğer yandan kendini güvende hisseden bir çocuk, hiçbir şeyi gizlemeye veya kapatmaya çalışmaz; ebeveyni de onu sorgulamaz; çocuk gerektiğinde sakin ve özgüvenli bir şekilde ve göz teması kurarak bilgi verir.
- Yargılanmaktan korkan bir çocuk, ebeveynleri odaya girdiğinde yapmakta olduğu şeyi bırakır. Yargılanma korkusu yaşamayan bir çocuk ise, yaptığı işe o kadar dalmıştır ki, ebeveyninin far-

kına bile varmaz –varsa bile, yaptığı işe devam eder veya ebeveynine göstermek ister.

- Korku içindeki bir çocuk kendini göstermekten kaçınır, özellikle de isteklerinin ebeveynlerinin istekleriyle çatışacağını düşünüyorsa. Kendine güvenen bir çocuk ise, öne çıkar; sözlü olarak ya da eğer yaşı daha küçükse, davranışları ve verdiği işaretlerle iletişim kurar.
- Kendisini güvende hissetmemek çocuğun karar verebilme becerisini de engeller. Nelerin kabul göreceğini tahmin etmeye çalışır ve yargılanmaktan korkar. "Bilmiyorum" der veya ebeveynlerinin onun yerine karar vermelerini sağlamak için sessiz kalır; böylece kabul edilir tercihi garanti etmiş olur.
- Korku içindeki bir çocuk, ketum ve yalnız olabilir ve/veya saldırganlık, tikler, yatak ıslatma veya başka stres semptomları gösterebilir. Kendini güvende hisseden bir çocuk ise, ebeveynleriyle konuşur ve onların yanında rahat davranır.
- Güvensizlik ve korku, konsantre olabilme becerisini de ciddi biçimde zedeler ve çocuk hiçbir şeyi anlamıyor gibi gözükür. Kendine güvenen bir çocuk ise, zekâsını optimum biçimde kullanır.
- Duygusal anlamda kendini güvende hissetmeyen özgüvensiz bir çocuk, başkalarını memnun edecek şeyler yapmaya çalışır. Kendisi gibi davranmak yerine uyum göstermek için çabalar. İstisnai bir biçimde terbiyelidir, itaatkârdır ve yardımcıdır. Kendine güvenen bir çocuğun ise, ne başkalarını rahatsız etmek ne de bizlere veya diğer insanlara sürekli tavizde bulunmak için herhangi bir nedeni yoktur. Kendini ifade eder, samimi davranır. Gerçek ihtiyaçları yanında oyunculuğunu da ortaya koyar ve işbirliği yapar. İster utangaç ve kendine has, isterse dışadönük ve sorumluluk alabilen bir çocuk olsun, kendisi gibi olmakta özgür olan bir çocuk başkalarının isteğine göre yaşama ihtiyacı duymaz.

Bunlar gibi tipik sindirilmişlik göstergeleri çocukların çoğunda görülebilir. Bebeğinize veya yeni yürümeye başlayan çocuğunuza karşı duyarlı davransanız, istediği anda onu emzirseniz, ailecek birlikte uyusanız veya onu sık sık kucağınıza alsanız bile, büyürken zaman zaman güvensizlik duymasından kaçmanın bir yolu yoktur. Çocuğunuzun korkuyla tepki verdiğini fark ettiğiniz zaman, hatta ona karşı nazik olduğunuzu düşündüğünüz bir anda bile, onun algısını anlayışla karşılayın: "Sana 'Dur' dediğimde korktun mu?" gibi mesela. Veya sizin onaylamayacağınızdan korkarak duygularını gizlediğinden şüpheleniyorsanız, "Yüzme takımına girmemeyi mi tercih ederdin? Kendin için neyin doğru olduğunu düşünüyorsan onu yap. Sana neyin heyecan verdiğini sen daha iyi bilirsin" şeklinde konuşabilirsiniz. Zamanla ona güvendiğinizi anlayan çocuğunuz, kendini tehdit altında hissetmemeye başlayacak ve aranızdaki güven bağı yeniden oluşacaktır.

Bir çocuk kendini ifade etme konusunda güvende hissettiği zaman, samimi davranır. Acılarını, konuşarak, gözyaşlarıyla, oyunla veya sanatla bünyesinden atıp duygusal sağlığını korur.

Aile içi ilişkilerinizi çocuklarınız için güvenli bir hale getirmek, size de kendinizi ifade etme özgürlüğü kazandırır. Yuvanız, hem sizin ve çocuklarınızın ihtişamını hem de hatalarınızı ve bağışlayıcılığınızı kucaklayan sevgi dolu ve şefkatli bir yer haline gelir.

Yalan söyleme, gizleme ve diğer korku kaynaklı davranışları önlemek

Çocuğunuzun gizleme, yalan söyleme veya başka savunmacı davranışlarını önleyebilmek veya bunlara bir son verebilmek için, bu gibi ifade yöntemlerine yol açan korkusunu yok etmelisiniz. Korkularından kurtulan çocuk, açık ve dürüst davranmakta kendini rahat hisseder. Siz böyle güvenli bir ortam yaratmaya çabalarken çocuğunuz bazen, sadece çocuk olduğu için kendini yine de sindirilmiş hissedebilir. Duyarlı ve saygılı davranın; onun doğal sınırlarını zorlamaktan kaçının ve "yalan söylediğini" ispatlamaya çalışmayın. Gerçekleri saklıyorsa, bilin ki kendini güvende hissetmiyordur. Sizin amacınız onun korkularını yatıştırmaktır. Bir telefon seansında Matthew bana, kızına bu tür bir güvenceyi nasıl sağladığını anlatmıştı.

Matthew oturma odasına girdiğinde, 6 yaşındaki kızı Adia'yı kırık bir vazoyu birleştirmeye çalışırken buldu. Çocuk sinirli gözüküyordu.

"Kendi kendine düştü" dedi Adia babasına bakmadan.

Matthew ne söyleyeceğini dikkatle düşündü. Bu vazoyu evlendikleri gün çok sevdikleri bir arkadaşları hediye etmişti. Kafası karışmış bir halde eğildi ve bu imkânsız işi yapmaya çalışan kızına yardım etmeye başladı.

Birkaç dakika sonra da, "Yapıştırabileceğimizi sanmıyorum" dedi.

Adia durdu ve ağlamaya başladı. Kızının gerçeği söylemekten korktuğunu fark eden Matthew, onun içini rahatlattı, "Bu herkesin başına gelebilir. Önceki gün ben de fotoğraf makinesinin lensini kırdım" dedi.

Adia babasına baktı. İçi biraz rahatlamış olarak, "Vazonun o kadar yakında durduğunu fark etmedim. Bebeğime yer açmak için kenara ittim" dedi.

"Oh anlıyorum, sonra da vazo aşağı düştü" dedi Matthew sakin bir şekilde ve ekledi: "Önceki gün olduğu gibi sana kızacağımdan mı korktun?"

Adia başını salladı.

"Keşke o zaman da kızmasaydım ve şimdi de kızmadım. Güzel bir vazoydu ama seni daha çok seviyorum. Bana olanları anlatırken kendini güvende hissetmeni istiyorum."

"Baba?"

"Efendim Adia."

"Haydi süpürgeyi alalım."

Matthew Adia'ya, kazayla değerli bir eşya kıran bir misafire davranıldığı şekilde davranmıştı. Bu tür bir olayın insanda suçluluk ve utanç duyguları yarattığını bildiğimiz için, o kişiyi suçluluk duygusundan kurtarmak amacıyla elimizden geleni yapmaya çalışırız. Matthew, Adia'nın "yalan" söyleme ihtiyacına kendisinin sebep olduğunu bilerek bütün sorumluluğu yüklenmişti. Hiçbir söz veya öğüt gerçeğin değerini bundan daha iyi aktaramaz. Şefkatli davranışlar dürüstlüğü öğretir ve gerçeğin ortaya çıkmasını sağlayacak şartları yaratır.

Doğal olarak, çocuğunuzun her zaman güvende hissetmesini sağlayamayabilirsiniz. Çocuğunuza gözdağı verdiğinizi fark ettiğinizde, hatanızı kabul edin ve onun duygularını onaylayın ki, aranızdaki güven ilişkisi yeniden kurulabilsin. Zamanla ve üzerinde çalıştıkça, çocuğunuza karşı duyarlı davranmak sizin için daha kolay ve tutarlı bir hale gelecektir.

Aşağıdaki rehber bilgiler çocuğunuzun güvenlik hissini artırmada ve aranızda güven ilişkisi kurmada işinize yarayabilir:

- Çocuğunuzu (veya çocuğunuzun yanında başkalarını) övgü veya eleştirilerle değerlendirmekten kaçının. Sizi memnun etme ve sizin beklentilerinize göre yaşama ihtiyacı, çocuklardaki en büyük endişe nedenidir.
- Çocuğunuzla hem toplum içinde hem de yalnız konuşurken, nazik ve saygılı davranın. Öğüt vermek, azarlamak, müdahale etmek, suçlamak, test etmek veya yargılamak, ister yetişkin ister çocuk olsun, insanları inciten davranışlardır. Ve bu tür yöntemler, korkuya, utanca ve güvensizliğe yol açar. Çocuğunuza sevgiyle, takdirle ve ilgiyle yaklaşın.
- Çocuğunuzu başkalarıyla kıyaslamaktan kaçının. Kıyaslamak, korkuya ve gerilime yol açan bir yargılama biçimidir. Yaptığınız kıyaslama çocuğunuzun lehinde bile olsa, bir dahaki sefer sizin onayınızı kaybetmekten korkacaktır. Yaptığınız kıyaslama bir başka kişinin lehinde ise, çocuğunuzun kalbi kırılır ve hem size hem de diğer çocuğa gücenir.
- Eşinize, arkadaşlarınıza ve akrabalarınıza karşı nazik olun. Bir çocuk nezaket içermeyen bir ilişkiyi gözlemlediği zaman, kendisine de aynı şekilde davranılacağından korkar. Ayrıca çocukların bizim yöntemlerimizi taklit ettiklerini de unutmayın.
- Kendisini duygusal yollarla ifade etmesi konusunda çocuğunuzu yüreklendirin ve tepkilerine kulak verin, bunları anlayışla ve şefkatle karşılayın.
- Çocuğunuzun verdiği kararlar ve yaptığı tercihler güvenli ise, bunlara saygı gösterin. Onun tercihlerine karşı çıkarsanız, kararına aldırmazsanız veya onu kendi tercihlerinize zorlarsanız,

çocuğunuz kendinden şüphe duymaya ve güvensiz hissetmeye başlar. Bunun yerine, "Tamam" demeyi öğrenerek, kendinizi destekleyici olmaya zorlayabilirsiniz. "Tamam, kitapları yırtmak istiyorsun. İşte sana yırtabileceğin bazı dergiler" veya "Tamam, plastik poşeti kafana takıp oynamak istiyorsun. İşte sana bir kesekâğıdı. Bu daha güvenli üstelik istersen etrafı görebilmen için delikler de açabilirim." Çocuğunuzun hareketlerini desteklemenin hiçbir yolu olmadığı durumlarda bile, onun isteklerine "tamam" deyin; "Tamam, kız kardeşini rahatsız etmek istediğini anlıyorum. Bu konuda benimle konuşmak ister misin?"

- Çocuğunuzun çocukça davranışlarını kontrol etmekten veya bastırmaktan kaçının. Gürültü yapmak, kıkırdamak, etrafı kirletmek, taşkınlık ve sonu gelmez merak, çocukların doğasında vardır ve büyümeleri için gereklidir.
- Cezalandırma, odaya yollama, yaptıklarının semeresini çektirme, rüşvet teklif etme veya tehdit etme gibi yöntemlerden kaçının. Bu tür stratejileri nasıl adlandırırsak adlandıralım, bunları ne kadar nazik bir şekilde uygularsak uygulayalım veya niyetimiz ne kadar iyi olursa olsun, bunlar çocuğun davranışlarını kontrol etmek için uygulanır. Dolayısıyla çocukta korku yaratır, ebeveyn ile çocuk arasında güven oluşmasını engeller ve önlemeye çalıştığımız davranışlara yol açar.

Çocuğu kontrol etmenin bedeli

Bazı ebeveynler, kontrol yöntemlerinin, küçük çocukların terbiyeli davranmalarını ve hatta kendilerini hoşnut hissetmelerini sağlayan bir yapı oluşturduğunu iddia etseler de, huzurlu ve mutlu gözüken ve söz dinleyen çocukların, aslında huzurlu ve mutlu olamayabileceklerini unutmayın. Sizleri memnun etmeye ve sizin beklentilerinize göre yaşamaya çalışıyor olabilirler. Davranışlarının ardında kendilerini ifade etmekten korkuyor olabilirler. İtaat eden ve memnuniyet verici bir şekilde davranan çocuklar, sadece ebeveynlerini memnun ettikleri için mutludurlar, yoksa yaptıklarını yapmaktan dolayı değil (yardım etmek, paylaşmak, ders çalışmak vb gibi mesela). Çocuğun sergilediği bu yüzeysel "mutluluk" nedeniyle ebeveynleri, çocuğun özgünlüğünü gitgide kaybettiğini fark edemeyebilirler.

Örneğin, bir anne bana, "Kızımı odasına yolladığımda veya poposuna şaplak vurduğumda, sakinleşiyor ve daha iyi gözüküyor" demişti. Burada "Kim için daha iyi?" diye sorulmalıdır. Korku nedeniyle itaat gösteren bir çocuğun yaptığı şey, daha iyi değil daha kötüdür. Kendini güvenceye alabilmek ve ebeveynlerini tatmin edebilmek için, kendi yolundan feragat etmek zorunda kalmıştır.

Çocuğunuza verdiğiniz cezaların, onu odasına yollamanın veya yaptıklarının semeresini ona çektirmenizin, nazik yapılsa da veya "müşterek kararla" uygulansa da mutlaka bir bedeli vardır ve biz bu bedeli, bazen yıllar sonra, çocuğumuz samimiyet ve özgüven eksikliği yaşayana, depresyon, bağımlılık, şiddet veya kendine zarar verecek davranışlar sergilemeye başlayana kadar fark edemeyebiliriz. Bir çocuk, ebeveynleri tarafından kontrol edildiği sürece onların sevgisini hissedemez. Bunun yerine, bağımlı veya yalnız bir insan haline gelir ve daha sonra da başka insanları pasif veya aktif şekilde kontrol etmeye ihtiyaç duyar.

İnsanın kendini ortaya koyması (bazen "cüretkârlık" olarak da yorumlanır), bir irade ve dolayısıyla duygusal anlamda güçlü olmanın göstergesidir. İtaatkâr bir çocuğun kendi iradesinden feragat etmesi ise korku ve duygusal yetersizlik göstergesidir. Rus eğitimci L. S. Vygotsky'nin de yazdığı gibi, "Büyük tutkuları olan, büyük işler başaran, güçlü duygulara, büyük bir akla ve güçlü bir kişiliğe sahip olan insanlar, iyi davranan küçük oğlanlardan ve kızlardan nadiren çıkar."

Nazik bir şekilde uygulanan kontrol yöntemleri, hem ebeveyni hem de çocuğu aldatır. Yaptıklarının semeresini çekmeye, odasına yollanmaya veya bu tür yöntemlere, kolaylıkla ve hatta gülümseyerek razı olan bir çocuk, acılarını dile getiremeyecek kadar özgüven eksikliği hisseder ve genellikle de kendi duygularından kopuktur. Ebeveynlerinin doğru olan şeyi yaptıklarına inanmak zorundadır ve yaptığı yanlışların güvenilemeyecek hatalar olduğu sonucuna varır.

Bazı ebeveynlerin "doğal sonuçlar" olarak adlandırdıkları şeyler de genellikle ebeveyn dayatmasıdır ve dolayısıyla da, cezalandırmanın yol açtığı aynı hasara ve güvensizliğe yol açarlar. Bir şey doğalsa, kendiliğinden olur. Örneğin, bir baba bana, oğlunun işleri yapmadığı için arkadaşının evine gidememesinin doğal bir sonuç olduğunu söylemişti çünkü evde kalıp işleri bitirmesi gerekiyordu. Oysa, bir çocuğun bulaşıkları yıkaması gerekiyorsa ve bunu yapmadıysa, bu durumun tek doğal sonucu bulaşıkların kirli kalmasıdır. Arkadaşıyla oyun randevusunu iptal etmek, çocuğun istemediği ve ebeveynin dayattığı bir cezadır. Çocuk bu cezadan da diğerlerinden korktuğu gibi korkar. Bu gözlemin geçerliliğini test etmek için kendinize şu soruyu sorun: Eşiniz, çimleri biçmeyi planladığınız halde bunu yapmadığınız için, yoga dersine gitmeyip bu işi bitirmeniz gerektiğini söylese, kendinizi nasıl hissedersiniz?

Yoga dersine gitmemeyi belki de kendiniz tercih edeceksiniz; bulaşıkları yıkamayan bir çocuk da, siz duygularınızı ifade ettikten sonra arkadaşının evine gitmeyip bulaşıkları yıkamayı tercih edebilir. Ancak bu tür tercihler, olaya dahil olan kişilerin arasındaki saygılı iletişim sayesinde ortaya çıkmalı ve onların içten tercihleri olmalıdır. Bulaşıkları yıkamayı kendiniz de teklif edebilirsiniz veya başka bir çözüm bulabilirsiniz. Çocuğunuzla aranızdaki bağların kopmasına ve onun korkmasına, kontrol edici davranışlarınız yol açar, aldığınız karar veya bulduğunuz çözüm değil. Siz yardım etmeyi teklif ettiğiniz zaman, çocuğunuz da karşılıksız yardım teklif etmeyi öğrenir. Sevgi başlıklı bölümde bahsedildiği gibi, çocuğunuzun sizden faydalanacağı yönündeki korkunuz, cömert davranma özgürlüğünüzü engeller ve bu korkunuzu çocuğunuza da geçirir.

İnsanlar kontrol edildikleri zaman kendilerini aşağılanmış ve dışlanmış hissederler. Çocuğunuza şefkatli bir şekilde baskı uyguladığınızda ise, sadece kafası karışır ve hissettiği aşağılanma duygusunun yersiz olduğunu ve bunu bastırması gerektiğini düşünür. "Annem ve babam o kadar iyiler ki, kendimi neden böyle kötü hissediyorum? Hata bende olmalı." Bunun karşılığında, ebeveyn de çocuğun itaat etmesine aldanır ve uyguladığı kontrolün çocuğa fayda sağladığına inanır; oysa çocuk aslında incinmiş ve kafası karışmıştır.

En çaresiz anlarımızda, çocuğumuzda korku yaratan disiplin yöntemlerinin, onu daha iyiye götürdüğüne değil, sadece korkuya dayalı bir itaate yol açtığını hatırlamamız gerekir. İstediğimiz şeyler saygılı davranarak da elde edilebilir; bu nedenle, çocuğunuzu inciten, benliğini ihlal eden ve aranızdaki ilişkiye zarar veren eski yöntemlere başvurmanız gerekmez. Çocuğunuz kendisi gibi olma konusunda kendini güvende hissettiğinde, sizi memnun etmek için değil, başarmak istediği için uyumlu davranır. Sizden korktuğu için değil, sizi sevdiği için düşünceli ve nazik davranır.

Çocuğun önlenemez korkularını ifade edebilmesi için ona güvenli bir ortam sunmak

Korkuya neden olan ama kontrol edemediğimiz bazı durumlar vardır, fakat çocuğumuzu bu korkuların elinden kurtulabilmesi için güçlendirebiliriz. Bu korkutucu deneyimler, doğum, medikal işlemler, anneden ayrı kalmak, oyun parkında yaşanan korkutucu bir olay, bir hikâye, film, yüksek sesle konuşan bir misafir olabileceği gibi, bilinmeyen nedenler de olabilir. Eğer ev, çocuğun kendini ifade edebilmesi için güvenli bir ortam sunmuyorsa veya çocuğun duyguları inkâr ediliyorsa, bu tür korkutucu deneyimler zamanla birikir ve duygusal rahatsızlıklara yol açar. Tüm duygusal rahatsızlıklar, aslında zihnimizin geçmişteki acı veren deneyimlere dayanarak yarattığı basit hikâyelerdir. Korku, çocuğun kendisiyle ve hayatla ilgili ulaştığı ve onu sınırlandıran sonuçların önemli bir bileşenidir. Korku her zaman doğrudan açığa çıkmaz; kendini başka türlü endişelerle gösterebilir. Karanlık, uykuya dalma, hayvanlar, bazı insanlar, dokunma, evden uzakta olma ve daha pek çok şeyden korkmakla ilgili olabilir. Bu korkuların bazıları büyürken atlatılan doğal korkulardır; çocuk bunları bünyesinden atabildiği sürece kolayca geçip giderler.

Daha önce de bahsedildiği gibi, çocuğu "sakinleştirme" eğilimi, kendisini bu gibi endişelerden kurtarma becerisini engeller. Çocuğun kendini ifade etmesine engel olmaya çalıştığımızda, onun korkusuyla ilgili kendi rahatsızlığımızı ortaya koymuş oluruz ve çocuğun hissettiği korkudan daha da korkmasına yol açarız. Bu nedenle, çocuğunuzun korktuğunu fark ettiğiniz anda, durumu daha da dramatikleştirmeden onun duygularını anlayışla karşılayın ki yaşadığı korkuyla barışık olabilsin.

Çocuğunuzun paniklediği anlardaki sakin tavrınız, onun bu tür deneyimleri, insan olmanın bir parçası olarak görmesini, kaçınılması gereken şeyler olmadıklarına veya bunların zihninde travmatik bir hikâyeye dönüşmeyeceklerine inanmasını anlamasını sağlar. Eğer karanlıktan korkuyorsa, bunu anlayışla karşılayıp çocuğunuzu dinleyebilirsiniz: "Nasıl hissettiğini biliyorum. Karanlıkta etrafımızı göremeyiz ve korkutucu hayaller kurabiliriz." Yanına bir köpek geldiğinde eteklerinize sarılıyorsa, onu güvenle kucağınıza alın. Çocuğunuzun yanında olun ve "Bu köpek çok büyük. Korktun mu? Seni kollarımda güvenceye aldığım için çok mutluyum" diyerek çocuğunuzun duygularını anlayışla karşılayın. "Bu iyi bir köpek. Onu okşayabilirsin" vb şeyler söylemek pek iyi bir fikir değildir çünkü çocuğun o anki algısını inkâr etmek anlamına gelir. Çocuğun o anda insanlara özgü normal bir duygu hissettiğini anlamasını sağlamak, bundan sonra da kendini kötü hissetmeden size tüm korkularını anlatabilmesini sağlar. Çocuğunuzun çocukluğu boyunca, korkuları hakkında konuşabilmesine izin verirseniz, bu korkular zamanla doğal olarak hafifleyecektir.

Ciddi anlamda kötü deneyimler bile, bunlar hakkında konuşulduğu zaman veya sözlerle, gözyaşlarıyla, sanat, oyun terapisi veya başka türlü yöntemlerle ifade edildiği zaman iz bırakmazlar. Acı verici veya korkutucu çocukluk deneyimleri hakkında konuşma fırsatı bulamamış olan yetişkinler, genellikle bunun acısını çekmeye devam ederler. Terapi seanslarında, kendilerine asıl acı veren şeyin, başlarına gelen olay değil bununla ilgili konuşmamalarının hissettirdiği yalnızlık, kopukluk ve korku olduğunu keşfederler.

İnsanlar, kendilerine acı veren deneyimler hakkında konuşabildikleri zaman veya çocukken duygu ve düşüncelerini ifade edebilmiş ve bunlar anlayışla karşılanmışsa, pek çok acı deneyimle başa çıkabilirler. Danışmanlık seanslarımda, tacize uğramış veya kötü muamele görmüş oldukları halde bunun olumsuz etkilerini yaşamayan yetişkinler kadar, benzer deneyimler yaşamış olan ve bunlardan dolayı günlük hayatları sekteye uğratacak kadar büyük acılar çeken yetişkinlerle de sürekli karşılaşıyorum. Aradaki fark, çocuğun zamanında kendisini dinleyen, duygularını anlayışla karşılayan ve bunun üstesinden gelebileceğine inanmasını sağlayan birileriyle konuşabilmiş olmasıdır. Duygusal açıdan yaralanan insanlar, tek başlarına yüklendikleri acı veren düşüncelerini keşfettikleri anda çabucak iyileşme gösterebilirler. Bunun nedeni, yaşadıkları deneyimlerin acı verici olmaması değil, yalnız bırakılmaları ve konuşmaktan korkmaları nedeniyle bu deneyimleri atlatamamış olmalarıdır.

Çocuğunuzu korkutan deneyimler genellikle çok tehlikeli olmaz; ancak bu deneyimler hakkında konuşmaktan korkarsa, bunları zarar verici etkiler yaratan hikâyeler haline dönüştürür. Bir çocuk en derin duygularını ve düşüncelerini paylaşabildiği zaman, ona acı veren ve korkutan deneyimleri atlatabilir ve zihni bu tür zararsız deneyimleri travmatik hikâyelere dönüştürmez.

Nefreti güvenle ifade edebilmek

"Nefret" sözcüğü çoğumuzda rahatsızlık yaratır ve birinin sahip olduğu değeri zedelemekten dolayı korkutur. Bir çocuk bağırarak ablasından veya bizden nefret ettiğini söylüyorsa, bu "istenmeyen" duygular selini durdurmak isteyebiliriz. Oysa nefret, o anki durumla veya gerçeklerle ilgili değildir veya korkmamızı gerektiren bir davranış da değildir. Altında yatan asıl duyguları örtbas ettiğinden ayrı öfke gibi nefretin de dışa vurulması gerekir ki çocuk kendisi için neyin gerçek olduğunu görebilsin. Duygularına yol açan şey bir yanlış anlaşılmaya dayanıyor olsa bile, çocuk yine de bu duyguları hisseder; ancak kendini tam olarak ifade ettikten sonra, gerçekler ve olasılıklar üzerinde konuşabilir ve bunları yeniden gözden geçirebilir.

Nefret dolu sözlerden kurtulmak istiyorsak, çocuğun nefret duygularını tetikleyen diğer duygularıyla bağlantı kurabilmesinde ona yardım etmeliyiz. Bizim görevimiz, çocukların nefrete yol açan duygularını ifade edebilmeleri için onlara güvenli bir ortam sağlamak ve aynı zamanda birbirimizi kırmamızı önleyecek sözlü araçlar ve fırsatlar yaratmaktır. Çocuk, duygularını ortaya çıkardığında, gerçek durumun kendi yarattığı dramdan çok daha hafif olduğunu fark eder. Çalışma gruplarımdan birindeki bir ebeveynin anlattığı hikâyede, derinlerde yatan duygular onaylandığında, nefret duygularının nasıl yok olduğu anlaşılıyor:

8 yaşındaki Gabe, pastanın tamamını tek başına yemek istiyordu. Anneannesi pastayı Gabe ile kuzeni arasında bölüştürdüğünde ona, "Senden nefret ediyorum. İstediklerimi elde etmeme asla izin vermiyorsun" dedi.

"Daha fazlasını istediğin halde pastanın sadece yarısını yiyebileceğin için hayal kırıklığına mı uğradın?" diye sordu anneannesi.

"Evet" dedi Gabe. "Pastanın hepsini istiyorum. Onu benim için aldın. Bu benim ziyaretim. Laura burada bile olmayacaktı."

"Oh anlıyorum, pastayı sadece kendin için istiyorsun."

"Evet, sadece ben ve ben" diye cevap verdi Gabe gözlerinden alevler çıkarak.

"Ne hissettiğini biliyorum..." diye söze başladı anneanne ama Gabe araya girdi: "Anneanne, pastamla birlikte çilek de yiyebilir miyim?"

Çocuklar kendilerini ifade ettikleri zaman onları inkâr etmezsek ve samimi davranma konusunda kendilerini güvende hissederlerse, genellikle bizim sandığımızdan çok daha kolay bir şekilde hayatlarına devam edebilirler. Gabe'in anneannesi "nefret" sözcüğünden hoşlanmıyordu. Ama yine de, Gabe'in içtenlikle ortaya koyduğu güven ve güvenlik duygusunu incitmek istememişti. Bu sözcüğe odaklanmak yerine, Gabe'e soru sorarak, onun derindeki hayal kırıklığını ve pastanın tamamını yeme isteğini anlayabilmesine yardımcı oldu. Gabe bu sayede duygularından kurtulabilmişti ve yaşadığı anın keyfini olduğu gibi çıkarabilmeyi başarmıştı. Yıllar içinde bu tür olaylar tekrarlandıkça Gabe kendini, "Senden nefret ediyorum" yerine, "Hayal kırıklığına uğradım" veya "Çok kızdım; keşke bütün pastayı ben yiyebilseydim" gibi cümlelerle ifade edebilecektir. Daha da olgunlaştıkça, beklentilerinden acı veren duygular hissetmeden vazgeçmeyi öğrenecektir; planları altüst olsa bile keyifli kalmayı başarabilecektir.

Çocuklar arasındaki nefret

Bir başka çocuğa nefret duymanın yarattığı stres, ebeveynler veya sevecen bir yetişkin tarafından hafifletilebilir. Çocuğumuza duygularını dile getirebilmesi için güvence vererek, onun paylaşmak istediklerini, bunları ciddiye alabilecek ve incinebilecek bir arkadaşıyla veya kardeşiyle paylaşmasını önlemiş oluruz. Çocuğunuz bir başka çocuğa kızdığında bunu gelip size anlatabileceğini ve sizin ona empati gösterip yargılamadan onu dinleyeceğinizi bilmelidir.

Çocuklar aralarındaki anlaşmazlıkları genellikle kendi kendilerine çözerler ve birbirlerine karşı nefretlerini ifade ederler. Yetişkinlere son derece üzücü gözüken sahneler yaratmakta üzerlerine yoktur ama bunlar, onlara çok fayda sağlayan değerli psikodramalardır. Genellikle karşılıklı hakaret ederler ve bu, hepsini eşit derecede güçlü konumda tutar. Ama eğer güç dağılımı eşit değilse, doğaları gereği bencil olan çocuklar, bu tür ifadeleri kişisel alabilirler ve incinip kendilerini güvensiz hissedebilirler. Bu gibi durumlarda telaşa kapılıp, "Oh hayır, onu seviyoruz; o çok akıllı ve harika bir çocuk" deyip, çocuğumuza sarılıp onun hissettiği nefreti geçersiz kılmaya çalışabiliriz. Oysa çocuğumuz söylediklerimizden çok endişelerimizden etkilenir. Hakaretlerinin çok korkunç bir şey olduğunu ve kendini kötü hissetmesi gerektiğini düşünebilir. Bir dahaki sefere kendini daha da kötü hissedebilir. Bunun yerine, ona kendini nasıl hissettiğini sorarak ve ifade ettiği duygularını anlayışla karşılayarak onu güçlendirebiliriz. Böylece, kendisine o anda doğru gelen şeyleri gözden geçirip kendini yeniden değerli görmeye başlayabilir. Örneğin:

Roy gelip teyzesine şikâyet etti: "MaryAnn bana 'aptal' dedi ve benden nefret ettiğini söyledi."

"Ona inanınca kendini nasıl hissediyorsun?" diye sordu teyzesi.

"Aptal gibi" dedi Roy.

"Yani gerçekten aptal veya kötü olduğunu mu düşünüyorsun?" diye üsteledi teyzesi.

"Hayır" dedi Roy özgüvenli bir şekilde. "Zeki ve çok iyi bir insan olduğumu biliyorum." Birkaç dakika düşündükten sonra odadan çıktı ve oynamaya devam etti.

Kırıcı sözlerle karşı karşıya kalan bir çocuğun kendi değerini anlayabilmesini sağlamak, onu gelecekte insanlarla kuracağı ilişkilere hazırlar. Teyzesi, Roy'un, sadece arkadaşının sözlerini gerçek olarak kabul ettiği zaman kendini aptal gibi hissettiğini fark etmesini sağlamıştı; oysa kendisi hakkındaki düşünceleri özgüvenini yerine getirmişti. Diğer bir deyişle yeğeninin, hangi düşünceleri ciddiye alacağının tamamen kendisine bağlı olduğunu anlamasını sağlamıştı. Çocuğunuza bu tür etkili sorular sormak istediğinizde, önce genel bir soruyu düşünerek başlayın, "Ona acı veren düşünce hangisi?" ve bu soruyu çocuğun anlattığı olaya uyarlayın. Çocuğunuzla kuracağınız iletişim Roy'un durumunda olduğu gibi aydınlanmasını sağlayabilir veya gözyaşlarına ve bastırılmış endişelerinin, kendinden duyduğu şüphenin ortaya çıkmasına yol açabilir. Sonuç ne olursa olsun bu şekilde iletişim kurmak, çocuğun içten içe bildiklerini ve sahip olduğu gücü fark etmesine yardımcı olur.

Bir çocuk nefret içeren duygularını kendisine empati gösteren ebeveynine anlatmazsa, bunları dönüp dönüp başka çocuklara anlatır. Çocukların bireysel ihtiyaçlarını karşılayarak ve öfke ya da nefret hissettiklerinde onları dinleyerek, aralarındaki dargınlığı en aza indirebiliriz. Çocuğun duygularına kulak verirsek, bunları kardeşleri veya arkadaşları yerine gelip bizimle paylaşmayı tercih eder. Çocuğumuzu dinleyip onu onayladığımızda, o da, kardeşine veya arkadaşına yönelttiği suçlamaların altında yatan diğer duygularının farkına varır. (3. Bölüm'de yer alan *Çocukların Öfkesine Kulak Vermek* başlıklı bölümü okuyun.) Zamanla bu tür kişisel duyguları sadece hissetmeyi sahip olmayı öğrenir, artık suçlama veya nefret gibi tepkiler vermez.

"Keşke kız kardeşimden kurtulabilsem"

Çocuğumuzu anlayışla karşılama fikrinin saçma geldiği bazı durumlar vardır; ama böyle anlarda bile onun kendini yeniden iyi hissetmesini sağlamanın ve bağlantı kurmanın yolu anlayış göstermektir. Örneğin çocuğunuz, "Keşke kız kardeşim ölse. Onu sırf bunun için öldürebilirim" gibi bir dileğini ifade edebilir. Bu tehdidin gerçek olabileceğinden endişelenip çocuğun bu gibi şiddet dolu sözler sarf etmemesi gerektiğini düşünerek panikleyebiliriz. Korku içinde, çocuğun duygularına karşı çıkabiliriz. Ancak, yoğun duygularını ve şiddet dolu fantezilerini bu şekilde ifade eden bir çocuğa karşı çıkmak, onu eleştirmek veya cezalandırmak, acısını içine gömmesine ve yalnızlık çekerek kendini çaresiz hissetmesine yol açar ve saldırganlığının ortaya çıkma ihtimalini artırır. Aslında, yalnızlık hissetmek ve kendini duygularını ifade edecek kadar güvende hissetmemek, şiddetin nedenlerinden biridir. Çocuğun sadece duygularını ifade ettiğini bilirseniz onun dertlerine kulak vermek daha da kolaylaşır.

Şiddet içeren duygularını onaylamak demek, çocuğun ifade ettiği fantezilerini hayata geçirmesini onaylamak demek değildir. Çocuğunuzu nefret dolu duygularını ifade etmesi için desteklediğiniz zaman, şiddet içeren davranışların olasılığını azaltıp merhametli davranışları daha olası hale getirirsiniz. S.İ.D.O.T. formülünün S adımı sizin için nasıl çalışıyorsa, çocuğunuz da ona acı veren Sessiz konuşmayı sisteminden atmaya ihtiyaç duyar; ama sizden farklı olarak bunu kendi başına ve sessizce yapamaz. Onu dinleyin ki yaşadığı dramı ortaya çıkarabilsin. "Anlıyorum. Katie'ye o kadar kızdın ki, ondan kurtulmak istiyorsun. Birine bu kadar kızmanın ne demek olduğunu biliyorum" şeklinde konuşabilirsiniz. Hatta kendi deneyimlerinizi paylaşarak bu gibi duyguların ve fantezilerin ne kadar yaygın olduğu konusunda çocuğunuzu bilgilendirebilirsiniz: "Ben de ağabeyimin uçurumdan düşmesini isterdim" gibi. Böyle bir anınızı anlatacak olursanız, kısa tutun (çocuğunuz sormadığı sürece). Bu sizin değil, çocuğunuzun yaşadığı bir durumdur; sizin anınız sadece çocuğunuzun duygularını anlayışla karşıladığınızı göstermek içindir.

Çocuğunuzun şiddet içeren duygular hissetmesine ve bunları ifade etmesine izin verdiğinizde ve herkesin zaman zaman şiddetli duygular hissedebileceğini ona anlattığınızda, bu acıdan kurtulabilir; suçluluk ve utanç yükü taşımadan öfkesine yol açan duygularıyla bağlantı kurabilir.

Öfke gibi nefret de, suçlayıcı hikâyeler yaratan zihnin bir fonksiyonudur; bunu ona birisi "yapmıştır". Çocuğunuza, duygularının farkına varmasını ve bunları sahiplenmesini sağlayacak sorular sorun. Böylece, onu güçsüz kılan düşüncelerin farkına vararak kurban olduğu düşüncesinden kurtulabilir. Suçlamak her zaman geçmiş zamanla ilgilidir ve bu da çocuğun çaresizlik hissetmesine neden olur, çünkü bu konuda yapabileceği bir şey yoktur. Kız kardeşi ve onun yaptığı şey üzerinde bir gücü yoktur, ama mevcut zamanda kendi duyguları ve davranışları üzerinde gücü olabilir. Çocuk, suçlama üzerine kurduğu dram ile kendi güçlü benliği arasında bir fark olduğunu öğrenir.

Bir çocuk, kendisinin şiddet içeren fantezilerinden korkabilir ve bunlardan dolayı suçluluk hissedebilir. Bu tür fantezilerin normal olduğunu ve ona olan sevginizi etkilemeyeceğini bilmeye ihtiyacı vardır. Bir çocuk bazen kendini çeşitli şekillerde ve belirli bir süre ifade etmeye ihtiyaç duyar; mesela, yeni yürümeye başlayan bir çocuk bunu bebeğiyle oynayarak, daha büyük bir çocuk resim çizerek veya rol yaparak, ergen bir çocuk ise konuşarak, yazarak, koşarak veya müzik yaparak ifade edebilir. Yoğun duygular doğrultusunda hareket etmeden bunların sadece ifade edilmesini kabullendiğimiz zaman, samimi ve duyarlı bir şekilde yaşamayı, duygularımızın ve tercihlerimizin sorumluluğunu almayı öğrenir, sevebilme becerisi kazanırız.

Bir çocuk kardeşinin ortadan kalkmasını istediğini söylüyorsa, bu, çocuğun yoğun duygularını dile getirdiğini gösterir, genellikle kardeşinin canını acıtmaya niyetli olduğunu göstermez. Gerçek şiddet, çocuklar baskılandığında ve yıllar boyunca kendileri gibi davranamadıkları zaman ortaya çıkar; içlerine çekilip duygusal bağ kuramaz hale gelirler. Dıştan sakin gibi görünebilirler ve hatta okulda çok başarılı bile olabilirler ancak, büyükleri tarafından belirlenen bir hayatı yaşadıkça depresyona girerler, duygusal yalnızlık çekerler, kimsenin kendilerini dinlemediğine ve umursamadığına inanmaya başlarlar. Bu yalnızlık ve acı, umutlarını kaybetmelerine neden olacak kadar büyük bir çaresizlik yaratır.

Kardeşler arasındaki normal çekişmeler bu tür bir umutsuzluğun ifadeleri değildir, ayrıca çocukların birbirlerine zarar verme niyetleri de yoktur. Eğer çocuğunuzun öfkeli ve şiddet dolu ifadelerinin sağlıklı bir seviyede olduğundan emin değilseniz, bu konuda yardım almalısınız. Çalışma hayatım boyunca karşılaştığım saldırgan çocukların çoğu, onurlarını ve duygusal güçlerini yeniden kazanmalarını sağlayan terapilere çok iyi cevap verebilmişlerdir.

Hayatını engellenmeden yaşayan bir çocuk için, nefret de ifade ettiği ve sonra da kurtulduğu diğer duyguları gibidir. Bir çocuğu saldırgan davranmaya, dalga geçmeye veya rahatsızlık vermeye yönlendiren, *ifade edemediği* nefret duygusudur; oysa yoğun duygularını bünyesinden atabildiği zaman bu gibi sonuçlar ortaya çıkmaz. Aşağıdaki örnek, nefret çıkmazı içindeki bir ergenin duygularını ifade ettiğinde nasıl yeniden sevgi bağı kurabildiğini gösteriyor:

11 yaşındaki Jay terapi seansına, 9 yaşındaki kız kardeşine duyduğu yoğun nefreti dile getirmekle başladı. Şiddet dolu fantezilerinden söz etti ve onunla asla işi olmayacağına yemin etti. Aslında evden ayrılmak istiyordu çünkü onunla aynı evin içinde asla yaşayamazdı. Yarım saati aşkın bir süre boyunca, küfretti ve bağırdı, kardeşinin ölümünü gösteren fantezilerini resimlendirdi, tek çocuk olmak istediğini belirtti, sonunda da ağlamaya başladı. Ebeveynlerinin, kardeşini dünyaya getirerek hayatını "mahvettiklerini" iddia etti ve ümitsizliğini ifade etti. Onu seviyorlarsa, kardeşinden hemen kurtulmaları gerektiğini düşünüyordu.

Sonra kardeşinin tahammül edilemez özelliklerinden bahsetmeye başladı; her zaman birinci olmak, her şeyi ondan daha iyi yapabileceğini iddia etmek ve bir oyunda kaybettiği zaman aşırı derecede bozulmak gibi.

Konuşması sona erdiğinde, Jay'den kendi duygularına odaklanmasını istedim. "Kardeşinle ilgili tüm bu yargılara sahip olduğun halde hiçbir şey değişmediği için nasıl hissediyorsun ve nasıl davranıyorsun?"

"Kızgın, nefret dolu, gücenmiş" dedi.

"Kendin için ne istiyorsun?" diye sordum.

"Hiçbir şey" dedi, "veya kardeşimden biraz uzak kalmak olabilir. Etrafımda olduğu zaman, ilgi gördüğünde ve bir prenses gibi davrandığında sinirleniyorum."

"Böyle düşünmesen nasıl biri olurdun?" diye sordum.

Jay inanmaz gözlerle bana baktı. "Kardeşimle ilgili düşüncelerim olmadan mı? Ah bu harika olurdu" dedi. "Özgür ve mutlu olurdum ve kardeşimin davranışları umurumda olmazdı."

"Yani bundan hoşlanırdın?"

"Ah evet" dedi ve gülmeye başladı. "Galiba kardeşimi büyük bir dram haline getiriyorum."

"Kardeşine sinirlendiğin düşüncesinden kurtulmak ister miydin?"

"Hayır. Ondan nefret etmek istiyorum" dedi. Sonra kendi sözlerine şaşırarak, "Bu çok tuhaf. Neden böyle acı çekmek isteyeyim ki?" dedi.

"Bunun sana sağladığı bir ödül olmalı."

Jay sessiz kaldı.

"Kardeşine sinirlenmek ve onu suçlamak seni nasıl ödüllendiriyor?" diye sordum.

"Benim daha iyi olduğunu hissettiriyor" dedi, "ve belki de ebeveynlerimi kontrol etmemi sağlıyor."

O noktada Jay, sahip olduğu algıları ve duyguları kendisinin yarattığını fark etmişti. Kardeşini anlayışla karşılamaya başladı ve gerçekten üzüldü, kardeşinin neler yaşadığıyla ilgili düşüncelerini anlatmaya başladı. "Benim gibi bir ağabeyi olduğu için kendini yenik hissediyor olmalı, bu yüzden hep daha iyi olmaya çalışıyor" dedi. Kardeşine duyduğu sevgi ilk baştaki öfkesi kadar güçlü bir hale geldi. Sonra, hayallerine odaklanabilecek kadar özgürleşince, seansın geri kalan kısmında kendisiyle ilgili yeni planlar yapmaya başladı.

Her zaman mutlak ve kalıcı çözümler yoktur; ilişkilerin döngülerini kabullenmemiz ve duruma göre hareket etmemiz gerekir. Jay o an için kardeşine karşı empati duyup onun bakış açısıyla bakmayı başarmıştı. Hayat devam ettikçe kardeşinden rahatsız olmaya, kendini ifade etmeye, sonra mutlu olup onunla bağ kurmaya ve sonra yeniden rahatsızlık duyup öfkelenmeye devam edecektir. Çocuğumuz kötü duyguları geri geldiğinde kendini bize ifade edebilirse, geçmişteki filmleri geri sarmak yerine tercih yapabilecek kadar güçlenir. Kurban olduğuna dair bir hikâye yazmak yerine, algılarının kontrolünü ele alabilir. Bu süreç de bize her iki çocuğun ihtiyaçları hakkında bilgi sağlar ve böylece onlarla daha iyi ilgilenebiliriz.

Sonuç almaya şartlanmak kolaydır. Bununla birlikte, çocuklarımız içlerindeki zehri akıttıklarında, bunun yok olacağını ummak yanlış olur. Bu gibi sonuçların beklentisi içine girersek, çocuğumuza kulak verme ve onunla bağ kurma fırsatını kaçırırız. Örneğin, bazen bir çocuk duygularını ifade ettiği halde, kardeşiyle veya arkadaşıyla oynamayı reddedebilir. Böyle bir durumda ebeveynler bundan hemen bir "sonuç" çıkarıp, "Tamam, içini döktüğüne göre artık onu affet ve oynamaya devam edin" diyebilirler. Sylvia, kuzeniyle Monopol® oynamayı reddettiğinde işte bu olmuştu.

8 yaşındaki Sylvia kuzeni Timmy'ye sinirlenmişti çünkü Timmy, izinsiz olarak bisikletini almıştı. Sylvia bisiklete binmek istediğinde, bisikletinin yerinde olmadığını gördü. Annesi onu dinleyip duygularını onayladı. Timmy gezintisinden döndükten sonra, Sylvia'nın babası, bir daha kimse bisikletini izinsiz almasın diye bisikleti kaldırdı. Timmy, Sylvia'ya haber vermeden bisikletiyle birlikte kaybolduğu için özür diledi ve bunu bir daha yapmayacağına söz verdi.

Bir süre sonra Timmy, Sylvia'yı Monopol® oynamaya çağırdığında, Sylvia bunu reddetti ve Timmy'ye dilini çıkardı. Babası "Artık barışma zamanı" dedi. "Biz seni dinledik ve o da senden özür diledi. Haydi gidip oyna." Ama ebeveynleri barışçıl bir sonuç bekledikçe Sylvia daha fazla inat etti. Bu olayı atlatmaya henüz hazır değildi. Sonunda ebeveynleri de omuz silkip aradan çekildiler. Sylvia, kuzeninin Monopol® oynamasına engel olmanın tatminiyle odasına gitti. Beş dakika sonra dışarı çıktı ve kuzenini hamağına davet etti.

Çocuklar yetişkinlere kıyasla, kırgınlıklarından daha hızlı kurtulurlar; ama aynı yetişkinler gibi tercihlerini kendileri yapmak isterler. Çocuğunuzun haklı çıkma ihtiyacından kurtulmasını umut etmek, bizlerin bile yapabileceğimizden daha fazladır. Sizin amacınız, anlaşmazlığı çözümlemek veya çocuğun duygularını yok etmek değil, onu dinlemek ve tercihlerini kendi istediği şekilde yapabilmesini sağlamaktır.

Öfke içindeki bir çocuğun en büyük korkusu kötü bir insan olduğunu düşünmesidir; düşündüklerini ve fantezilerini bildikleri takdirde ebeveynlerinin kendisini sevmeyeceklerinden korkar. Bu nedenle, öfke dolu duygularını ifade etmesine rağmen ona hâlâ değer verdiğinizi biliyorsa, amaca ulaşılmış demektir. Nefret dolu duygularından dolayı ona olan sevginizin sarsılmayacağını bilmesi sayesinde, duygularını ihtiyaç duyduğu her an tam olarak ifade edebilir; siz de aranızdaki iletişimin açık olduğunu bilerek iç rahatlığı duyabilirsiniz. Zaman içinde, duygularını tetikleyen düşüncelerin kendisinden kaynaklandığını fark eder, nefret duygusundan tamamen uzaklaşır. Belki de, zihnindeki sesi benliğinden ayırt etmeyi öğrenir ve tam bir huzura ve özgürlüğe kavuşabilir.

Ebeveynlerden nefret etmek

Nefret dolu sözcükler sadece kardeşlere değil, ebeveynlere de yönelebilir. İnsanlar bazen çocuklarının onurunu kıracak hatalar yaparlar. Müdahale etmek, zorlamak, kontrol etmek veya küçük düşürmek gibi şeyler yaptığımızda ve çocuğumuz da bize olan nefretini kustuğunda, onu dinlemeli, duygularını onaylamalı, hatamızı ve pişmanlığımızı kabul etmeliyiz. Böylece, çocuğumuz da bize karşı dürüst davranırken kendini güvende hissedebilir. Çocuğunuzun nefreti sizin koyduğunuz güvenlik önlemlerinin bir sonucu bile olsa, onuru yine de kırılmış olabilir. Onun duygularını anlayışla karşılamak ve yaptıklarınızı kabullenmek (kaçınılmaz şeyler olsa bile), çocuğun olumsuz duygularını ortadan kaldırır.

Henüz konuşamayan küçük bir çocuk bile, hissettiği nefreti anlayışla karşıladığınızı gösterdiğiniz zaman; mesela, "Anne istediğin şekeri almadı. Kötü anne"; "Bağırarak seni korkuttum mu?" veya "Fileye göz atan o kadını sevmedin mi?" gibi şeyler söylediğinizde, kendini onaylanmış hisseder.

Onun duygularının farkında olduğunuzu ve onu hâlâ sevdiğinizi bilerek içi rahatlar. Çocuğun konuşma yeteneği geliştikçe, bu gibi uyuşmazlıklar aranızda diyalog kurulmasını ve çocuğunuzun kişiliğini daha iyi anlamanızı sağlar.

Çocuğun nefreti bizlere yönelik olduğu zaman, kendi tepkimiz yüzünden onun duygularını anlayışla karşılamakta zorlanabiliriz. Ama eğer destek alabileceğimiz farklı bir ortamda duygularımızla ilgilenip düşüncelerimizi sonradan gözden geçirebilirsek, çocuğumuza en çok ihtiyaç duyduğu anda sevgimizi gösterebiliriz. Aşağıda bir ebeveynin çocuğu tarafından "ateş altına" alındığı bir durumda,

S.İ.D.O.T. formülünün nasıl çalıştığını anlatan bir hikâye yer alıyor:

5 yaşındaki Lea, "Anne senden nefret ediyorum" deyip duruyordu, annesi Betty de buna çok üzülüyor ve endişeleniyordu. İlk başlarda kendi savunmacı duyguları devreye girdiği için Lea'yı susturmaya çalışıyordu. Lea böyle konuşmayı sürdürünce, Betty terapi seansına gitti ve ancak bundan sonra kızına empati göstermeye başlayabildi.

Lea bir kez daha, "Senden nefret ediyorum" dediğinde Betty, "Bu çok acı verebilir. Bunu bana söylemene çok sevindim çünkü neler hissettiğini bilmek istiyorum" dedi. Sonra da, "Bana olan nefretin hakkında konuşmak ister misin?" diye sordu.

Lea annesine öfkeyle baktı ve "Sevdiğim kahvaltıyı hazırlamadın ve sonra da yavaş olduğum için bana bağırdın" dedi.

"Yani, yumurta değil krep mi istiyordun?"

"Evet."

"Ve hazırlanman için seni aceleye getirdiğimde, bebeğini giydirmeye devam etmek mi istiyordun?"

"Anne bana bağırma, bu beni üzüyor."

"Neler hissettiğini anlıyorum. Bana söylemene çok sevindim. Telaşlı olduğum zamanlarda bile nazik davranabilmeyi ben de istiyorum. Bunu yapabileceğimi düşünüyor musun?"

Lea bir süre düşündü. "Hayır, bunu yapamazsın anne. Sorun değil. Ama krepler..."

"Evet, ne yemek istediğine kendin karar vermek istiyorsun; bunu çoğu zaman yapabilirim."

Lea başıyla onayladı, tatmin olmuş gözüküyordu.

Ve Betty ekledi: "Benden nefret etmek sana çok acı vermiş olmalı."

"Hayır anne. Sadece çok kötü hissettirdi."

Lea'nın duygularının farkına varan Betty, bu sinir bozucu anların hepsinin olmasa da büyük kısmının zamanla azalmasını sağladı. Gerektiği anlarda Lea'nın nefret dolu duygularına karşı anlayış göstermeye çalıştı. İki gün sonra Lea, "Anne seni de kendimi de seviyorum. Senden nefret ettiğimi söylesem bile, aslında nefret etmiyorum; sadece istediklerimi yapmanı sağlamaya çalışıyorum" dedi ve birlikte güldüler.

"Seni sevdiğimi biliyorsun değil mi?" diye sordu Betty.

"Evet, senden nefret ettiğimde bile, ki aslında etmiyorum, beni sevdiğini biliyorum" dedi ve annesine sarıldı.

Lea annesinden onaylayıcı tavır görmeye başlamadan bir süre önce içinde nefret dolu düşünceler biriktirmeye başlamıştı. Çocuklar zaman zaman ortaya çıkan nefret duyguları anında kabul görürse, bu duygulardan hemen kurtulurlar. Ayrıca, çocukların nefret dolu sözleri, yetişkinlerin nefret dolu sözleri kadar güçlü anlamlar taşımaz:

Terry annesinden ona kitap okumasını istedi. "Dama parçalarını topladıktan sonra sana kitap okuyacağım" dedi annesi.

"Hayır anne, şimdi oku" diye sızlandı Terry.

"Hemen okumamı istediğini biliyorum. Çabucak geleceğim" dedi annesi.

Terry ayaklarını yere vurarak, "Senden nefret ediyorum" dedi.

"Evet biliyorum" dedi annesi bir yandan dama parçalarını yerden toplarken.

Kitap okuma etkinliği sona erdiğinde baba aileyi öğle yemeğine çağırdı.

"Sandviçimi annemin yapmasını istiyorum" dedi Terry.

"Ondan nefret ettiğini sanıyordum" dedi babası da.

"O, o zamandı" diye cevapladı Terry.

Çocuğunuz size karşı kızgınlık gösterdiği zaman, bunu yüzünüze ifade etmesi için onu yüreklendirin. Unutmayın ki nefret başka duyguların dışavurumudur. Çocuğunuzun nefret duyguları, her ne kadar sebebi sizinle ilgili olsa da, tamamen kendisiyle ilgilidir. Onun söylediklerinden kendinizle ilgili bir şeyler öğrenebilirsiniz, ama ifadeleri sizinle ilgili değildir. Çocuğunuzun söyledikleri kendinizi savunmada hissetmenize neden olsa bile, ilginizi nazik bir şekilde çocuğunuza yönlendirin. Sizi sevmesi konusunda inat etmeyin; onu dinleyin, onun bakış açısını anlayın ve sevginizden emin olmasını sağlayın. Ancak o zaman, duyduğu nefretin aranızdaki sevgiyi değiştirmediğini anlayacaktır. Çocuğunuz aranızdaki yakın bağ sayesinde, gerçek benliğiyle zihninin yarattığı dramları ayırt etmeyi öğrenebilir.

Korkutucu değil yardımcı olmak

Duygu yüklü tepkilerimiz bazen çocuğumuzu korkutabilir. Tehlikeli bir şey yaptığında veya onun hareketlerini ve sözlerini kişiselleştirdiğimizde bu gibi durumlar meydana gelebilir. Çocuğunuzun hareketlerinin size yönelik olmadığını unutmayın. O sizin canınızı sıkmaya veya hayatınızı zorlaştırmaya çalışmıyor, sadece kendisiyle ilgileniyor. Bir çocuk başka bir kişiyi veya bir şeyi incittiğinde, bir ihtiyacını veya bir duygusunu ifade eder; tehlikeli şeyler yapıyorsa, ona kaç kere anlatmış olursanız olun, davranışları yine de masumdur. (Bazı şeyler alışkanlık haline gelene kadar yetişkinlere de kaç kez söylenmesi gerekir?)

Çocuğunuzun yaptığı veya söylediği hiçbir şey, ona öfkelenmenize, onu yargılamanıza veya onu sevginizden mahrum bırakmanıza neden değildir. Çocuğunuzu bir başkasını veya kendisini incitmekten alıkoyduğunuzda bile, hareketleriniz ve sözleriniz aranızda sevgi ve ilgi bağı kurulmasını sağlayabilir. Çocuğunuza onu önemsediğinizi gösteren bir şekilde engel olduğunuzda, onun tarafında olduğunuzu hisseder ve sizden korkmaz. Örneğin, "Onun bebeğini bırak" diye bağırmak, çocuğunuzun korkmasına ve kendini değersiz hissetmesine yol açar. Bunun yerine, "Sen de bebekle oynamak istiyorsun ama şu anda Ruth oynuyor" gibi onaylayıcı ifadeler kullanarak çocuğunuza ilgi gösterir veya ona bir çözüm sunarsanız, o da önemsendiğini ve değerli olduğunu hisseder.

Çocuğunuzu korkuttuğunuz zaman, onun tarafınızda olduğunuzu anlayamaz; sizi polis gibi kendisini yakalamaya çalışan biri olarak görür. Dolayısıyla sizden korkar ve size karşı gelmeye başlar. Onu acil bir durumda tehlikelerden korumaya çalıştığınızda bile, hissetmiş olabileceği korkuyu anlayışla karşılayın ve kalkıştığı tehlikeli hareketin ardında yatan ihtiyacını karşılamaya çalışın. Çocuğunuzu korkutursanız, kendi duygularınızı onunla paylaşın ve ders vermek yerine bir çözüm önerin.

Oyun odasına giren Dana, oğlu Sean'ın pencerenin kenarında oturduğunu görünce çığlığını içinde tuttu. Dördüncü katta oturuyorlardı ve pencere kapalı olsa bile, oğlunun pencere açık olduğunda da orada oturma alışkanlığı edinebileceğinden korkuyordu.

Dana kendini kontrol etti; bir tabure aldı ve pencerenin yanına koydu.

"Sokağa bakmayı seviyorsun" dedi. "İşte, tabureye çıkıp buradan güvenli bir şekilde dışarı bakabilirsin." Aşağı inmesine yardım etti ve oğlunu öptü. Sonra da, "Sean, pencerede oturduğunu görünce çok korktum" dedi.

Çocuk annesine baktı ve "Ama anne düşmem ki" dedi.

"Biliyorum ama yine de korkuyorum. Bu tabureyi burada bırakacağım. Sokağa bakmak istediğinde pencerede oturmak yerine bunun üzerine çıkacağına söz verir misin?"

"Evet, buradan da gayet iyi görüyorum."

"Teşekkür ederim Sean" dedi Dana sakin bir şekilde.

Dana, oğluna daha önce de pencerede oturmamasını söylemişti. Yine eski, işe yaramaz yönteme başvurup, "Sana kaç kere söylemem gerekiyor?" da diyebilirdi. Bunun yerine, çocuğunu suçlamadan onunla duygularını paylaşarak ona bir çözüm sunmuştu. "Beni korkuttun" demek yerine "Korktum" demişti. Çocuğun kendini güvende hissetmesini bile onaylayıp, sadece kendi ihtiyacı adına ondan ricada bulunmuştu. Duygularınızı anlayıp, çocuğunuzu suçlamaya veya azarlamaya kalkışmadığınız zaman, çocuğunuz da sizin ricalarınıza cevap verir. Size güveniyorsa ve her zaman onun yanında olduğunuzu biliyorsa, tıpkı insanın bir dostuna yaptığı gibi size cevap verir ve zamanla, başka insanlara da aynı şekilde davranmayı öğrenir.

5. bölüm

Özerklik ve güç

Çocuklar kendileriyle işbirliği yapan ebeveynlere ihtiyaç duyarlar

Çocuklar genellikle kendilerini çaresiz hissederler çünkü yaşadıkları karmaşık, büyük ve hızlı dünyada çok küçük ve deneyimsizdirler. Bu dünyada dokunamadıkları pek çok makine, korktukları büyük insanlar ve hayvanlar, yalnız gidemedikleri yerler, yetişemedikleri yüksek şeyler, yardıma ihtiyaç duydukları şeyler, korkutucu buldukları olaylar ve kavrayamadıkları bir hız vardır. Üzüntülerinin ana nedeni çaresizlik duygusudur.

Çocuklar, ihtiyaçlarını karşılayabilecek güce sahip olduklarını hissetmek isterler. Yetişkinlerden farklı olarak, gelecek uğruna istedikleri şeylerden hemen vazgeçmeye hazır değillerdir. Etraflarındaki insanların, onların tercihlerini derhal ciddiye almalarını isterler. Diğer duygusal mahrumiyetler gibi, çaresizlik duygusuyla boğuşan veya hayatını kontrol edemediğini hisseden bir çocuk, öfkelenebilir, saldırganlaşabilir veya depresyona girebilir.

Her ne kadar çocuğunuzun çaresizlik duygusunu ortadan kaldıramasanız da, kendini bağımsız ve güçlü hissedeceği fırsatları ona sunabilirsiniz. Küçük bir çocuk veya bir bebek, içinde bulunduğu ortama sizin aracılığınızla etki edebilir ve yetişemediği şeyler için sizi bir "uzatma kablosu" olarak kullanmak ister. Bazen çocuğunuz için bir şeyler yapmanız gerekse de çoğu zaman, aradan çekilip sadece onun hayatını güvenli ve zenginleştirici bir hale getirmeniz gerekir. Fiziksel ve sosyal ortamını güvenli ve sağlıklı bir hale getirdikten sonra, onu sınırlandırıp yönetme ihtiyacınızdan vazgeçmelisiniz. Böylece sizin yarattığınız güvenli ortam içinde, aktiviteleri, yiyecekleri, programı ve ilgi alanları konusunda kendi tercihlerini yapabilir ve bunlara kendisi yön verebilir.

Ebeveynlerinin tüm sevecen niyetlerine rağmen, çocuklar genellikle kendilerini çaresiz ve yetişkinlerin merhametine kalmış durumda hissederler. Ebeveyniyle oyun oynadığı esnada çalan bir telefon ve oyunlarını bölen can sıkıcı kişiyle telefon konuşmasının bitmesini beklemek çocuğun gururunu incitir. Kendisine söylenenleri yapmak, sessiz olmak, kendi ihtiyaçlarına saygı gösterilmezken, bir yetişkinin ihtiyaçlarına cevap vermek gibi aşağılayıcı durumlara katlanmak zorundadır. Örneğin, çocuklar yetişkinleri böldükleri zaman genellikle eleştirilirler; oysa yetişkinlerin çoğu, çocukları sürekli bölerler ve onlarla "yukardan bakarak" konuşurlar. İçinde bulunduğumuz kültürde, her bir olayda ve keyfi kararda başkalarının insafına kalmak, çocukların hayatlarının bir gerçeğidir.

Çocukları hiç düşünmeden çaresiz hissetmelerine neden olduğumuz birtakım şeyler vardır. Hayatımızı planlarken yaptığımız tercihler çocuğumuzun hayatını da etkileyeceği halde genellikle ona oy hakkı tanımayız. Kabile hayatında olduğu gibi çiftçilik, inşaat veya fiziksel katılım gerektiren başka aktiviteler içinde olmadığımız sürece, hayatlarımıza dahil olmak çocukları pek de ilgilendirmez. Annesinin bir şeyler yazdığını, okuduğunu veya banka işleriyle meşgul olduğunu izleyen bir çocuğun gözlemleyebileceği veya katılımda bulunabileceği bir şey yoktur. Şahit olduğu şeyler bir şeylerin devam etmekte olduğunu göstermez; babasının okuduğu kitabın konusu heyecanlı olabilir, ama yeni yürümeye başlayan bir çocuk için babası sadece kanepede oturmakta ve bir kitaba bakmaktadır.

Sık rastladığımız bir örnek de çocukları günlük işlere dahil etmektir. Çocuk o anda yapmakta olduğu şeye devam etmek ister ama engellenir, araba koltuğuna oturtulur ve kendisiyle ilgisi olmayan işler için sağa sola taşınır. Ondan "olgun" davranması ve yetişkinin yapması gereken işlerde ona eşlik etmesi beklenir. Böyle bir deneyimden bizler bile hoşlanmayız ve bir arkadaşımızdan işlerimizde bize eşlik etmesini istemeyiz. Küçük bir çocuk, yaptığımız işlerin ona bir faydası olduğunu anlamaz; daha büyük bir çocuk bunu anlayabilir ama yine de bize katılmak istemeyebilir. Çocuk için işlerin çoğu sıkıcıdır ve hareketsiz durmasını gerektirir; bir süre beklemek ve arabada oturmak gibi.

Küçük bir çocuk markete gitmekten hoşlansa bile, büyüdükçe bu iş onun için ancak bir oyuncak veya şeker alabilecekse eğlenceli hale gelir, ama bu da daha fazla hayal kırıklığı hissetmesine yol açabilir. Günümüzde artık insanlar yiyeceklerini tarladan toplamak veya eski tip bakkallardan satın almak yerine, pek çok uyarıcıyla dolu, baştan çıkarıcı süpermarketlerde alışveriş yapıyorlar, ki bu da küçük bir çocuğu hüsrana uğratır. Bazı ebeveynler çocuklarını alışverişte meşgul etmekte çok beceriklidir ve o zaman dışarı çıkmak eğlenceli olabilir; ama çoğu ebeveyn açısından işlerini çocuklarıyla birlikte halletmek genellikle bir mücadeledir.

Bu gibi durumlara yol açmamak veya en aza indirebilmek için, işlerinizi veya randevularınızı, evde çocuğunuza bakabilecek birisi varsa veya eşiniz evdeyken halledin. Çocuk küçükken ve fiziksel olarak annesine muhtaçken, evle ilgili işleri ve alışverişi baba yapabilir; bekâr ebeveynler ise arkadaşlarından veya aile fertlerinden yardım alabilirler. Bu şekilde, annenin veya babanın küçük çocuklarını yapmak istediği şeylerden uzaklaştırıp oradan oraya sürüklemelerine gerek kalmaz. Bir başka çözüm de, dışarıda yapılması gereken işleri çocuğun ilgisini çekecek şekilde planlamaktır: parka, plaja veya anneannenin evine giderken yolda küçük bir işi halletmek gibi. Stres içindeki küçük çocuklar, ancak temel gereksinimler için dışarı çıkıldığı zaman sakinleşirler.

Ebeveynler bazen, çocuklarının niçin eski zamanlarda olduğu gibi büyüklerin hayatlarını gözlemleyip hazır olduklarında da kendilerini bu hayata dahil edemediklerini merak ederler. Bu ancak, ebeveynler hayatlarını çocuklarıyla doğal ve hareketli bir şekilde paylaştıkları zaman mümkün olur. İnsanlar, tarlada çalışmak, inşaat, yemek pişirmek, el sanatları gibi işleri, topluluk hayatı içinde bir arada yaptıkları zaman, çocuk da yetişkinleri ilgiyle izler veya kendi işiyle meşgul olarak etrafta oynar. Bugün yaşadığımız modern hayatlar, ne böyle bir topluluk hayatı ne de böyle bir güvenlik ve özgürlük sunuyor. Bunu özlüyor olabiliriz, ama değişimlerden şikâyet ederek içinde yaşadığımız zamanın keyfine varamayız. Hayat sürekli değişir; bizim de buna uyum göstermemiz ve büyümek için sürekli yeni yollar keşfetmemiz gerekir.

Çocuğunuzu, bulaşık, bahçe işleri, yemek pişirmek gibi işlere dahil edebilirsiniz, ama yaptığınız iş fiziksel hareket içermiyorsa ve yapmak istediği şeylere engel oluyorsa çocuk kendini çaresiz hisseder ve hayal kırıklığı yaşar. Bir insanın ihtiyacı bir başkasının ihtiyacını yok sayarak karşılanamaz veya en azından bir bedeli vardır. Ayrıca, evde veya bahçede yaptığımız işler, çocuğun büyürken odaklanacağı türde işler değildir. Onun, ilgisini çeken ve gelişimine destek olacak daha entelektüel ve beceri geliştiren aktivitelere katılmaya ihtiyacı vardır.

Çocukların çaresiz hissetmelerinin bir diğer nedeni de, bazı ebeveynlerin çocuklarından başarılı olmasını, terbiyeli davranmasını, öğrenmesini, ilgi duymasını veya sosyalleşirken çocuğun kendi eğilimlerine değil "normlara" göre hareket etmesini beklemeleridir. Mesela, çocuklarının arkadaşlarının yanında sergiledikleri davranışlarla veya restoran gibi topluma açık yerlerde ortaya çıkan problemlerle ilgili beni ararlar. Çocuklarını, henüz hazır değillerse oyun gruplarına veya kurslara göndermekten kaçınmalarını tavsiye ettiğim zaman da, çocuğun sosyal ihtiyaçlarıyla ilgili endişelerini dile getirirler. Oysa öğleden sonrasını yeni yürümeye başlayan bebeklerle veya başka çocuklarla mücadele ederek geçirmek zorunda kalan bir çocuğun sosyal ihtiyaçları karşılanmaz. Arkadaşlarıyla birlikte güzel vakit geçirmek yerine, ilişki kuramamak, ebeveynini memnun edememek gibi deneyimler yaşar ve bunlardan dolayı kendini çaresiz hisseder. Diğer katılımcılarıyla anlaşamadığınız sosyal bir gruba geri dönmek ister misiniz? Tıpkı bir yetişkin gibi sosyal bir ortamda başarılı olamayan bir çocuk da, başka bir gruba dahil olmaya veya sadece ebeveyniyle sosyalleşmeye ihtiyaç duyar.

Çocukların çoğu restoranlarda sessizce oturamazlar. Eğer çocuğunuz önceden enerjisini atabilecek bir fırsata sahip olmuşsa, belki yemek boyunca sakin bir şekilde oturabilir. Ama eğer böyle bir fırsatı olmamışsa, restoran onun ihtiyaçlarına cevap verebilecek bir yer değildir. Sadece güç sizde olduğu için çocuğunuzu kendi istekleriniz doğrultusunda zorlarsanız, kendini çaresiz hissedebilir ve zamanla küskünleşebilir. Medyada anlatılanlara, anneanneye ve başkalarının tavsiyelerine kulak vermek yerine, sadece çocuğunuza kulak verin ve onu gözlemleyin. Büyümekte olan kişi, tavsiyede bulunan iyi niyetli insanlar değil, çocuğunuzdur. Dolayısıyla ihtiyaçları konusunda uzman olan kişi de kendisidir.

Her ne kadar hayallerinizi açıkça dile getirmeseniz de, beklenti içinde olma eğiliminiz, çocuğunuzun kendini çaresiz hissetmesine neden olur. Örneğin çocuğunuza açıkça olmasa da, paylaşmanın iyi bir şey olduğunu, tuvaleti kullanmaya başlaması gerektiğini, sessiz, empati sahibi, müteşekkir veya nazik olması gerektiğini ima ediyor olabilirsiniz. Çocuğunuz sizin hayallerinizi gerçekleştiremezse veya istemeyerek gerçekleştirirse, kendisini çaresiz ve yetersiz hisseder. Beklentilerin yükünden kaçabilmek için bebek olarak kalmak istediğini ifade edebilir, huysuzlaşabilir veya takdirinizi kazanabilmek veya sizi sırtından atabilmek için istediklerinizi yapabilir; ama tüm bu süre boyunca da kendini güçsüz hisseder.

Çocukların gücünü ellerinden almanın bir diğer yolu da onların tercihlerini inkâr etmektir. Eğer çocuğunuzun çalacağı enstrüman, yapacağı spor, dışarıda yaptığı aktiviteler, yemek saati, giydiği giysiler gibi konularda kararları siz veriyorsanız, istemeyerek de olsa onu kendi hayatını yönetmekten mahrum bırakıyorsunuz demektir. Bu tür deneyimler, onun hissettiği çaresizlik duygusunun zamanla asiliğe, saldırganlığa, sağlıklı olmayan bir itaatkârlığa ve depresyona dönüşmesine yol açar.

Çocuğunuzla ilgili kendi kafanızdaki planlardan kurtulup ona kendi hayatını şekillendirme gücünü verdiğiniz zaman, onun özgürlüğünü koruma altına almanız da gerekebilir. Bebeğinizi evdeki fiziksel yaralanmalardan korumak içi evinizi güvenli bir hale getirirsiniz ve ona güvenli bir özgürlük sunarsınız. Aynı şekilde çocuğunuzun yaşadığı ortamı da güvenli bir hale getirirsiniz; izlediği mecralar, yiyecekleri, oynadığı oyuncaklar ve içinde bulunduğu sosyal çevre gibi.

Bir çocuğun özgürlüğü, onun hayatını kontrol etmeden güvenli bir hale getirebilmemize bağlıdır. Gününü caddelerde değil de doğal bir ortamda geçiren bir çocuğun oynadığı oyunları sınırlandırmaya gerek yoktur. Başka insanlarla sosyalleşen çocuk, bundan keyif alır ve kendini yetkin hisseder, sizin müdahalenize ihtiyaç duymadan özgürce oynayabilir.

Yaşadığınız ortamı ne derece koruma altına alacağınız sizin yaşam biçiminize ve bir ebeveyn olarak tercihlerinize bağlıdır. Ebeveynlerin çoğu çocuklarını silahlardan, ilaçlardan, şiddet içeren haber ve medya içeriklerinden, sigaradan, alkolden, kahveden vb korurlar. Bu tür maddeleri evde bulundurup ondan sonra da çocuğun bunlara dokunmasını yasaklayamazsınız. Bunun yerine bu tür maddeleri ortada bırakmamanız gerekir.

Bir çocuğun özerk ve güçlü olma duygusu, toplumun sunduğu her şeye ulaşabilmesiyle oluşmaz; kendi evinde ve sosyal ortamında sahip olduğu özgürlükle oluşur. Örneğin, çocuğunuzu şekerciye götürüp sonra da şeker yemesini yasaklarsanız, gücenir ve kendini çaresiz hisseder. Ama eğer çocuğunuzu şekerciye götürmeyip ona evde daha sağlıklı yiyecekler sunarsanız, kendini özerk hisseder ve tatmin olur. Aile hayatınız konusunda çocuğunuza liderlik yapmalısınız; böylece o da kendine güvenme özgürlüğünü elde eder. Büyüdükçe daha fazla şeye ulaşabilmeye başlar, ama kendine güvendiği için tercihlerini sosyal baskıyla değil, kendi istekleri ve değerleri doğrultusunda yapar.

Aranızdaki ilişki kontrolden ziyade güvene dayalıysa, çocuğunuz sizin düşüncelerinizi ve rehberliğinizi ciddiye alır, çünkü onun yanında olduğunuzu bilir. Duyduğu bu güven, çevresi geliştikçe ve daha geniş bir sosyal ortama girdiğinde ona fayda sağlar. Sizi kontrol eden ve karşı çıkan biri olarak görüp fikirlerinize sinirlenmez; sizi sevdiği bir dostu gibi görüp tavsiyelerinize kulak verir.

Önceki bölümde de okuduğunuz gibi, bazı ebeveynler kontrol edilmeyen bir çocuğun kendilerini sömüreceğinden endişelenirler. Bir çocuk elinden gücü alınacak (kontrol altında tutulacak, baskı görecek veya yönlendirilecek) korkusuyla yaşamadığı sürece, kimseyi "sömürmeye" ihtiyaç duymaz. Tek istediği kendisiyle ilgilenebilmektir ve saygı gördüğü zaman, zenginleşerek büyür. Zenginleşerek büyüyen bir çocuk, olumsuz stratejilerle uğraşamayacak kadar meşgul ve mutludur.

Çocuğun saldırganlığına son vermek

Çocuklar çaresizlik duygusuyla dolup taştıklarında genellikle saldırganlığa yönelirler. Ne kadar çabalarsak çabalayalım insan olmak çaresizlik duygusu içerir. Dengeli olduğu ve ifade edilebildiği sürece çaresizlik duygusu, varlığımızın doğal ve faydalı bir parçasıdır. Ama dengesiz olduğunda, tam olarak kabul görüp ifade edilemediğinde ise, öfkeye, saldırganlığa veya teslimiyete ve depresyona yol açar. Dolayısıyla, çocuğumuzun gücünü elinden almamamız gerekir. Ona çaresizliğini ifade edebileceği fırsatlar ve elindeki gücü güvenli bir şekilde kullanabileceği deneyimler sunmamız gerekir.

Bir çocuğun çaresizliğini açıkça ifade ettiği en yaygın yöntem, başka insanlara yönelik olumsuz ve saldırgan davranışlarıdır. Diğer yandan, ebeveynler çocuklarını kendini ifade etmesi yönünde destekledikleri zaman, çocuk da güç sahibi olma duygusunu yeniden kazanabilmek için oyuncu ve yaratıcı yöntemler bulur. Bir keresinde bir baba, kâğıtları mutfağa saçıp duran 3 yaşındaki oğluyla ilgili tavsiyemi istemişti. Yaptığımız seanstan sonra çocuğunun davranışlarını engelleme eğilimi sona erdi:

Aile şehrin başka bir bölgesine taşındıktan sonra 3 yaşındaki Chris stres belirtileri göstermeye başlamıştı. Huysuzlaşmıştı ve ufacık şeyler için sürekli sızlanıp ağlıyordu. Bir gün mutfağa geldi ve çöp kutusundaki bütün kâğıtları ve teneke kutuları boşaltıp mutfağın içine fırlatmaya başladı. Çöplerin etrafa saçıldığını gören babası dramatik bir şekilde "Ooo hayır!" dedi; bu Chris'e aradığı gücü kazandırmıştı: "İşte onu avucuma aldım."

Babası kâğıtları ve teneke kutuları yerden toplayıp yeniden çöp kutusuna koyarak, Chris'in kendi kendine yarattığı "terapi"yi tekrarlayabilmesine olanak verdi. Chris çöpleri her dağıttığında, babası daha yüksek ve dramatik bir sesle, "Oh hayır!" deyip sonra da oyuncu bir şekilde, "Bunları geri koyuyorum" diye ekliyor ve "Oh lütfen tekrar dağıtma" diye yalvarıyordu. Bu oyun, mutfağa saçılmış çöplerle ve yorgun düşen babanın "vazgeçmesi"yle son buldu.

Sonraki aylarda Chris bu oyunu tekrarlamaya devam etti. Her seferinde babası dramatik bir şekilde nefes nefese kalıyor, çöpleri yerden topluyor ve oğlunun kahkahalarla yeniden dağıtabilmesi için çöp kutusuna geri koyuyordu. Babası, oğlunun özerklik ve güç duygusu kazanabilmek için bu oyuna ihtiyaç duyduğuna güvenmişti. Bir gün Chris çöpleri dağıtmaktan vazgeçti ve bir daha da yapmadı. Asabiyeti ve rahatsızlık verici davranışları yok oldu, yeni evini sevmeye başladı.

Ebeveynlerin çoğu içgüdüsel olarak, çocuklarına bu tür yöntemlerle güç kazandırmak isterler çünkü onlara saygı duyarlar ve onların oyunlarına katılmak isterler. Örneğin, babası pijamasını giydirmeye çalışırken çocuk fırlayıp kaçar ve baba da bu oyuna katılıp çocuğu kovalamaya başlar. Bu oyun ebeveyn için her ne kadar uzun ve yorucu olsa da, çocuk bir süre sonra vazgeçer çünkü kendini güçlü hissetme ihtiyacı tatmin olmuştur.

Çocuğun gücünü elinden almamak çok önemlidir. Oyunu sona erdiren veya gidişatını kontrol eden kişi siz olursanız, gücü elinde bulunduran kişi de siz olursunuz ve çocuğunuz da yeniden çaresiz hissetmeye başlar. Bu şekilde davranmak, çocuk açısından oyunun tüm duygusal faydalarını ortadan kaldırır; bu tür bir müdahale, mücadeleye yol açar ve çocuğun öfkesini dindirmek, oyunu kendi kararıyla bitirmesini beklemekten daha uzun sürer. Diğer yandan, uzun süren ve keyifli bir güç oyunu herkesi mutlu eder ve aralarında bağ oluşturur.

Chris'in durumunda gözlemlenebilir sonuçlar elde edilmişti ama ebeveynler genellikle net bir sonuç gözlemleyememektedirler. Davranış değişikliklerinin hızlı olmasını beklememek gerekir. Duygusal faydaların çoğu, derhal görünür bir şekilde ortaya çıkmaz, ama zamanla ve beklenmedik bir şekilde kendini gösterir. Ebeveynler çocuklarındaki bazı inatçı davranışların genellikle aylar sonra yok olduğunu fark ederler. Ayrıca, önlemiş olduğumuz şeyleri de asla tam olarak bilemeyiz. Ebeveynler çocuklarında genel bir hoşnutluk ve başka türlü iyileşmeler olduğunu fark ederler. Çocuğumuzun bu tür oyunları başlatmasına ve bunlardan fayda sağlayacağına güvenmeliyiz. Oyun oynadıklarını bildiklerini halde, çocuklar bu dramatik oyunlardan gerçekmişçesine fayda sağlarlar. Aşağıdaki örnek, bir çocuğun kendini güçlü hissetmek için başvurduğu oyuncu yaklaşımı gösteriyor:

Bir akşam Kirk gömleğini kapının koluna astı ve yatma hazırlıkları yapmak üzere banyoya girdi. Geri geldiğinde gömleği ortada yoktu. 3 yaşındaki kızı Melanie kapının yanında, yüzünde sinsi bir gülümsemeyle dikiliyordu. Kirk şaşırmış davranarak, "Olamaz, gömleğim nerede?" derken Melanie neşeli bir şekilde kıkırdıyordu.

Böylece yatma saatinde yeni bir ritüel başlamış oldu. Kirk gömleğini her gece aynı yere asıyor ve Melanie'ye, "Gömleğim kapıya asılı, sakın saklama..." mesajını veriyordu. Melanie de bu davete cevap veriyor, babasının gömleğini saklıyor ve bunu fark etmesini heyecanla bekliyordu. Bu durum, Melanie sıkılana kadar birkaç ay daha devam etti, ta ki güçlü olma duygusu tatmin olana kadar.

Çocuğunuzun bu tür oyunları, rahatsızlık verme ve işleri karıştırma izni gibi algılayacağından endişelenmeyin. Çocuklar oyun ile gerçek arasındaki farkı çok iyi bilirler. Onların bu tür oyunlar oynama ihtiyaçlarına destek olmak, içlerinde biriken duyguları güvenli bir şekilde açığa çıkarmalarına yardımcı olur ve zararlı olabilecek güç gösterilerini engeller.

Çocuğunuzu kontrol etme ihtiyacı içindeyseniz, büyük ihtimalle hayatınızda çok fazla çaresizlik hissetmiş olmalısınız. Böyle oyunlar oynayarak kendinizi de iyileştirebilirsiniz. Kontrol etme ihtiyacı elinizde olan bir şey değildir, ama buna göre hareket edip etmemek tamamen size kalmıştır. Kontrol etme ihtiyacını bir zayıflık olarak görebildiğiniz zaman, bu ihtiyaca teslim olmadan kendinizi güçlü hissedebileceksiniz. Kendinizi çocuğunuzun gidişatına bırakmak ve güdülerinize teslim olmamak, duygusal anlamda güçlü olmayı gerektirir. Çocuklarla ilişki kurmadaki gücünüz, vazgeçebilmenize ve tepkilerinize takılıp kalmamanıza bağlıdır.

Yukarıda anlatılan güç oyunlarının pek çok yönü vardır ve ebeveynler olarak her zaman tetikte olmamız, bunları tespit edebilmemiz ve bunlara katılmamız gerekir. Çocuğa yaptığı şeyi bırakmasını söylemek kolaydır; oysa çoğu zaman, içimizden "dur" demek geldiğinde çocuk yaratıcı bir oyun başlatmak üzeredir; soya peynirini ezmek, muzır laflar etmek veya biz Lego® parçalarını henüz toplamışken bunları yeniden yerlere saçmak gibi. Çocuğunuzun bu tür güç oyunlarını başlatabilmesi için, içinizden "hayır" demek gelse bile "evet" diyebilen katılımcı bir ebeveyn olmalısınız. Çocuğunuzun sizinle işbirliği yapmadığını söylemek yerine, kendinizi onun oyununda bir oyuncu olarak (ki zaten öylesiniz) düşünün ve davetini kabul edin. Yetişkinler çocuğun oyunculuğuna cevap vermedikleri zaman, "çok ciddi" veya "katı" olarak etiketlenirler. Çocuk bu ağırbaşlı yetişkini, kendi yaratıcı veya terapötik oyunlarının önünde bir engel olarak görür.

Tepkisel düşüncelerimizi daha az ciddiye almayı öğrenebilirsek, çocuklarımız da aynısını yapmayı öğrenirler. Olumsuz düşüncelerimize uymak zorunda değiliz. Bunun yerine kendimizi, çocuğumuzun güvenli bir şekilde bizi dahil etmeye çalıştığı şeye bırakabiliriz. Böyle davranmak hayatı daha huzurlu kılar ve zenginleştirir. Ya çocuğumuzun eğilimleriyle mücadele ederiz ya da neşe içinde ona katılırız. Aşağıdaki hikâye, çocuğun başlattığı güç oyununu reddetmek veya bu oyuna katılarak kendisini güçlü hissetmesini sağlamak arasındaki karara bir örnektir:

Alex yaklaşık 5 yaşındayken, kapısını bile kilitlemedikleri, şehir dışındaki bir evde oturuyorlardı. Evin cam kapısı sadece içerden bir dille kapatılabiliyordu.

Bir gün aile, ellerinde yiyecek torbalarıyla merdivenleri çıkarken, Alex ebeveynlerinin ve ablasının önüne geçip eve girdi ve kapıyı içerden kilitledi. Ebeveynleri cam kapının ardından çocuğun kocaman güzel gözlerinin heyecan ve beklentiyle parıldadığını görebiliyorlardı.

Annesi ve babası bir ağızdan, "Olamaz!" diye bağırdılar. "Şimdi ne yapacağız?" Yiyecek torbalarını verandada yere bıraktılar ve yalvarmaya başladılar: "Lütfen bizi içeri al, ah lütfen lütfen, yiyecekler bozulacak." Ablası da heyecanla bu temsili oyunda anne ve babasına katıldı.

Alex neşe içinde kıkırdıyordu. Ebeveynlerinin oyuna katıldıklarını biliyordu ve bu çok hoşuna gitmişti. Sonra, "Nerede uyuyacağız? Burada donacağız. Ah hayır, biz şimdi ne yapacağız?" diyerek yakarışlarını daha da artırdılar. Nerede uyuyacaklarına karar vermeye başladılar ve onları bekleyen bu rahatsız durum karşısında hayal kırıklığına uğramış gibi davrandılar.

Yeniden kapının önünde yere çömelip içeri alınmak için yalvardılar. Birkaç dakika sonra Alex zafer dolu bir ifadeyle kapıyı açtı. Ebeveynleri ve ablası ona minnetlerini ifade ederek içeri girdiler ve büyük (!) Alex'in onları içeri almasından dolayı bu şanslı güne dua ettiler.

Bu oyun sadece birkaç kez daha tekrarlandı. Ondan sonra Alex bunu bir daha ne yaptı ne de kimsenin yüzüne kapı kapattı. İhtiyacı tatmin olmuştu.

Dramatik ve oyuncu bir şekilde, "Olamaz!" diye bağırmak, sizin de oyuna katıldığınızı gösterir: Mesela, soya peyniri oyun hamuruna dönüştürüldüğünde içinizi çekerek, "Olamaz! Bu ne pislik" diyebilirsiniz. Çocuk çatal bıçağını masaya vurduğunda kulaklarınızı kapatıp, "Olamaz! Bu ne gürültü" diyebilirsiniz. Lego® parçalarını yerden dördüncü kez topladıktan sonra oğlunuz bunları yeniden dağıttığında kendinizi yere atıp "Olamaz! Ne yapacağız şimdi?" diye bağırabilirsiniz. Ortada tehlikeli bir durum yoksa, "Yapma" demek yerine dramatik bir şekilde "Olamaz!" demeyi tercih edin ve sonra çocuğunuzun oyun teklifini kabul edip oyuna kendisi son verene kadar oynamaya devam edin. Bu size ne kadar yorucu ve uzun gelse de, çocukla birlikte oynamak, onunla mücadele etmekten daha kısa sürer. Tabii ki elde edeceğiniz uzun vadeli faydalar, çocuğunuzla oynadığınız sevgi dolu oyunlara ve birlikte geçirdiğiniz binlerce mutlu ana değer. Çocukların bizlere öğrettikleri bir diğer önemli ders de, var olan zamanın şu an olduğudur; bu yüzden tadını çıkarın.

Çocuğunuzun güç oyununa katılırken kaçınmanız gereken en büyük tuzak, yaratıcı olmaya çalışmaktır. Çocuğunuzun oyununu "elinden almayın." Kendinizi onun yönlendirmesine bırakın ve sadece onun rehberliği doğrultusunda boşlukları doldurun. Onun oyununu değiştirecek bir değişiklik katıp liderliği elinize alırsanız, çocuğunuzun gücünü de elinden almış olursunuz. Cevherlerinizi kendinize saklayın ve gerekirse başka bir zaman oyunu siz başlatın. Oyunu siz başlatmış olsanız bile, bırakın gidişatına çocuğunuz karar versin. Aynı zamanda, çocuğunuzun size verdiği rolü en üst seviyede gerçekleştirin: Onun yarattığı sahneye uygun bir şekilde nefes nefese kalın, korkmuş, ümitsiz ve çaresiz gibi davranın.

Daha önce de bahsedildiği gibi, bazı ebeveynler çocuklarının onları sömüreceklerinden veya saygı duymayacaklarından korkarlar. Oysa, siz çocuğunuza saygı gösterdikçe ve onun liderliğine uydukça, o size daha fazla saygı duyar. İtaat eden bir çocuk genellikle ebeveynlerine saygı duymaz, sadece onlardan korkar. Hatta onlardan nefret ediyor bile olabilir ve aynı zamanda onları sevdiği için de, kafası karışır ve kendinden utanır. Diğer insanları kontrol etmeyi, onları aşağı ya da yukarı görmeyi öğrenir. İtaat, bir saygı göstergesi değil, korku ve güçsüzlük göstergesidir. Diğer yandan, siz çocuğunuzla işbirliği yaptığınızda, o da işbirliği yapmayı ve başka insanların ihtiyaçlarını önemsemeyi öğrenir. Çocuklar, onların ihtiyaçlarına cevap vereceğimiz konusunda bizlere güvenirler, ama bunun karşılığını almamız yıllar sürer ve defalarca tekrarlamayı gerektirir. Tıpkı bir enstrüman çalmayı veya dans etmeyi öğrenmek gibi, sadece birkaç dersten sonra başarılı bir icra bekleyemeyiz.

Resim yapmak ve diğer sanatsal aktiviteler, çaresizlik duygusunun ifade edilmesini sağlayan değerli yöntemlerdir.

8 yaşındaki Georgia'ya terapi yaptığımı hatırlıyorum. Sürekli olarak sevmediği ve korktuğu bir komşunun resmini yapıyordu. Bu seri resimlerini "Valentina'nın Kötü Günü" olarak adlandırmıştı. Yedi ya da sekiz sayfa süren hikâyede felaketleri peş peşe tarif ediyordu; komşunun yangında ölmesiyle de hikâye son buluyordu. Georgia sadece bu resimleri çizmekle kalmamış, içinde biriken duyguları açığa çıkarmak için bunları gülerek bir de bana anlatmıştı.

"Valentina'nın Kötü Günü"nü istediği zaman ağabeyine ve ebeveynlerine de anlatmasını tavsiye ettim.

Bir hafta sonra Georgia resimlerden sıkılmıştı. Hatta bir gün bahçede çalışan Valentina'nın yanına gidip yardım teklif etmiş ve annesi de buna çok şaşırmıştı.

Eve döndüğünde, "Anne, Valentina'ya çiçek ekmesinde yardım ettim. Aslında tatlı biri biliyor musun?" demişti. Georgia sadece Valentina'nın yanında değil, diğer insanlarla olan ilişkilerinde de daha rahatlamıştı.

Bu resim terapisinin sonucu, doğrudan resimlere konu olan ilişkide kendini göstermişti. Genellikle durum bu değildir. Çocuk bazen bir komşudan nefret eder gibi görünür, ama "nefreti" genellikle kendisiyle veya bir aile üyesiyle ilgili korkularının açığa çıkmasıdır. O komşuyla ilgili bir terapi yapmak, o ilişkiye bir fayda sağlamayabilir ama çocuğunuzun diğer ilişkileriyle, özgüveniyle veya hayatının diğer yönleriyle ilgili başka olumlu değişikliklere yol açabilir. Çocuklar kendilerini güçlü hissedebilmek için sanattan, şiirden, müzikten faydalanırlar, çeşitli oyunlar oynarlar ve rol yaparlar. Onların bu yaratıcı terapi yöntemlerine değer verin ve gelişmelerini izleyin.

Dışarıda ortaya çıkabilecek sorunları önlemek

Bir çocuğun kendini güçlü hissetme ihtiyacını karşılamanın en büyük faydalarından biri de, dışarıda ve başka insanların yanında ortaya çıkabilecek sorunları önlemektir. Geçenlerde, bir ailenin tam yemeğin ortasında apar topar restoranı terk etmek zorunda kaldıklarına şahit oldum çünkü yeni yürümeye başlayan çocukları, neşeli çığlıklar atarak masadaki çatal bıçakları yerlere fırlatmaya başlamıştı. Çocuğun güç ve oyun ihtiyacı, ebeveynleri açısından olabilecek en kötü yerde ortaya çıkmıştı.

Kontrol etme ve güçlü hissetme ihtiyacı evinde tatmin edilen bir çocuk, toplum içindeki etkinliklere daha kolay katılım sağlar ve bunlardan keyif alır. Her şeyin evinizde yaşanmasını sağlayın ki, çocuğunuz da güç gösterilerini toplum içinde veya sizin en hassas olduğunuz yerlerde sergilemesin. Aynı zamanda, çocuğunuzun kendine hâkim olabilme sınırlarına da saygı göstermelisiniz. Güç oyunları, bir konsere, restorana gitmeden veya arabayla uzun süren bir gezintiye çıkmadan önce oynanabilir. Restoranlar bazı çocuklar için uygun olmayan, bazıları içinse gayet keyifli mekânlardır; özellikle de çocuk enerjisini önceden atabilmişse ve kendini kontrol edebilecek haldeyse. Oyun grupları bile bazı çocuklara heyecan verirken, kendini çaresiz hisseden ve bu tür ortamlarda başarısız olduğunu düşünen bazı çocuklar için katlanılmaz yerlerdir. Bir bireyin ihtiyaçlarına ve eğilimlerine saygı göstermek, çaresizlik duygusunun ve bunun getirdiği direncin engellenmesini sağlar.

Diğer çocuklarla etkileşim içinde olmak, çocuğu güçlü hissettirebileceği gibi çaresizlik duygusu da yaratabilir. Kendini çaresiz hisseden bir çocuk, ya kendini gösteremeyen bir takipçi haline gelir ya da diğer çocukları kontrol ederek veya rahatsız ederek güçlü olma ihtiyacını ortaya çıkarır. Çocuğunuza evde güçlü olma fırsatını verin ki, arkadaşlarıyla birlikteyken gerçekten keyifli zaman geçirebilsin.

Çocuklar güç oyunları oynamanın yanında, alınan kararlarla ilgili söz sahibi olduklarında ve kendileriyle ilgili kararları kendileri verebildiklerinde de güçlü olduklarını hissederler. Bazen size ev işlerinde yardımcı olduklarında kendilerini güçlü hissederler, ama sadece bunu yapmaya mecbur değillerse ve bu iş onlardan beklenmiyorsa. Çocuğunuz yardım teklif ettiğinde, minnetinizi ona gösterin ve daha fazlasını beklemeyin. Çocuğunuza etrafı kirletebileceği, gürültü yapabileceği, kontrolü elinde bulundurabileceği, tehlikeli olmayan ortamlar sunarak mutlu ve sağlıklı ilişkiler kurmasını sağlarsınız. Çocuklarımızla birlikte yaşadığımız hayat, onlar için neyin doğru olduğu konusunda beynimizi patlatmak yerine, onları izleyip tercihlerine saygı gösterdiğimizde çok daha rahat devam eder.

Çocukları güçten mahrum etmemek, istedikleri her şeyi yapmalarına izin vermek demek değildir. Yetişkinler gibi çocuklar da, fiziksel ve sosyal sınırlarını kendilerinin çizdiği bir dünyada yaşarlar. Çocuklara karşı içten davranmalıyız; böylece, tüm isteklerinin anında karşılandığı fantezi bir dünyada değil gerçek bir dünyada yaşayabilirler. Başka birisinin sebep olmadığı doğal hayal kırıklıkları büyümenin sağlıklı bir parçasıdır. Sizin yapmanız gereken tek şey, sadece çocuğunuzu dinlemek ve duygularını anlayışla karşılamaktır.

Bir bebek yerçekimini anlamaz, ama yerçekimin koyduğu sınırlara tepki verir; düşerek yürümeyi ve deneyip yanılmayı öğrenir. Ayrıca bebekler başkalarının ihtiyaçlarını çok az önemserler, ki olması gereken de budur zaten. Diğer insanların farkına varabilmesi ve onlara hassasiyet gösterebilmesi için, kendi istekleri için başkalarını harcamayı öğrenmeden, nazik ve cömert bir şekilde büyütülmesi gerekir. Çocuğumuz anlayabilecek ve uyum sağlayabilecek hale geldikçe ona başka sosyal kurallar öğretmeye başlarız. Bir bebeğe, "Şu anda seni emziremeyecek kadar yorgunum" deyip ağlamasını izleyemezsiniz. Ama birkaç yıl sonra, "Dondurmayı şimdi yemek istediğin için mi sabırsızlanıyorsun? Yemekten sonra misafirlerimizle birlikte yiyeceğiz" diyebilirsiniz.

Sevgi dolu ebeveynlerin çocuklarını sürekli "mutlu etme" eğilimleri, çocuklara özerklik duygusu ve duygusal anlamda güç kazandırmaz, bilakis bunları zayıflatır. Çocuğunuzu sevin, ona değer verin ve tercihlerine tamam deyin, ama onu sosyal hayattan alacağı, güvenli ve doğal derslerden korumaya çalışmayın.

Fiziksel oyunlar

Fiziksel oyunlar, çocuklar için bazen eğlenceli ve etkili bir terapi olmakla beraber bazen de onların çaresizlik duygularını pekiştirebilir. Küçük çocuklar genellikle fiziksel taşkınlıklardan keyif alırlar ve sert oyunlar sayesinde fiziksel ve duygusal anlamda yetkinlik kazandıklarını hissederler. Çocukları bir arada oyun oynarken izlerseniz, genellikle çığlık atıp hemen ardından da kıkırdadıklarına şahit olursunuz. Çoğu zaman size ihtiyaç duymazlar, ama herhangi bir endişe duyarsanız, kendinizi göstermeden onları kontrol edebilirsiniz. Şüphe duyduğunuz durumlarda bilgi almak için onlara sorular sorabilirsiniz. Çocuğunuz için endişelendiğinizde, o size, "Bu sadece bir oyun anne. Eğleniyoruz" diyecektir. Diğer yandan çocuğunuz kolay incinen biriyse, ona kendini iyi hissetmezse yanınıza gelebileceğini hatırlatabilirsiniz. Çocuklarınızla aranızdaki ilişki güvene dayalı bir ilişkiyse, çocuğunuzun ihtiyaç duyduğu anda size sesleneceğinden emin olabilirsiniz.

Bununla birlikte, çocuğunuzun güvenliği konusunda endişeleniyorsanız, içgüdülerinize kulak verin ve durumu kontrol edin. Duygusal anlamda zenginleşmiş olan çocuklar, büyük ihtimalle güvenli ve birbirlerine karşı düşünceli bir şekilde oyun oynarlar, ama yine de küçük çocuklar arasında zalimce davranışlar olabilir. Kardeşleri tarafından aşağılanmış, tacize uğramış olan ve ebeveynlerinin bunu niçin fark edemediğini bir türlü anlayamayan yetişkinlere danışmanlık yaptığım için biliyorum.

Bir keresinde bir anne beni arayıp 6 yaşındaki oğlunun, anneler yan odada otururlarken yeni edindiği bir arkadaşı tarafından dolaba kilitlendiğini anlatmıştı ve bundan dolayı endişeleniyordu. Çocuk, yabancı bir evde olduğu için korkusunu dile getiremeyecek kadar sinmişti, ama annesinin yanında kendini güvende hissettiği için bu olayı ona sonradan anlatmıştı.

Kendini güçlü hisseden bir çocuğun yıkıcı davranmaya veya kabadayılık yapmaya ihtiyacı yoktur; diğer yandan kendini yetersiz veya çaresiz hisseden bir çocuk, özellikle de kendini güvenli bir şekilde ifade etme fırsatı bulamıyorsa, bu şekilde davranır. Bazen de, sevgi gören sakin mizaçlı çocuğumuzun, kardeşinin veya bir arkadaşının fiziksel haklarına tecavüz ettiğini fark edip çok şaşırabiliriz.

Bir gün 9 yaşındaki Jeremy ani ve beklenmedik bir şekilde küçük kardeşini yere itip hareket etmesini engellemeye başladı. Kardeşinin bundan nefret ettiğini bildiği halde bu hareketi her gün tekrarlamaya devam etti. Annesi Martha ne yapacağını şaşırmıştı çünkü Jeremy nazik bir çocuktu. Neden böyle davrandığı hakkında hiçbir fikri yoktu çünkü ne kendisi ne de kocası ona asla kaba kuvvet kullanmamışlardı. Bunu neden yaptığını anlayabilmek için oturup oğluyla konuşmaya başladı.

"Kardeşinin hareket etmesini engelleyerek gücünü göstermeye mi çalışıyorsun?" diye sordu konuşmalarının birinde.

Jeremy, "Bilmiyorum" diye cevap verdi. "Kendimi kontrol edemiyorum."

"Biliyorum. Ama bu seni nasıl rahatlatıyor?" diye devam etti Martha.

Jeremy bir süre sessiz kalıp düşündü. Bakışlarını tekrar annesine çevirdiğinde, yüzünde zafer gülümsemesi vardı ve "Buldum" dedi. Okul kampında kendisinden daha büyük bir çocuk ona kaba kuvvet uygulamış ve o da o günden itibaren kardeşine aynısını yapmaya başlamıştı. Jeremy'nin kendisiyle ilgili yaptığı bu net analiz, kardeşine yaptıklarını anlayabilmesini ve bundan pişmanlık duymasını sağlamıştı. Jeremy kamptaki olay hakkında konuşurken bayağı korktuğunu da anlatmıştı.

"O kadar korktum ki anne" dedi, "ve bu kadar zayıf olduğum için utandım."

"Seni yere yatıran çocuk senden daha mı büyüktü?" diye sordu Martha sevgi dolu bir sesle.

"Evet. O büyüktü ve ben de kendimi küçük hissettim."

Martha anlayış göstererek oğlunu dinlemeye devam etti.

Annesinin ilgisi ve anlayışı karşısında duygularını hakkında konuşabilen Jeremy'nin, kardeşine kaba kuvvet uygulamaya artık ihtiyacı kalmamıştı.

Çocuğunuz kendisinden daha küçük bir çocuğa bulaşmaya başladıysa, evde veya başka bir yerde yaşadığı ve onu korkutan bir olay olup olmadığını kontrol edin. Kontrol edilen veya korkutulan çocuklar, güçlerini ve özsaygılarını yeniden kazanabilmek için saldırgan davranışlarda bulunabilirler. Çocuğunuzun zarar verici fiziksel güç gösterilerine bir son verebilmek için onu yakından gözlemleyin; hem ev dışındaki hayatına hem de evde misafirlerle ve diğer aile üyeleriyle arasındaki ilişkilere dikkat edin. Onu dikkatle dinleyin. Onun duygularını onayladığınızı gösteren sorular sorarak kendini ifade edebilmesine yardımcı olun: "İstediğin zaman ablanın giysilerini giyebilmeyi ister miydin?", "Onunla kendi istediğin gibi mi oynamak istiyorsun?", "Seni tehdit ettiği zaman korktun mu?" gibi. Çocuğunuza, içinde bulunduğu duruma etki edebileceği fırsatlar sunun; yaşı küçük olan çocuğunuzla güç oyunları oynayın, daha büyük çocuğunuza duygularını paylaşma ve kontrolü eline alma fırsatını verin.

Yetişkinler iyi geçinmekte zorlanırlar; çocuklar da böyledir. Çocuklarınızdan, yapabileceklerinden daha uzun süre iyi geçinmelerini beklemeyin. Çocuklarınızın arasındaki çekişmeleri önleyebilmek için, her bir çocuğunuzun ihtiyaç duyduğu ilgi, yiyecek ve odaklanabilecekleri aktiviteleri onlara ayrı ayrı sağlayın. Diğer çocuklara karşı saldırgan davranan veya onları rahatsız eden bir çocuk, kendini çaresiz hissediyordur ve güçlü hissetmeye ihtiyacı vardır; ona ilgi göstermek nazik bir davranış olacaktır. Ona kitap okuyabilirsiniz, onunla güç oyunları oynayabilirsiniz, bütün çocuklarınızı yanınıza alıp birlikte yürüyüşe çıkabilirsiniz veya onların oynadıklara oyunlara katılabilirsiniz.

Çocuklara güven duymak, onları ihmal etmek anlamına gelmez. Taraf tutmaktan kaçındığımız ve güçlerini ellerinden almadığımız sürece, onlara yardımcı olup gerektiği zamanlarda ilgimizi sunabiliriz. Ebeveynler, kardeşleri tarafından nasıl kötü muamele gördüklerini, gıdıklandıklarını, küçük düşürüldüklerini bana anlattıklarında (özel seanslarda ve terapi gruplarında), kendi ebeveynlerinin duruma müdahale etmiş olmalarını ne kadar istediklerini söylerler. Çocuklar bazen ciddi anlamda zarar verirler; her bir çocuğunuzun temel duygusal ihtiyaçlarını karşılarsanız ve her zaman yanlarında olursanız, bu tür olayları önleyebilirsiniz.

Çocukların duygusal güçlerini test etmek amacıyla yapabildiklerinin ötesinde birlikte oynamaya zorlamamak gerekir. Bir "arkadaşınız" size kaba kuvvet uygularken, sizi seven eşinizin hiçbir şey yapmadan yan odada oturmasını istemezsiniz. Çocuklar bizim tarafımızdan korunmayı hak ederler ve onları koruyacağımıza güvenirler. Hiçbir şey yapmazsak, gördükleri muamelenin doğru bir şey olduğunu düşünmeye başlarlar. Çocuğunuza fayda sağlamayan sosyal ortamları önleyin ve her bir çocuğunuzun ilgiye ve odaklanabilecekleri aktivitelere yönelik ihtiyaçlarını karşılayın. Böylece, birlikte oyun oynamak onlar için bir yük olmaktan çıkar, keyifli bir aktivite haline gelir.

Gıdıklamak

Gıdıklamayı başlatan genellikle yetişkinlerdir, oysa çoğu insan gıdıklanmaktan hoşlanmaz. Ayrıca yetişkin insanları da asla gıdıklamayız. O halde niçin çocukların bundan zevk aldıklarını zannederiz? Çocuklar, gıdıklama oyununda güç kendi ellerinde olmadığı sürece, yani gıdıklama oyununu kendileri başlatmadılarsa, gidişatını ve süresini kontrol edemiyorlarsa, gıdıklanmaktan nefret ederler. Çocuğun istemediği bir anda bir yetişkin onu gıdıklamaya başlarsa, çocuk bundan hoşlanmaz. Tıpkı fiziksel acılar ve vurmak gibi gıdıklamak da çocuğun bedenini ihlal etmek anlamına gelir. Çocuğun kontrol edemediği kahkahaları bir neşe ifadesi değildir. Aslında çocuk o anda nefesini kontrol edebilse, kahkahaları, "Dur!", "Hayır!" veya "Yeter!" çığlıklarına karışacaktır. Gıdıklanmak bazen çocuğu o kadar çaresiz bırakır ki, tek kelime bile edemez. Daha önce de belirtildiği gibi, yaşadığı çaresizlik duygusu, çocuğun bu sıkıntısını saldırganlık veya başka yıkıcı davranışlarla ifade etmesine yol açar. Gıdıklanmanın ona verdiği acıya ek olarak çocuk, başka insanların bedenlerini ihlal edebileceğini ve kendi bedeninin ihlal edilmesi karşısında yenik düşmeyi de öğrenmiş olur.

Çocukların çoğu, kendi tercihlerine bırakılsa gıdıklanmayı istemeyebilirler, ama eğer güç onların ellerindeyse, gıdıklama oyunundan keyif de alabilirler. Bir keresinde 3 yaşındaki bir kız annesinden koltukaltına dokunmasını istemişti. Kolunu kaldırdı, annesi de parmağıyla çocuğun koltukaltına dokundu ve çocuk kendini çektiği anda da buna hemen son verdi. Kıkırdayan çocuk annesinden bunu tekrar yapmasını istedi. Çocuk o anda gülüyordu çünkü kontrol onun elindeydi ve annesi de buna saygı göstermişti. Gıdıklama oyunlarında bu her zaman yaşanmaz; genellikle çocuk kendini çaresiz hisseder. En iyisi bundan kaçınmaktır.

Bir başka olayda da, bir çocuk bana gıdıklama oyunundan hoşlandığını anlatmıştı. Ağabeyleriyle birlikte yatağa çıkıyor ve birbirlerini gıdıklayarak yataktan atmaya çalışıyorlardı. Benim de şahit olduğum bu oyunda, hem gıdıklayan hem de gıdıklanan konumundaki bu üç çocuk, istedikleri anda oyundan çıkabilecek güce ve kontrole eşit derecede sahiplerdi.

Boğuşmak

Ebeveynlerin çocuklarıyla boğuşmaları, çocukların bedenleri ihlal edilmedikçe, onlara şiddeti öğretmez. Ebeveyn mazlum rolünü üstlendiği sürece, çocuğun güçlü hissetme ihtiyacı karşılanmış olur. Bir çeşit iyileştirici bir güç oyunu haline gelir. Ama eğer ebeveyn çocuğa kaba kuvvet uygulamaya başlayıp çocuk istemeden onu yere yatırırsa, havaya kaldırırsa, gıdıklarsa, kontrol altında tutarsa veya kendini çaresiz hissettirecek durumlara sokarsa, o zaman çocuk da ebeveyninin davranışlarını taklit edip, kendisine yapıldığı gibi daha küçük birine kaba kuvvet uygulamaya başlar veya sıkıntısını başka türlü semptomlarla ortaya çıkararak öfkesini ifade eder.

Hayat zaten, çocuklara kendilerini çaresiz hissettirecek pek çok deneyim yaşatır; bizim de bu deneyimlere katkıda bulunmamıza hiç gerek yoktur. Bizim görevimiz, çocuğumuza kendini özerk hissetme şansını vermek ve güçlü bir insanın zayıf bir insana karşı nazik davranması gerektiğini öğretmektir.

İtaatkâr çocuk

Çocukların hepsi çaresizlik duygularını güç oyunları oynayarak veya saldırgan davranışlarda bulunarak ifade etmezler. Bazıları, ebeveynlerinin takdirini kazanabilmek ve onların öfkesine maruz kalmamak için itaatkâr davranma eğilimi gösterirler. Hissettikleri güçsüzlüğü içselleştirirler ve bu da, depresyon, öğrenme güçlükleri, hastalıklar veya başka türlü fiziksel, duygusal veya davranışsal zorluklar olarak ortaya çıkar. Dolayısıyla, itaatkâr bir çocuğa kendini güçlü ve özerk hissetmesini sağlayacak fırsatlar sunmak son derece önemlidir. Sizin takdirinizi kaybetmeyeceğine güvenmeye başladığı anda, o da güç oyunlarına gayet iyi tepki verecektir.

Başka insanları memnun etmeye çalışan bir çocuk, büyük ihtimalle kendini güvensiz hissettiği ve yaşadığı hüsranı dışa vurmaktan korktuğu için, söz dinlemediği zamanlarda da sevildiğini bilmeye ihtiyaç duyar. Sizin takdirinizi kaybetmekten korktuğu için değil, tamamen kendisi istediği için sizi memnun etme özgürlüğünü yeniden kazanması gerekir. İtaatkâr bir çocuğun bu özgürlüğü kazanabilmesi için, sadece sizi memnun ettiğinde değil, kendisi gibi davrandığı ve size meydan okuduğu zamanlarda da, değerli ve yetkin olduğunu hissetmesi şarttır.

10 yaşındaki Miranda'nın, "Hayır" demek istediği zamanlarda bile "Evet" deme alışkanlığı vardı. Ebeveynleri benimle yaptıkları seanstan sonra, söz dinlediği zaman övmeleri ve yüksek beklentileri nedeniyle, Miranda'nın kendini güvensiz hissettiğini ve kendini gösterme konusunda çekingen davrandığını anladılar. Bundan dolayı endişelendiler ve çocuğu güçlü hissetmesi ve kendini gösterebilmesi konusunda yüreklendirmek istediler. Miranda'nın duygularıyla baş başa kalıp yalnızlık duymaması için, çaresiz hissetmelerine neden olan kendi deneyimlerini ona anlatmaya başladılar. Ayrıca Miranda'nın onlara karşı çıkmaya başladığını gösteren ipuçlarına da dikkat etmeye başladılar.

Bir gün ellerinde yiyecek torbalarıyla marketten döndüklerinde, babası Miranda'ya yiyecekleri yerleştirirken yardım edip edemeyeceğini sordu. Miranda iç çekip, "Olur" dedi.

Babası bu fırsattan yararlanıp, "Tereddüt ettin, yardım etmek istediğine emin misin?" diye sordu.

"Sorun değil. Bana ihtiyacınız var."

"Şu anda yapmak istediğin başka bir şey varsa, bunu sen yardım etmeden de yapabiliriz."

"Tamam, o zaman şimdi gidip oyun oynamak istiyorum." Miranda çekingen gözlerle babasına baktı ve babası ona gülümsedi. "Güzel. Haydi git oyna" dedi ve çocuk da odasına gitti.

Uysal bir çocukta görülen tipik çaresizlik ifadesi, "Hayır" demekte tereddüt etmektir. Yapabileceğiniz en iyi şey, çocuğunuzdan keyif almayacağı şeyleri yapmasını istememektir. Eğer gerçekten onun yardımına ihtiyacınız varsa, bunu ona söyleyin ve size yardım etmek isteyip istemediğini sorun ve "hayır" cevabını da kabul edin. Samimi olmayan bir "evet" cevabı alırsanız, ondan herhangi bir beklentiniz olmadığını anlamasını sağlayın ki, size karşı dürüst davranabilsin ve özgüvenli olabilsin. Belki size biraz yardım edebilir, ama bu onun tercihi olmalıdır; böylece kendisiyle ilgili olumlu duygular geliştirebilir. Size kendisi istediği için yardım ettiği zaman, kendini çaresiz ve küskün değil, güçlü hisseder, böylece, yardım etme konusunda olumlu anılara sahip olur. Eğlenceli olmayan işler yapmayı öğrenemeyeceğinden endişeleniyorsanız, unutmayın ki, bağımsız bir tercihle yapılan her şey keyiflidir ve bunun aksi de aynı derecede geçerlidir. Çocukken istemedikleri halde ev işi yapmaya zorlanan çoğu yetişkin, bu işlerden nefret eder.

Kendilerini güçlü ve yetkin hissedebilmeleri için çocuklarımıza yardımcı olurken görevimiz, hem dışa vurdukları (öfke, saldırganlık gibi) hem de içlerine attıkları (itaat, umursamazlık, sürekli doğru davranışlar sergilemek gibi) çaresizlik ifadelerinin farkına varmaktır. Çocuk, kendini göstererek ve ihtiyaçlarını karşılayabilmek amacıyla meydan okuyarak ona ilgi göstermenizi sağlar. Duygularını içine atan bir çocuk ise, ona ulaşmanıza, onunla konuşmanıza, duygularını onaylamanıza ve onunla bağ kurmanıza ihtiyaç duyar ki böylece kendini gösterme fırsatını bulabilsin.

Ayrıca çocuğunuza, ancak söz dinlediği zaman takdirinizi kazanabileceği ve kendisini ortaya koymanın güvenli olmadığı mesajını da nasıl vermiş olduğunuzu bulmanız gerekir. Kendinizi bağışlayın; elinizden gelenin en iyisini yaptınız ve hâlâ öğrenme sürecindesiniz. Eğer, övgü, ödül, tehdit ve/veya tasvip etmeme gibi yollara başvurduysanız, hatanızın farkında olduğunuzu ve çocuğunuzu yönlendirmeye bir son vermek istediğinizi ona söyleyin. Onun özerk ve özgür bir insan olmasının sizin için önemli olduğunu söyleyin. Her zaman olduğu gibi, sizin beklentilerinize aykırı davranma cesaretini gösterdiğinde de ona olan sarsılmaz sevginizi koşulsuz olarak gösterin.

Özgüven geliştirmek

Bir çocuk, yaşadığı deneyimleri kendisi yarattığı zaman kendini güçlü hisseder. Onu "hayal kırıklığı" olarak gördüğümüz bazı deneyimlerden "kurtarmaya" çalıştığımızda, sahip olduğu güçten de mahrum bırakmış oluruz. Siz aradan çekilin ki çocuğunuz kendi ektiklerini kendisi biçebilsin. İstediklerini elde edebilmek için pek çok kez denemek zorunda kalabilir, ama bu şekilde özgüven geliştirir ve gücüne güvenmeye başlar. Güçlü olmak sürekli başarılı olmanın bir sonucu değildir; başarısızlıklarla baş edebilme ve tekrar tekrar yoluna devam edebilme becerisidir.

Ebeveynler açısından, çocuklarının hayal kırıklığı yaşadığını görmek veya kendilerine akılsızca gelen bazı kararlar almalarına izin vermek rahatsız edici bir durumdur. Çocuklarının gayretlerinin başarıyla sonuçlanabilmesi için onlara yardımcı oldukları zaman, çocuğun özsaygı geliştireceğini ve iyi duygular besleyeceğini zannederler. Oysa özsaygı, insanın içinden gelir, başkası bunu sağlayamaz. İstemediği halde çocuğa yardım etmek aslında aşağılayıcı bir durumdur ve çocuğun kendini güçlü hissetmesine ve özgüven geliştirmesine zarar verir.

Çocuklar sağlam tercihler yapacaklarsa, bunu ancak deneyerek yapabilirler. Bu, çocuğunuzun kendi hayallerini yıkmasına, projesine veya sağlığına zarar vermesine seyirci kalmanız anlamına gelmez. Sadece çocuğunuzun sorularına cevap verip, onun projesini üstlenmeden de onu saygılı bir şekilde bilgilendirebilirsiniz. Bu bilgileri edindikten veya nasıl edinebileceğini öğrendikten sonra, yolunu kendisi çizip sahip olduğu gücü kullanması gerekir. Deneyip yanılmak ona aittir, herhangi birini suçlamasına veya kurban rolünü oynamasına gerek yoktur; benzer şekilde başarıları da tamamen ona aittir.

Çocuklarınızın bebeklik dönemlerinden itibaren kendinize hep şunu hatırlatın: Sizden yardım istemediği sürece çocuğunuza yardım etmekten kaçının. Örneğin; çocuğunuz yaptığı kulesine bir parça daha eklediğinde belki de kule devrilecektir; yaptığı bir planı uygulamakta ısrarcı davrandığında belki arkadaşıyla arası bozulacaktır; projesine yardım etmediğiniz için bilim fuarına katılamayacaktır vb gibi. Çocuğunuz net bir şekilde fikrinizi sormadığı sürece, yaptığı kulenin devrilmesini önlemekten, arkadaşlığının bitmesini engellemekten veya bilim projesinde başarılı olmasını sağlamaktan kaçının. Sizden yardım istediği zaman da, sadece sorduğu soruya cevap verin. Çocuğunuza yeni bir kule yapmamak, arkadaşıyla arasını nasıl düzeltebileceğini söylememek veya bilim projesini üstlenmemek en iyisidir. Duygularınızı onunla paylaşabilirsiniz, ama sadece çocuğunuzun sizden istediğini yapın, daha fazlasını değil. "Bunun nasıl çalıştığıyla ilgili sana bilgi vermemi ister misin?" gibi yardım teklif eden sorular bile, bazı çocuklar tarafından bir aşağılanma olarak algılanır. Eğer çocuğunuzun sizi reddetmekte tereddüt etmeyeceğinden eminseniz, bilgilerinizi paylaşmayı teklif edebilirsiniz.

Her ne kadar yetişkinler bu dünyada daha uzun bir zaman geçirmiş olsalar da, genç insanlar da kendi yollarında ilerlemeyi hak ederler. Bizim deneyimlerimiz, çocuğumuzu kendi yolundan vazgeçirmemelidir. Eğer çocuğunuz size danıştıysa, ondan hiçbir bilgiyi sakınmanıza gerek yoktur, ama bu bilgiyi kullansa da kullanmasa da çocuğunuza güvenmelisiniz. Yaptığı hatalar hayal kırıklığına uğramasına veya incinmesine yol açarsa, ona verebileceğiniz en büyük destek, onun duygusal dayanıklılığına duyduğunuz güven olacaktır. Tıpkı Mary'nin 2 yaşındaki oğlu Rhys'e yaptığı gibi:

> Mary, koşarken düşen oğlu Rhys'in yüzündeki o ifadeyi hatırlamıştı. Onu yerden kaldırmak için fırlamamış, hiçbir şey de söylememişti. Çocuk ona bakmış ve Mary de sakin bir şekilde ona gülümsemişti. Sonra çocuk da gülümsemiş, ayağa kalkmış ve koşmaya devam etmişti.

Bir yıl sonra Rhys bisikletinden düştü. Mary bunu pencereden gördü; bisiklet çocuğun üzerine devrilmişti ve çocuk da çığlık atmaya başlamıştı. Mary kapıdan dışarı adım attı ama evden çıkmadı, çocuğun ona ihtiyacı olup olmadığını anlamak için kendini göstermeden dikkatle izlemeye başladı. Birkaç saniye sonra, çocuğun ağlaması dinmişti, ayağa kalktı, bisikletini kaldırdı ve sürmeye devam etti.

Biz kendi duygularımızı çocuğumuzun önüne koymadığımız zaman, o kendi duygularını oluşturur. Diğer yandan, ortaya çıkabilecek sonuçları tahmin etmek, çocuğun kendini özgüvensiz hissetmesine neden olabilir. "Dikkatli ol, düşebilirsin", "Bu tehlikeli olabilir", "Bu işe yaramayabilir" veya "Bundan hoşlanacağını zannetmiyorum" gibi iyi niyetli yapılan uyarılar bile çocuğunuzu, şansını deneme ve kendine güvenme konusunda korkutabilir. Bunun yerine gerçeklere dayalı bilgiler sunabilirsiniz: "Buz kaygandır", "Bu ağır ve sıcak" veya "Restorana çıplak ayakla girilmesine izin verdiklerini sanmıyorum" gibi; ama çocuğunuz tehlikede olmadığı sürece, kendi kararlarını vermesine izin verin.

Çocuklar genellikle kendilerini zorlamak ve daha fazlasını başarmak için ellerinden geleni yaparlar. Çocuğunuzun, şartlar ne olursa olsun hayatla baş edebilecek donanıma sahip olduğunu bilmesini sağlayın. Hayatı, deneyimleriyle öğrenmesine izin verin.

6. bölüm

Özgüven

Siz, çocuğunuzun sahip olduğu değeri görebildiği aynasınız

Kendimizi, çocuklarımızın tüm ihtiyaçlarını karşılamaya ne kadar adasak da, onlar bazen sevgimiz ve sahip oldukları değer konusunda kendilerini güvende hissetmezler. Güvensizlik duygusunu anlayabilmek için, kendinizi küçük hissettiğiniz durumları bir düşünün; biriyle konuşmaya çekindiğiniz, bir şeyi istediğiniz gibi yapamadığınız, birinin ses tonu veya sarf ettiği sözler yüzünden kendinizden şüpheye düştüğünüz anlar gibi mesela. Böyle durumlarda kafanızın içindeki sesler ne der? Değerlendirilmeye tabi tutulduğunuzda veya suçlandığınızda, aklınızdan neler geçer? "Bunu yapamam", "Ben aptalım", "Gülünç duruma düşeceğim", "Benden hoşlanmayacak" veya "Yeterince iyi değilim" gibi, özgüveninizi sarsan düşünceler geçer. Bunlar muhtemelen çocukluğunuzda ebeveynlerinizin karşısında kendi kendinize ulaşmış olduğunuz sonuçlar, ebeveynlerinizin veya kardeşlerinizin yıllar önce size söyledikleri ve zihninizde yer etmiş olan sözlerdir. Bu geçmişten gelen düşünceler zihninizde otomatik olarak canlanır ve kendinizden şüphe duymanıza neden olur.

Örneğin, babanız devamlı olarak hatalarınıza dikkat çektiyse, muhtemelen "yeterince iyi olmadığınızı" yansıtan bir düşünce geliştirmiş olabilirsiniz. Eğer anneniz, "Bunu yaptığına inanamıyorum" gibi bir şey söylediyse, siz bunu, "Hiçbir şeyi doğru dürüst yapamıyorum" şeklinde yorumlamış olabilirsiniz. Aklınızdan bu tür düşünceler geçtiği anda, bunlar beraberinde otomatik olarak bazı duygular da yaratır.

Bu düşüncelerin bir diğer tarafı da, insanın kendi hakkındaki olumsuz görüşlerini tamamen savunmacı bir tavırla bir başkasına yönlendirmesidir: "Onda yanlış olan bir şeyler var", "O kadar ahmak bir adam ki" veya "Neden hiçbir şeyi doğru dürüst yapamıyor?" gibi. Bu tür ifadeler, insanın kendi yetersizlik duygusunu, bir başkasının "hatalarına" odaklanarak hafifletmeye çalışmasıdır.

İmajınızı ebeveynlerinizin size söyledikleriyle, yüz ifadeleriyle ve size karşı tavırlarıyla oluşturursunuz. Sizi olduğunuz gibi kabul etmişlerse, kendinizi değerli görürsünüz; sizin becerilerinize ve çizdiğiniz yola güvenmişlerse, kendinizi yetkin hissedersiniz ve kendinize güvenirsiniz; ama eğer sizi eleştirmişler ve kontrol etmeye çalışmışlarsa, onlardan ilgi ve sevgi görecek kadar değerli olup olmadığınız konusunda şüpheye düşersiniz.

Çocuğunuzun sahip olduğu değerle ilgili düşünceleri de, çoğunlukla aranızdaki ilişkiyle şekillenir. Eğer kafanızda o eski, kendinizden kuşkulu sesler dolaşıyorsa, tüm çabalarınıza rağmen, sizi incitmiş olan o eski ifadeler, çocuğunuzun kulaklarında da yankılanmaya başlar ve benzer duyguları onda da yaratır.

Özsaygı daha anne karnındayken oluşmaya başlar. Çocuk sahibi olmayı istemek ve bu isteğinizi her an bilinir kılmak, özgüvenin temelini oluşturur. Bebeğiniz, sizin ilginize ve sevginize değer olduğunu varsayar. Buna kesin gözüyle bakar; bu, bebeğinizin kararlılığından ve ona ilgi göstermediğiniz anda ifade ettiği korku ve öfkeden anlaşılır. Bebeğinizin özgüvenini sarsamamak için, onun ihtiyaçlarına derhal ve neşeyle cevap vermelisiniz. İfade ettiği ihtiyaçlarını ondan esirgemek, kendinden kuşku duymasına yol açar. Emzirilme, hareket etme, dinlenme, uyuma veya oyun oynama isteği, belirgin bir sevinç ve şefkatle karşılandığında güvenli bir şekilde hayatına devam edebilir. Onun varlığını heyecanla karşıladığınızı ve ona neşe içinde hizmet ettiğinizi gördüğü zaman, "Ben değerliyim" sonucunu çıkarır.

Yeni yürümeye başlayan çocuğunuz hayatla daha fazla mücadele etmeye başladığı zaman, cesaret gerektiren deneylerinde ona güvenip desteklemenize daha fazla ihtiyaç duyar. Bunu yaparsanız, her şeyde başarılı olduğu için değil sadece tercihlerine duyduğunuz güven sayesinde kendine de güvenmeye başlar. Onun yanında olun, neşesini ve üzüntülerini paylaşın ki, hayatın getirdiği pek çok deneyim karşısında kendini rahat hissedebilsin. Kendini göstermekten, hem başarısızlıkları hem de başarıları karşısında aynı rahatlığı gösterip yeni şeyler denemekten korkmasın. Onu övmek veya başka bir şekilde yönlendirmek yerine, kendisi için seçtiği yolu ilgiyle ve neşeyle kabullenin. Bununla birlikte, özsaygının hayat boyu garantisi olmadığını da unutmayın. Duygusal ve fiziksel ihtiyaçlarını küçük yaşlarından itibaren temin etmiş olsak bile, çocuğumuz zaman zaman güvensizlik sergileyebilir ve ilgimizi isteyebilir.

Özgüveni oluşturan yapıtaşları

Bir çocuk, sözlü olarak taciz edilmese bile ruhen çöküntü yaşayabilir; çocuğun kendisiyle ilgili duygularının zarar görmesine neden olan daha belirsiz şeyler genellikle dikkatimizden kaçar. Aşağıdaki rehber bilgiler, çocuğunuzun özgüveni ve özdeğeriyle ilgili algılarına odaklanmanızda size yardımcı olacaktır:

- Çocuğunuza ancak o istediğinde ve istediği ölçüde yardım edin. İstemediği zamanlarda ona yardım etmek, kendisini yetersiz görmesine yol açabilir çünkü sizden aldığı sessiz mesaj, “Bunu tek başına yapabileceğini zannetmiyorum. Benim yardımıma ihtiyacın var. Sen yeterli değilsin” şeklindedir.
- Çocuğunuzun bazı şeyleri yapamayacağını bilseniz bile, kendi kendine denemesine izin verin (onun için güvenli olduğu sürece, eğer güvenli değilse, ona başka bir alternatif sunun). Ona başarısız olması ve hatalar yapması için fırsat verin. Bu tür kişisel deneyimler sayesinde, zorluklar karşısında güçlü ve yetkin olduğunu ve kendine güvenebileceğini öğrenir. Başarılı insanlar, asla düşmeyenler değil, düştükten sonra kalkabilenlerdir; onlar düştükleri zaman korkmazlar, yaptıkları hatalardan rahatsız olmazlar ve istekle yollarına devam ederler.
- Çocuğunuzdan mükemmel sonuçlar beklemeden onun seçimlerini destekleyin. Ortaya çıkan sonuçlar karşısında tarafsız davranın, çocuğunuzun ifade ettiği duygularına saygı ve ilgi gösterin. Çocuğunuzun hüsranlarını, sevinçlerini veya hayal kırıklıklarını onaylayıcı bir tavırla karşılayabilirsiniz, ama yaptıklarıyla ilgili fikrini-

zi kendinize saklayın ve bunun, onu inandığı şeylerden uzaklaştırmasına izin vermeyin: "Benim görüşlerim farklı, ama senin kendi yolunda ilerlediğini görmekten çok mutluyum."

- Memnuniyetinizi ifade edin ve çocuğunuzun davranışlarını düzeltmekten veya eleştirmekten kaçının. Örneğin; çocuğunuz yerleri süpürmeyi teklif ettiğinde onun ardından siz tekrar süpürürseniz, bir daha yardım teklif etmeyebilir ve kendini yetersiz, hatta beceriksiz görebilir. Çocuğunuz çimleri biçmişse ve babası da eşit biçilmediklerinden dolayı memnuniyetsizliğini dile getirirse veya çocuğunuz heceleme veya okuma yaparken, sormadığı halde hataları yüzüne vurulursa, özsaygısı ve gelişimi şüphesiz zarar görür. Faydalı bir şey yapmak için çaba gösteren bir çocuk, yaptığı işle ilgili değerlendirmeyi değil, kendisine minnet duyduğunuzu duymak ister. Yeni beceriler edinen bir çocuk da, eleştiriye değil, güvene ve bazen de takdir görmeye ihtiyaç duyar. Kendini iyi hissettiği ve istediği öğrenme araçları (dersler, kitaplar, aletler, bilgi vb) kendisine sağlandığı sürece, becerilerini zaman içinde geliştirir.

- Çocuğunuzu övmekten kaçının, bunun yerine çocuğunuzun ifade ettiği duyguları yansıtın ve neşesini paylaşın. Çocukları davranışlarından ("Johnny ne kadar iyi bir iş yaptın" gibi) ve başarılarından ("Yarışmada birinci geldiğin için o kadar gururlandım ki" gibi) dolayı övmek, yaptıkları şeyleri kendileri için değil, övgü toplamak için yapmalarına neden olur. Çocuklar övgü alabilmek için her şeyi yaparlar ve başarılarından dolayı takdir görmeye bağımlı hale gelebilirler. Ne kadar ironik olsa da, övme ve ödüllendirme çocuğun özsaygısına eleştiri kadar zarar verir.[1]
- Çocuğunuzla ilgili planlarınızdan vazgeçin ve ona olduğu haliyle değer verin. Beklentilerinizi dile getirmek, mesela "Teyzene 'merhaba' de" gibi, çocuğun kendini yetersiz hissetmesine neden olur; özellikle de sizin isteklerinizi yerine getirebilmek için kendini zorluyorsa. Başarıları bile, sizin değil onun planları dahilinde olmalıdır. Eğer, "Büyük bir atlet olacaksın" derseniz, çocuğunuz sizin standartlarınıza ulaşamayacağından korkabilir

1. Aldort'un övgüyle ilgili makalelerine bakınız: *"Mothering"* (Annelik) #71 1994; "Life Learning" dergisi Kasım/Aralık 02, Ocak/Şubat 03, Mart/Nisan 03.

ve vazgeçebilir veya sizi memnun edebilmek için kendini atletizme verir; bundan sonra da kendi içinden gelen motivasyonu ve hatta tutkusunu bile kaybedebilir. Dolayısıyla en iyisi, tavsiyede bulunmaktan veya başarıyla ilgili beklentiler yaratmaktan kaçınmaktır. Çocuğunuzdan olduğu haliyle keyif almak ve bunu bilmesini sağlamak, sahip olduğu motivasyonu korumasını sağlayacak en iyi güven göstergesidir. (Bu, bir öğrenci ile öğretmenin arasındaki ilişkiden daha farklıdır. Öğretmen, öğrencinin kendi seçtiği alanda yüksek bir standarda ulaşabilmesi için onu teşvik eder, öğrenci de bu alanda kendisine yol göstermesi için öğretmenini seçmiştir.)

- Elinizden geldiğince çocuğunuzun ifadelerine ve seçtiği yola karşı çıkmaktan kaçının. Çocuğa sık sık "olmaz" demek veya çocuğun fikirleriyle çatışmaya girmek, kendine duyduğu güveni sarsar, çünkü "Benim seçimlerim genellikle yanlış. Kendime güvenemiyorum" şeklinde bir sonuca ulaşır. İstediklerini elde edemese bile, tercihleri yine de geçerlidir ve dikkate alınmaya değer.
- Çocuğunuzu başkalarıyla kıyaslamaktan kaçının. İyi yönde de kötü yönde de olsa, başkalarıyla kıyaslanmak, onda rekabet duygusu ve kaybetme korkusu yaratır.
- Çocuğunuzun hazır olma durumuna ve ilgi alanlarına uygun bir şekilde sorumluluk almasına izin verin. Eğer onun için her şeyi siz yaparsanız, giysilerini siz seçerseniz, yapacakları konusunda tavsiyelerde bulunursanız veya ona devamlı olarak görevlerini ve yapmak zorunda olduğu şeyleri hatırlatırsınız (o sormadan), onun sorumluluk duygusuna değer vermemiş olursunuz ve özgüvenini kaybetmesine yol açarsınız. Çocuğunuz seçimlerinin ve davranışlarının sorumluluğunu üstlenerek özgüven geliştirir.
- Çocuğunuza kulak verin ve kendini duygusal olarak ifade ettiği zaman onu onaylayın. Duygularının ve bunları ifade etme yönteminin değer gördüğünü bilen bir çocuk, özsaygı geliştirir.
- Çocuğunuzun sahip olduğu bilgilere ve aklına saygı gösterin. Eğer size bir soru sorarsa, cevabınızı bir söyleve veya sınava dönüştürmeyin. Çocuğun sizden beklediği bir bilgi, sınav veya

ders verme haline getirilirse, bu genellikle çocuğun gururunu incitir veya canını sıkar; dolayısıyla da size bir daha soru sormak istemez. Çocuğunuzu sorgulamadığınız veya ona bir şeyler öğretmeye çalışmadığınız zaman, sahip olduğu bilgileri ve ilgi duyduğu şeyleri sizinle daha sık paylaşacaktır.

- Çocuğunuza eşitiniz gibi davranın ki, zaten öyledir. Eşit demek aynı demek değildir. Çocuğunuz yeterince deneyimli değildir, sınırlarına saygı gösterilmesine ve bunlardan hoşlanılmasına ihtiyaç duyar. Hayata sizden daha geç başlamış olması, onu ne daha az değerli kılar ne de daha az saygı görmesine sebeptir. Çocuğunuz da aynı sizin gibi, her zaman elinden gelenin en iyisini yapmaya çalışmaktadır.

- Yere süt dökmek bir eleştiri çağrısı değil, yeri temizlemek için bir yardım çağrısıdır. Çocuğunuz bir hata yaptığında sakin olun ve ona yardım edin. S.İ.D.O.T. formülünün S adımını uygulayın; içinizdeki sesi mevcut durumdan ayrı tutun ki, o anda ihtiyaç duyduğu şeye odaklanabilesiniz (düşüncelerinizi sonradan gözden geçirebilirsiniz). Çocuğunuz üzgünse, onu dinleyin, duygularını onaylayın, ona olan sevginizden ve onu takdir ettiğinizden emin olmasını sağlayın. Eğer size aptalca veya sakarca gelen bir şey yaparsa, eleştirilerinizi kendinize saklayın (bunları kendinizi keşfetmek amacıyla kullanabilirsiniz) ve onun duygularını iyice anlamaya çalışın; kendinden memnun olabilir, utanç ve öfke hissediyor olabilir veya kafası karışmış olabilir. Eğer kendinden kuşku duyduğunu ifade ederse, bunu anlayışla karşılayıp sizin yapmış olduğunuz aptalca veya sakarca şeylerden bahsedebilirsiniz. Böylece, bu tür şeylerin herkesin başına gelebildiğini ve insana has durumlar olduğunu bilir.

- Çocuğunuza zaman ayırın. Bekleme sabrını gösteremeyecek kadar küçükse, yapmakta olduğunuz işe ara verin ve onun yanında olun. Eğer bekleyebilecek kadar büyükse ve istediği anda ona zaman ayıramayacak durumdaysanız, ona ne zaman katılabileceğinizi söyleyin. Sonra da söylediğiniz zamanda yanında olun, ona odaklanın ve onunla ilgilenin. Eğer çocuğunuza düzenli olarak, "Seninle bunu yapmaya vaktim yok" veya

"Seninle sonra oynarız" diyorsanız, kendini önemsiz görmeye başlayacaktır.

- Çocuğunuzla birlikteyken, onun sizi yönlendirmesine izin verin ve saygılı bir şekilde onun dünyasının bir parçası olun. Onu ancak kendisi isterse yönlendirin. Onunla birlikte olmaktan ne kadar mutlu olduğunuzu bilmesini sağlayın.
- Çocuğunuz sizden yardım istediğinde, ona elinizden geldiği kadar hızlı ve neşeli bir şekilde cevap verin. Eğer devamlı olarak yüzünüzde sabırsız bir ifade görüyorsa veya onunla konuşurken sesinizde bir rahatsızlık hissediyorsa, bir başbelası olduğu sonucuna varabilir.

Yukarıda yer alan tavsiyeler çocuğunuz kaç yaşında olursa olsun aranızdaki ilişkide geçerlidir. Dostlarınız veya iş arkadaşlarınızla aranızdaki ilişkilerde bu tür rehber bilgilere ihtiyaç duymazsınız çünkü onlara zaten bu şekilde davranırsınız. Diğer yandan bizim kültürümüzde, yetişkinlere gösterilen saygı genellikle çocuklara gösterilmez. Bu rehber bilgileri hatırlayamadığınız durumlarda ise, kendinize şunu sorabilirsiniz: "Böyle bir durumda saygı duyduğum yetişkin bir kişiye nasıl tepki verirdim?"

"Bunu ne zaman öğrenebilecek?" veya "Benden faydalanacak" şeklindeki endişeler, tamamen geçmişinizden gelen ve geleceğe korku olarak yansıttığınız endişelerdir. Bunlar kendi gelişiminiz için değirmende öğütebileceğiniz malzemelerdir (bu düşünceleri daha sonra S.İ.D.O.T. formülünün S adımını kullanarak gözden geçirin) ve çocuğunuzla hiçbir ilgisi yoktur. Şimdiki zamanda çocuğunuzun yanında olun; ona olduğu haliyle saygı göstermeyi ve onunla geçirdiğiniz anların değerini bilmeyi öğreneceksiniz. Geçmişinizden gelen seslere, arkadaşlarınızdan ve ailenizden gelen baskılara değil, çocuğunuza kulak verin. Çocuğunuzdan aldığınız keyif, onun kendine saygı duymasını sağlayacaktır.

Özgüven nedir, ne değildir?

İnsanlar özgüveni bazen dışadönük olmakla karıştırırlar. Çocuklar dışadönük olmasalar da özgüvenli olabilirler. Kendi yaptığımız duygusal yorumları, çocuğumuzun sahip olduğu gerçek özsaygıdan ayırabilmek çok önemlidir. Mahremiyeti tercih eden, yetişkinlere yaşını veya bildiklerini söylemek istemeyen içedönük bir çocuk, güvensiz bir çocuk olmayabilir. Tam tersine, kişiliğini ortaya koyuyor olabilir; içsesine karşı çıkıp yetişkinleri memnun etme ihtiyacı duymuyor olabilir. Yetişkinler diğer yetişkinlere patronluk taslayan sorular sormadıkları halde, bir çocuğu izni olmadan sorguladıklarında, çocuğun onları reddederek sergilediği özgüven karşısında şaşırırlar. Benzer şekilde, başka çocukların arasına karışmaktan hoşlanmayan ve sadece bir veya iki arkadaşıyla yakın ilişki içinde olmayı tercih eden bir çocuk da, grup oyununa katılmayı reddettiğinde aslında özgüven sergiler. İçinden geldiği gibi davranır ve başkalarının kendisiyle ilgili beklentilerinden dolayı gözü korkmaz.

Çocuklarımdan birinin, 4,5 yaşında olduğu zamanı hatırlıyorum. Bir oyun grubuna gitmiştik ve bir sürü çocuk ebeveynleriyle birlikte oyun oynuyordu. Oğlum ise bir kenarda oturmuş onları izliyordu. Ben de, oğlum istediği sürece yanında kalmaya veya istediği anda eve gitmeye hazır bir halde yanına oturdum.

Oyunu organize eden kişi, oğlumu da oyuna dahil etme ihtiyacı duydu. Oyuna dahil olması için oğlumu kandırmak ve ikna etmek için birkaç kez yanımıza geldi. Oğlum da her seferinde kadının gözlerinin içine bakıp "hayır" anlamında başını salladı. Bu çocuk her zaman ne istediğini bilmiştir ve niyetinden hiçbir zaman vazgeçmez.

Daha farklı bir kişilik yapısına sahip olan çocukların özgüveni ise tam tersine gayet net ve dışadönük halleriyle ortaya çıkar; mesela, liderlik yapmak veya sahnede olma isteği gibi. Bununla birlikte, dışadönük olan her çocuk da özgüvenli demek değildir. "Ben, ben" tavrı bazen de derinlerde yatan güvensizliği kapatmak amaçlı olabilir. Aslında, frapan davranışlar bazen de güvensizliği gizlemenin veya başkalarının beklentilere göre yaşamanın bir yoludur. Dolayısıyla, çocuğunuzun sergilediği özgüveni geleneksel davranışlarda aramayın; bunun yerine çocuğunuzun kendisi gibi davranıp davranmadığını kendinize sorun. Eğer sahnede olmayı seviyorsa, doğal olarak lider bir yapıya sahipse, gürültücü veya eğlendirici bir kişiyse, o zaman bu tür davranışları samimi bir şekilde onu yansıtıyor demektir. Bununla birlikte, eğer sizin hayallerinizi tatmin edecek şekilde davranıyorsa, bunun nedeni özgüven değil güvensizlik olabilir. Tutkularının ve hayallerinin peşinden gitme konusunda cesaretlendirilmeye ihtiyaç duyuyor olabilir. Örneğin, her zaman çok ses çıkaran ve sıranın başına geçen 10 yaşındaki Iris, aslında özgüvensiz bir çocuktu.

Iris her tiyatro çalışmasında, "Önce ben!" diye bağırıyordu. Sürekli ayağa fırlıyor ve sıranın önüne geçiyordu. Fark edildiği ve birinci olduğu zaman çok mutlu oluyordu, ama tam tersi olduğunda da morali hemen bozuluyordu.

Bir gün tiyatro çalışmasından eve döndüğünde, Iris, kız kardeşi Andrea'ya karşı saldırgan davranmaya başladı ve genel olarak da rahatsız görünüyordu. Annesi şaşırmıştı. "Becky bugün derste çok eğlendiğini söyledi ama şimdi mutsuz gibisin."

"İyi vakit geçirmedim. Asla beni çağırmıyor. Ondan nefret ediyorum" dedi Iris.

Annesi bir şey söylemedi. Daha sonra Andrea'yla birlikte piyanonun başına geçti. Iris yanlarından geçerken aceleyle, "Ooo küçük zeki Andrea" dedi.

Iris'in durumunda özgüven ve coşkunluk olarak görülen şey, aslında onun çaresizliği ve güvensizliğiydi. Kardeşini kıskanıyordu ve bu keder yüzünden, gittiği her yerde kabul görmeye çabalayarak kendisiyle ilgili kuşkularından kurtulmaya çalışıyordu.

Aşağıdaki hikâye ise, daha sessiz ve utangaç bir çocuğun sergilediği özgüveni gösteriyor:

Oğlum Yonatan 6 yaşındayken resim derslerine gitmeye karar verdi. Ders bitiminde onu almaya gittiğimde, sınıfa baktım, ama orada değildi. Öğretmeni, Yonatan'ın sınıfı rahatsız ettiğini ve onu yukarı sekreterin odasına gönderdiğini söyleyince çok şaşırdım.

Merdivenlere doğru yöneldiğimde aşağı inmekte olan oğlumun neşeli sesini duydum, mutlu bir şekilde sekreterle konuşuyordu. Beni görünce, "Harika vakit geçirdim anne. Ofiste Tina'yla oyun oynadık" dedi.

"Neden ofise gittin?" diye sordum.

"Resim yapıyordum ve öğretmen beni rahatsız etti. Durup anlattığı hikâyeyi dinlememi istedi ve hikâyeden sonra başka bir resim yapacağımı söyledi. Ben ilk resme devam etmek istiyordum, o yüzden öğretmen de ofise gitmemi söyledi. Resim derslerine devam etmek istemiyorum. Evde rahatsız edilmeden resim yapabilirim."

Özgüven, insanın kendini önemli hissetmesinin ve her şeyin en iyisini hak ettiğini düşünmesinin sonucudur. Yetişkinler bazen çocukların özgüvenli davranışlarını saygısızlık olarak görürler ve çocuğun özgüvenine değer verme fırsatını kaçırırlar. Eğer çocuğumuzun istekleri konusunda sergilediği kararlılığın ve cesaretin farkına varabilirsek, onun tarafını tutup, geliştirdiği özgüveni pekiştirebiliriz. Aşağıda, Yonatan'ın kendini değerli görmesinden kaynaklanan özgüvenini gösteren bir hikâye bulacaksınız:

Yonatan 8 yaşındayken bahçede su hortumuyla oynuyordu. Babası fazla su sarf ettiği için endişelenmişti ve içerden ona seslendi: "Lütfen suyu kapat. Kuyudaki su tükenebilir."

Yonatan babasının seslendiğini duymadığı için oynamaya devam etti ve babası da sinirlendi. Pencereye gidip, "O suyu hemen şimdi kapat!" diye bağırdı.

Buna şaşıran Yonatan hemen musluğu kapattı ve eve koştu. Babasıyla karşılaştığında gözlerinden yaşlar boşanıyordu ve yüzü öfkeden kıpkırmızı olmuştu.

"Eğer ben sana, 'Hemen gidip arabanın kapısını kapat!' diye bağırsam, kendini nasıl hissederdin?" diye sordu.

"İncinirdim" dedi babası ve özür diledi; ortadaki yanlış anlaşılmayı çözdüler ve gelecekte bu tür incinmeleri önlemek için nasıl davranmaları gerektiğini konuştular.

Bazı insanlar bir çocuğun babasıyla bu şekilde konuşması karşısında şok olabilirler. Oysa çocuğun ifadesi kendine güvendiğini ve kendini güvende hissettiğini gösteriyordu. Böylesine açık bir tavır, insanın kendini güvende hissetmesinin sonucudur. Yonatan, "Bana nasıl böyle davranabilirsin? Ben de aynı senin gibi iyi davranılmayı hak ediyorum" şeklinde düşünüyordu. Kendini güvende hisseden bir çocuk, duygularını özgürce ifade eder ve sahip olduğu değerden kesinlikle emindir.

Ayrıca, Yonatan'ın kendini özgürce ifade edebilmesi ve babasından saygı görmesi, üzüntüsünü derhal geçirmişti. Eğer babası ona tavsiyelerde bulunsaydı veya kendini ifade etmesini engelleseydi, çocuk daha da öfkelenebilir ve aralarındaki konuşmayı hoş olmayan bir hale getirebilirdi. Sonuç olarak, küskünlüğü daha da artabilir ve bir daha böyle bir olay olduğunda yalan söyleme veya duygularını içine atma yoluna gidebilirdi. Yonatan'a saygı gösteren ve onunla empati kuran babası, hem kendisine hem de oğluna bu olayı atlatma ve bağışlama şansı vermişti.

Aile içindeki ilişkilerin bu şekilde olmasını sağlayan şey, çocuğun günlük ilişkilerde korku duymamasıdır. Düşünceleri veya duyguları ne olursa olsun, bunların ciddiye alındığını bilir. Ebeveynlerinden gördüğü ilgi ve saygıyı ve ona ayırdıkları zamanı hak ettiğini hisseder. Yonatan artık, başka insanların öfkesine kulak verebilen, onların duygularını anlayışla karşılayan ve sakin kalabilen genç bir adam oldu.

Buradaki paradoks, özgüvenli bir çocukta bir yanlış olduğunu zannedip endişelenmemizdir. Bir yandan çocuğumuzun iddialı ve güvenli bir insan olmasını isterken, o böyle davrandığında da biz tutucu davranıp keyfini kaçırmaya çalışırız. Eğer çocuğunuz ona küçümseyici bir şekilde davranan bir yetişkinin karşısında dik durabiliyorsa, bunu kutlanacak bir şey olarak görmelisiniz; bu yetişkin siz olsanız bile.

Özsaygı ve kardeşler/akranlar

Yeni bir kardeş, küçük bir çocuk açısından son derece kalp kırıcı bir deneyimdir; sahip olduğu değerden kaynaklanan özgüvenini sarsar. Bu konuda heyecanlı ve sevecen davranıyor olabilir, ama aynı zamanda da şok olmuştur ve kalbi kırılmıştır. Danışmanlık yaptığım bir anne, kız kardeşinin doğumunun hayatındaki en travmatik olay olduğunu anlatmıştı. O zamanlar kendisi 4 yaşındaydı ve hayatının trajik bir sona doğru ilerlediğini hissediyordu. "Savaşı kaybettiğini" ve kendisinden daha iyi birinin yerini aldığını düşünüyordu., Ben ikinci çocuğumuza hamileyken en büyük oğlum Yonatan bu duyguyu çok iyi açıklamıştı: "Neden bir Yonatan daha istiyorsunuz ki?" diye sormuştu.

Yeni bir kardeş geldiğinde ebeveynlerin yaptığı bütün hazırlıklar boşa gitmiş gibi olur. Çocuğunuz, tek çocuk veya en küçük çocuk olduğu günlere geri dönmek isteyebilir. Kardeşi olan bir çocuğun nasıl hissettiğini tam olarak anlayabilmek için, kendinizi onun yerine koymalısınız. Eşinizin, gayet belirgin ve büyük bir heyecanla eve yeni bir eş (karı veya koca) getirdiğini hayal edin. Yaptığı açıklama çok mantıklıdır; ikiniz birlikte çok mutlusunuz ve siz harika bir insansınız, bir diğer eşle neden daha da mutlu olmayasınız?[2]

Bu canlandırmayı ilk anda yaşadığınız şoktan bir adım daha ileri taşıyıp günlük hayata uygulayın. Sevgilinizin diğer eşiyle nasıl keyifli zaman geçirdiğini, sizden de mutluluk duyarak paylaşmanızın ve diğer eşin en yakın ve sevgili arkadaşı olmanızın beklendiğini bir hayal edin. Sizin ailenize, yaptığınız şeylere ve gittiğiniz yerlere uygun gerçekçi bir senaryo hayal edin. Yeni eşi yemek masasında, yatakta, tatilde yanınızda hayal edin; o kişinin, yürüyüş yapmak, yemek pişirmek, sarılmak, şefkat göstermek gibi size özel anları paylaştığını hayal edin. Eminim ki son derece rahatsızlık verici duygular hissetmeye başlarsınız (çok nadir istisnalar hariç). Hatta bunu daha da ileri götürürseniz, kendinizi gerçekten hasta ve kahrolmuş hissedebilirsiniz. "İstilacı" kişiden kurtulmaktan başka çıkış yolu olmadığından korkarak kendinizi çaresiz hissedebilirsiniz; çocuklar da genellikle kardeşleri hakkında böyle hissederler ve fanteziler kurarlar.

Çocukların çoğu, kardeşlerine bebekken sevgi gösterirler ama bebek büyüyüp kendileri gibi ortalıkta gezinmeye başlayınca, erteledikleri şok geri gelir ve stres belirtileri göstermeye başlarlar. Onun artık bir bebek olmadığını, kendilerine sunulan bir "oyuncak" olmadığını, tamamen farklı bir insan olduğunu fark ederler. Artık

2. Bu analoji ilk defa Mazlish ve Faber'ın kitabında yer almıştır: *Siblings Without Rivalry: How to Help Your Children Live Together So You Can Live Too* (*Rekabet İçinde Olmayan Kardeşler: Yaşayabilmek İçin Çocuklarınızın Bir Arada Yaşamalarına Yardımcı Olmak). HarperResource, *1998.*

oyuncaklarını, ebeveynlerinin ilgisini ve dondurmalarını bu "rakiple" paylaşmak zorundadırlar.

Kardeşi olan bir çocuğun verdiği tepki, hem çocuktan çocuğa hem de yaş grubuna göre değişiklik gösterir. Yaşı daha büyük olan çocukların çoğu, yani 7 yaş ve üzerindeki çocuklar, kardeşlerine iyi tepki verirler, ama eğer çocuk hâlâ bir bebek kadar ilgiye ihtiyaç duyduğu küçük bir yaştaysa, yeni gelen kardeşini kabullenmekte zorlanır. Yaşı küçük olan bir çocuk artık değerli olmadığından ve bebeğin kendi yerini alacağından korkar; diğer yandan yaşı daha büyük olan bir çocuk ise yeni gelen bebekle ilgileneceği için onu heyecanla bekler.

Çekirdek ailelerde her ebeveynden sadece bir tane vardır. Yeni bir bebek doğduğunda, yetişkinlerin azalan ilgisi çocukta gerilim yaratır. Yeni gelen kardeşe bağlanmaya başladıkça, rekabet duygusu ve kendinden kuşkulanma da baş gösterir. Kimin daha iyi olduğu, kimin daha fazla ilgi ve sevgi gördüğü, sahip olduğu değerin ölçüsü haline gelir. Kardeşler arasındaki rekabet, kaçınılması gereken kötü bir durum değildir, sadece bu durumun farkında olmak gerekir ki, çocukların cesareti kırılmasın ve bu rekabet büyümeleri için onlara bir fırsat yaratabilsin. Kardeşi olan bir çocuğu güçlü kılabilmenin yolu, onun yaşadıklarının farkında olmak, onunla bağı koruyabilmek ve ondan keyif almaya devam etmektir.

Bazı ebeveynler kardeşler arasındaki bu gerilimi önleyebileceklerine inanırlar. Büyükanne ve büyükbabaların yardımıyla bu bir dereceye kadar mümkün olabilir. Bununla birlikte, çoğu aile için bu süreç kaçınılmazdır. Ebeveynler genellikle, ilk çocukları bunalım ve azalan özsaygı belirtileri göstermeye başlayınca harekete geçerler çünkü bu semptomların hepsi bir arada ortaya çıkar. "Bizim bu tür sorunlarımız yok. Çocuklarımız birbirlerini çok seviyorlar" diyen ebeveynler gördüm. Ama günün birinde çocuklarından biri diğerinin canını yakmaya başlayınca buna çok şaşırıp yardım almak için beni arıyorlar.

Çocuğunuz, sizin düşündüğünüz gibi kardeş sahibi olmasına bağlı olarak, kardeşine veya size karşı saldırgan tavırlar sergilemeye, sızlanmaya, sizden ayrı kalamamaya, öfkelenmeye, gerilemeye veya başka türlü bunalım belirtileri göstermeye başladıysa, kendini çoktan çaresiz hissetmeye başlamış demektir. Artık onu sevmediğinizi ve değersiz olduğunu düşünerek endişelenmektedir. Eğer yaşadığı bunalımı ifade etmesini engellerseniz, kendisinin kötü ve değersiz olduğu sonucuna varır. "Annem bebeği incitmemi engelliyor. O bebeği koruyor. Bebek benden daha iyi. Demek ki ben kötüyüm" şeklinde düşünür. Kardeşine duyduğu öfke hızla büyür. Siz ona nazik ve sevecen davranmayı öğretmeye çalıştıkça, ıstırap içinde daha da yalnızlaşır ve bu da nazik ve sevecen olmaktan çok uzak bir ruh halidir. Kaderini tersine çevirmeyi arzu eder ve kardeşinden kurtulma fantezileri geliştirir. Sonra da kendini suçlu ve değersiz hisseder ve böylece bu kısırdöngü çok acı verici bir hale gelir; kendisiyle ilgili algısı zarar gördükçe ve acısı arttıkça, davranışları daha da kötüleşir.

Çocuğun bu zorlu dönemden geçmesine yardımcı olabilmek için, onu azarlamaktan kaçının ve aksine onun duygularını onaylayın. Ortanca oğlum Lennon, küçük kardeşini kabullenmekte çok zorlanmıştı. İşte hikâyesi:

5 yaşındaki Lennon, 1 yaşındaki kardeşine karşı çok sevecen ve nazik davranıyordu. Bir gün, birdenbire kardeşinin elinden oyuncakları çekip almaya başladı. O zamanlar bebek olan Oliver ağlayınca da tatmin olmuş gözüküyordu. İlk başlarda, Oliver'ın bu hareketten hoşlanmadığını anlatıp Lennon'ı nazik davranması konusunda cesaretlendirmeye çalışıyorduk. Bunun üzerine Lennon daha da saldırganlaştı. Lennon'ın kibarca hatırlatmalardan daha güçlü bir şeye ihtiyacı olduğunu fark ettim.

Bu olay bir kez daha tekrarlandığında, Lennon'a durmasını söylemek yerine ona sarıldım ve "Oliver olmadan aynı eskisi gibi sadece sen ve ben olalım mı istiyorsun?" diye sordum.

Lennon rahatsız görünüyordu ve hiçbir şey söylemedi. Kendisini "kötü" olan kişi olarak algıladığı için, benden bununla ilgili bir öğüt duymayı bekliyordu.

"Ben de seninle birlikte olmayı özlüyorum" dedim.

"Hayır, özlemiyorsun" diye mırıldandı Lennon.

"Peki, bebeği devamlı kucağıma aldığım için kendini yalnız mı hissediyorsun?"

Lennon başıyla onayladı.

"Ve sonra da kendi kendine 'Annem beni artık umursamıyor' diyorsun, öyle mi?"

Onu kollarıma aldım ve "Ben de sadece seninle birlikte olmayı çok özlüyorum. Seni her zaman çok seviyorum. Oliver'ı kucağıma aldığım zamanlarda da seni seviyorum" dedim.

Lennon yere bakıyordu. Kardeşiyle ilgili şiddetli fanteziler geliştirdiği için kendini suçlu hissettiğini ve benim sevgime layık görmediğini fark etmeye başlamıştım.

"Bebeği çöpe atmak ister miydin?" diye sordum.

Lennon bir anda canlandı ve "Evet" dedi ve birlikte hayali bir bebeği çöpe götürdük.

"Oliver'a başka neler yapmak istediğini bana göstermek ister misin? İşte sana oyuncak bir bebek" dedim. (Oliver babasının yanındaydı ve Yonatan da diğer odadaydı, böylece kardeşinin fantezi oyununa şahit olmamıştı.)

Lennon fantezilerini bir süre yaşadıktan sonra, "Neler hissettiğini biliyorum. Böyle düşünmen normal. Bir daha böyle hissettiğinde, yanıma gelip Oliver'a neler yapmak istediğini bana göster. Senin neler hissettiğini ve ne hayal ettiğini bilmek beni mutlu ediyor; bunları her zaman oyuncak bebek üzerinde bana gösterebilirsin" dedim.

Lennon kardeşini bir kere daha rahatsız ettiğinde, ona yeniden Oliver'a yapmak istediklerini oyuncak bebek üzerinde bana göstermesini teklif ettim (ayrı bir odada). O da yaptı ve biz bunu gerektiği sürece tekrarladık. Üç gün sonra kardeşini rahatsız etmek üzere olan Lennon tamamen kendi isteğiyle önce yanıma geldi. Bebeği rahatsız etmek yerine, "Anne Oliver'a ne yapmak istediğimi sana göstereceğim" dedi.

Birlikte diğer odaya geçtik ve o da bana gösterdi. Bu şekilde gerçek Oliver'ın canını yakmadan kendini engellemiş oldu. Ve bunu yapmaya devam etti. İki hafta sonra yine yanıma gelip fantezilerini oyuncak üzerinde uygulamak istediğini söyledi, ama Oliver'ın canını yakma fantezileri yerine bu sefer, Oliver'ı güldüren ve keyiflendiren şeyler yapmaya başladı. Böylece kardeşine yönelik saldırganlığı son buldu.

Lennon'ın oyuncak bebekle oynamasını sağlayarak ve onu anlayışla karşılayarak, onun hikâyesini dramatik hale getirmemiş ve bu hikâyenin gerçek olduğunu iddia etmemiş oldum. Bunların tam tersini yaptım; kucağımda her kim olursa olsun onu sevmeye devam ettiğimi, onunla baş başa zaman geçirmeyi özlediğimi ve ona sevgimin artmaya devam ettiğini anlamasını sağladım. Sergilediğim tavır ve özgüvenle, onun bu zorlu dönemi aşabilecek güce sahip olduğuna güvendiğimi gösterdim. Bu konuyu açıkça konuştuk. Bunalımdaydı ve bana, kardeşinin canını yakma isteğini engelleyebilecek homeopatik bir ilacın var olup olmadığını sordu. Lennon gerçekte kardeşinin canını yakmak istemiyordu; iç huzurunu yeniden kazanmaya ve kendini yeniden değerli görmeye ihtiyacı vardı ki bunu da elde etti.

Çocuğu onaylamanın ve anlayışla karşılamanın gücüne ek olarak, her çocuğun anne ve babasıyla baş başa zaman geçirebilmesi de çok önemlidir. Çekirdek ailelerde anne ve baba rekabet konusu olurlar çünkü zamanları kısıtlıdır. Her bir çocuğun hissettiği ilgi ihtiyacı karşılandığı zaman aralarındaki rekabet ve gerginlik azalır.

Bununla birlikte, tüm çocuklarınızın ihtiyaçlarını karşılayabilmek için ne kadar akrobasi yaparsanız yapın, işler yoluna girince biraz rahatlayacak, sonra yeniden ve tekrar tekrar alevleri söndürmek zorunda kalacaksınız.

Kardeşler arasındaki gerilimler bir azalır bir coşar; bu, çocuklarınızın özsaygısını ve ailenizin içindeki dinamikleri yansıtan bir durumdur. Dolayısıyla, huzurlu anların keyfini çıkarın, ama yeniden ortaya çıkabilecek bunalımlı davranışların yarattığı asabi durumlara karşı da her zaman hazırlıklı olun. Böylece çocuğunuzun yaşadığı stres, özsaygısına kalıcı zararlar vermeden onun ihtiyaçlarıyla ilgilenebilirsiniz.

Kardeşler bir arada büyüdükçe, aralarındaki gelgitli ilişki hayatın bir parçası haline gelmeye başlar. Tıpkı yetişkinlerde olduğu gibi, huzurlu dönemlerin ardından mücadeleli ve endişeli dönemlerden geçerler. Özsaygısı, kardeşi, bir arkadaşı veya başka bir akrabası tarafından sürekli olarak tehdit edilen bir çocuğun, kendine olan inancını yeniden kazanabilmek için sevgi dolu bir ebeveynle zaman geçirmeye ihtiyacı vardır. Bu amaçla, yaşı büyük olan kardeşi (eğer yeterince büyükse) bir günlüğüne anneannenin evine göndermeniz, çocukların odasını ayırmanız, çocuğun kendini yeniden değerli görmeye başlayabilmesi için sizinle veya arkadaşlarıyla birlikte bazı etkinliklerde bulunmasını sağlamanız gerekebilir. Çocuklarınızın her birine, kendilerini rekabet içinde görmedikleri, kardeşleriyle paylaşmak zorunda olmadıkları ve kendi yollarını çizmelerini sağlayacak olanakları ayrı ayrı sunmalısınız; böylece her bir çocuğunuzla aranızdaki bağ özel olacaktır. İnsanlar çiftler veya gruplar halindeyken sevildiklerini anlayamazlar.

Bir çocuğun özsaygısını engelleyen tek şey, değersiz olduğunu düşünmesidir. Değersiz veya başarısız olduğunu kendine ispatlayan bir hikâye yaratmıştır. Onun yarattığı bu kanıtları elinden alırsanız hikâyesi de ortadan kalkar. Ona bebeği incitmemesini söylerseniz, elinde kötü bir insan olduğuna ve onu sevmediğinize dair bir kanıtı olacaktır (çünkü bebeği kötü kızdan koruyorsunuz). Kardeşini incitmek istediği anda ona sarılarak, ihtiyaçlarını anlayışla karşılayarak ve fantezilerini hayata geçirebileceği olanakları sunarak çocuğunuzun yaşadığı dramı hafifletebilirsiniz. Onunla savaşırsanız, hissettiği acıyı artırırsınız; oysa onun arayışlarına eşlik ederseniz, o da sizin sevgi içeren hikâyenizin bir parçası olur.

Kardeşlerin birbirini aşağılaması

Çocuklar büyüdükçe, kendilerini değerli hissedebilmek amacıyla kardeşlerine karşı aşağılayıcı sözler kullanmaya başlayabilirler. Bu düşmanca ilişkiler tehlikeli ve zararlı olmayabilir, ama diğer yandan bunları ciddiye alan çocuğu incitebilir. Kendini güvensiz ve değersiz hisseden bir çocuk, başka bir çocuğu aşağılayarak bu ihtiyacını karşılamaya çalışır. Bu tür "hakaretlere" maruz kalan bir çocuk incinebilirken, kendine güvenen bir başka çocuk bunları umursamayabilir. Çocuğunuzun nasıl hissettiğini anlayabilmek için onu gözlemlemeli ve sorular sormalısınız.

Kendine güvenen bir çocuk aşağılayıcı sözlerden etkilenmeyebilir; diğer yandan kendine o kadar güvenmeyen bir çocuk saldırganlaşabilir veya incindiğini sözlü olarak veya başka türlü rahatsız edici davranışlarla ifade edebilir. Bir baba 9 yaşındaki oğluna, ablası ona şımarık dediğinde ne hissettiğini sormuştu ve çocuk da, "Hiçbir şey" diyerek cevaplamıştı. Onun bu tavrı, ablasının sözlerini umursamadığını gösteriyordu. Çocukların birbirlerine söyledikleri sözler ebeveynlere ne kadar acı verici gelse de, genellikle zararsızdır ve müdahale etmenizi gerektirmez. Bununla birlikte bir çocuk, sürekli tekrarlanan aşağılayıcı tavırlara maruz kaldığında incinebilir ki bu da kendisine söylenenlere inanıyor demektir.

Çocuğunuzun incindiğine kanaat getirirseniz, aslında kim olduğu gerçeğiyle bağ kurmasına yardımcı olun; böylece kardeşinin ona söylediklerinin etkisi altında kalmaz. Onu dinleyin ve duygularına kardeşinin sözlerinin yol açtığını ima etmekten kaçının. "Onun söyledikleri yüzünden böyle hissediyorsun" demek, çocuğun duygularının kardeşinin sözlerinden etkilendiğini ima etmek demektir. Bunun yerine, çocuğunuzu dinleyip kendisini güçlü hissetmesini sağlamak için onaylayın: "Ağabeyinin söylediklerini dikkate almadan kendini iyi hissetmek ister misin?" gibi. Bu şekilde, kimsenin sözlerine aldırmadan kendi üstünlüğünün farkına varabilir. Sahip olduğu değeri bir kez içinde hissettikten sonra, bunu artık kimse onun elinden alamaz. Kim olduğunun başkalarının sözleriyle değişmeyeceğini öğrenir.

İncinen çocuğunuzun ihtiyaçlarına cevap verirken kardeşinin aşağılama ihtiyacını da anladığınızdan emin olmalısınız. Niçin kardeşini aşağılama ihtiyacı duyuyor? Kendinden kuşku duyduğu için daha iyi olduğunu mu ispatlamaya çalışıyor? Sizin sevginizden mi şüphe duyuyor? Acı veren düşüncelerini gerçeklerden ayırt edebiliyor mu?

Bir çocuğun kendinden kuşku duymasının gerçeklerle hiçbir ilgisi yoktur çünkü her çocuk değerlidir ve sevilmeyi hak eder. Göz ardı ettiğiniz bir ihtiyacı olup olmadığına dikkat edin. Çocuğun mahremiyet, ilgi, sevgi ve ilgi alanlarına yönelik ihtiyaçlarını karşılamak, tatmin olmasını sağlar ve böylece hissettiği düş kırıklıklarının acısını kardeşlerinden çıkarmaz.

Eğer kendinizi çocuklarınızdan birinin tarafını tutarken yakalarsanız, buna hemen son verin ve içsesinizi dinleyin (S.İ.D.O.T.'un S'si); sonra her bir çocuğunuza ayrı ayrı ilgi gösterin (İ), onları dinleyin (D) ve hiçbirini kayırmadan veya eleştirmeden hepsinin duygularını onaylayın (O). Çocuklarınızdan birini onaylamak, diğerine de aynı şekilde davranmanıza engel değildir. Siz onların arasındaki anlaşmazlığı çözmeye çalışmıyorsunuz, sadece onların duygularını onaylıyorsunuz, tercihlerini veya bakış açılarını kabul ediyorsunuz. Çocuklarınızın arasındaki meseleye müdahale etmezseniz, kendilerine güvenmeleri ve saygı duymaları için onları teşvik etmiş olursunuz.

Çocuklarınızdan birinin incindiğini fark ettiğinizde, genellikle "kabahatli olanın" daha büyük bir duygusal ihtiyaç içinde olduğunu anlarsınız; Aaaron'ın durumu da böyleydi:

7 yaşındaki Joseph ağlayarak oyun odasından çıktı, "Anne, Aaron bana eşek dedi ve kulemi yıktı."

Rebecca Joseph'e sarıldı ve "Sen eşek misin?" dedi.

"Hayır. Ama anne kulemi de yıktı."

"Yeniden yapmak ister misin?"

O anda12 yaşındaki Aaron da odadan çıktı. "Ooo, yine bebek gibi anneye mi şikâyet ediyorsun?" dedi alaycı bir ses tonuyla.

Rebecca, Aaron'ın ifadesindeki acıyı fark etti. Ona yaklaştı, dokundu ve gözlerinin içine bakarak, "Şimdi benimle biraz zaman geçirmek ister misin?" diye sordu.

Aaron kanepede annesinin yanına oturdu. O sırada, ilk "kurban" durumundaki Joseph odadan çıktı ve oyununa geri döndü. Muhtemelen gördüğü ilgiyi yeterli bulmuştu. Oysa ağabeyinin acısı daha derindi.

"Kardeş sahibi olmanın en kötü tarafı ne?" diye sordu Rebecca. Çocuk bir anda canlandı ve annesine anlatmaya başladı. Rebecca ilgiyle dinledi, Aaron'ın kendini başarısız hissettiğini anlayabiliyordu. Çocuğa karşı sergilediği onaylayıcı tavır onun biraz ağlamasını sağladı ve kardeşinin hayatındaki varlığı nedeniyle kendini ezik hissettiğini, anlattığı bazı hikâyelerle annesine açıkladı. Aaron'ın sahip olduğu değerle ilgili kuşkuları, kardeşini rahatsız etmesine neden oluyordu.

Ertesi gün benimle yaptığı telefon seansında Aaron, "Kardeşimden nefret ediyorum" dedi.

"Gitmesini mi isterdin?" diye sordum.

"Evet" dedi.

"Evde o olmasa kendini nasıl hissedeceğini bana anlatsana" dedim.

Aaron sessizleşti. Bir süre sonra, "Hayır, gitmesini istemiyorum. Bu fikre katlanamam" dedi.

"Öyleyse, kardeşinin seninle birlikte yaşamasını istiyorsun?"

"Sanırım. Onun olmadığını hayal bile edemiyorum. Onu seviyorum; sadece o kadar dırdırcı ki."

"Nasıl dırdırcı? Bana biraz daha anlat."

"Bilmiyorum. Aslında onun bir şeyi yok."

"Peki, senin neyin var Aaron?"

"Galiba iyiyim. Evet. Annemin bana daha fazla zaman ayırmasını isterdim, babamın da. Joseph'le o kadar çok zaman geçiriyorlar ki."

"Sana zaman ayırmıyorlar mı?"

"Şey, yani ayırıyorlar, sadece... yani aslında onlarla daha fazla zaman geçirmek de istemiyorum. Kardeşim benden daha küçük. Benim buna ihtiyacım yok. Ben arkadaşlarımla zaman geçirmek istiyorum."

"O zaman kardeşinin bir sorunu yok, annenle baban seni seviyorlar ve sana yeterince zaman ayırıyorlar. Başka bir sorun var mı?"

Aaron artık gülüyordu. "Eminim ben bir tane daha yaratabilirim. Bu hikâyeyi de nasıl yarattım ama."

Bizim amacımız, çocuklarımızın benlik bilinçlerine asla zarar gelmeden büyümelerini sağlamak gibi olanaksız bir şeyi başarmak değil. Böyle bir hayat olamaz ve çocukları gerçek hayatın deneyimlerinden korumak onları sadece zayıflatır. Bunun yerine, çocuklar, gerçeklerle yüzleşerek duygusal anlamda güçlü ve dirayetli bir şekilde büyümeliler. Bizim amacımız, çocuklarımızla aramızda, onların tüm duygularını ifade edebildikleri ve sahip oldukları değere inandıkları, sevgi dolu ve korku içermeyen bir ilişki kurmak. Böylece onlar da, kendilerine anlamlı bir yaşam kurmak ve diğer insanları olumlu bir şekilde etkilemek için ihtiyaç duydukları özgüveni kazanmış olurlar.

Çocuğunuzu olduğu gibi kabul ederek, kendisi için seçtiği yolu onaylayarak, sevginizi ve takdirinizi içten bir şekilde göstererek, sahip olduğu değere inanmasını sağlayın. Bu, hiçbir beklentinin, çocuğunuza olduğu haliyle değer vermenize engel olmaması demektir.

Kitaplar

Blanton, B. *Radical Parenting.* Sparrow Hawk Publications, 2002.

Breeding, J. *The Wildest Colts Make the Best Horses.* Bright Books, 1996.

Breeding, J. *True Nature and Great Misunderstandings: On How We Care for Our Children According to Our Understanding.* Eakin Press, 2004.

Briggs, D. *Your Child's Self-Esteem.* Mains treet Books, 1975.

Byron, Katie *Loving What Is: Four Questions That Can Change Your Life.* Harmony Books, 2002.

Byron, Katie *I Need Your Love: Is That True? How to Stop Seeking Love, Approval and Appreciation and Start Finding Them Instead.* Harmony Books, 2005.

Greenberg, D. *Free at Last: The Sudbury Valley School.* Sudbury Valley Press, 1995.

Greenberg, D. *Child Rearing.* Sudbury Valley Press, 1987.

Holt, J. *How Children Learn.* Perseus Publishing, Revised edition, 1995.

Holt, J. *How Children Fail.* Perseus Publishing, Revised edition, 1995.

Holt, J. *Instead of Education: Ways to Help People Do Things Better.* Sentient Publications, 2004.

Holt, J. *Learning All the Time.* Addison Wesley Publishing Company, Reprint edition, 1990.

Holt, J. *Never Too Late: My Musical Life Story.* Addison Wesley Publishing Company, Reprint edition, 1991.

Hunt, J. *The Natural Child: Parenting from the Heart.* New Society Publishers, 2001.

Juul, J. *Your Competent Child: Toward New Basic Values for the Family.* Farrar Straus Giroux, 1st American edition, 2001.

Kohn, A. *Unconditional Parenting: Moving from Rewards and Punishments to Love and Reason.* Atria, 2005.

Kohn, A. *Punished By Rewards: The Trouble with Gold Stars, Incentive Plans, A's, Praise and Other Bribes.* Mariner Books, 1999.

Kohn, A. *No Contest: The Case Against Competition.* Houghton Mifflin Company, 1987.

Leo, Pam *Connection Parenting.* Wyatt-MacKenzie Publishing, 2005

O'Mara, P. *Natural Family Living: The Mothering Magazine Guide to Parenting.* Atria, 2000.

Mendelsohn, R, M.D. *Male Practice.* Contemporary Books, 1981 Mendelsohn, R, M.D. *How to Raise a Healthy Child in Spite of Your Doctor.* Ballantine Books, 2001 Noble, E. *Childbirth with Insight.* Houghton Mifflin Co., 1983.

Neill, A. S. *Summerhill: A Radical Approach to Child Rearing.* Hart (UK), 1984.

Neill, A. S. *Freedom - Not License!* Hart (UK), 1966.

Rosenberg, M, Ph.D. et al. *Nonviolent Communication : A Language of Life: Create Your Life, Your Relationships, and Your World in Harmony with Your Values.* Puddledancer Press, 2003

Thevenin, T. *The Family Bed.* Avery, 1987.

Winn, Marie *The Plug-In Drug: Television, Computers and Family Life.* Penguin, 2002.

Gazeteler ve dergiler

Life Learning (Kanada): The International Magazine of Self-Directed Learning

Mothering: The Magazine of Natural Family Living

Byron Child (Avusturalya): The Magazine for Progressive Families

Natural Parenting (Avusturalya): Real Alternatives for Today's Parents

The Mother Magazine (İngiltere)

Journal for Family Living

Compleat Mother: Magazine About Breastfeeding, Childbirth and Pregnancy.

Web siteleri

TheWorkForParents.com

AuthenticParent.com

NaomiAldort.com

TheWork.org

Landmarkeducation.com

Mercola.com

Sedona.com

Radicalhonesty.com

Weston APrice. org Mercola.com